스토리로 채우고
스피치로 승부하라

투자받는 스타트업 IR피칭

스토리로 채우고
스피치로 승부하라

· 드리머스피치 커뮤니케이션 지음 ·

최현정
김민정
김민지
김성
김정아
노지선
모소현
박진영
이소희
이주연
조민정
최란
최혜윤

산지

투자 유치 성공률 90% '스타트업 IR피칭의 달인'
'오랫동안 꿈을 그린 사람의 꿈은 이루어진다.'

"오랫동안 꿈을 그린 사람은 그 꿈을 닮아간다고 하죠? 안녕하세요. 아나운서를 닮은 여자 최현정입니다."

23세, 아나운서의 꿈을 꾸면서 꾸준히 선포했던 나의 자기소개 첫 문구이다. 그리고 이 '꿈'이라는 한 단어에서 내가 이끄는 '드리머스피치 커뮤니케이션'의 여정은 시작되었다.

많은 사람들이 대학교 발표수업에서 얼굴이 빨갛게 달아올라 발표를 망친 기억이 있을 것이다. 혹은 면접관 앞에서 덜덜 떨다 준비했던 답변을 제대로 하지 못하고 나온 사람도 있을 것이다.

이처럼 누구나 한 번쯤은 중요한 순간에 제대로 말하지 못한 기억이 있다. 누군가의 앞에 서면 사람들은 긴장을 한다. 그렇기 때문에 말하기에도 '기술'이 필요하다.

믿기지 않겠지만 스피치 커뮤니케이션의 대표로 있는 나조차 그랬다.

나의 전 책인 《떨지 않고 할 말 다하는 법》에는 그간 나의 실패했던 이야기들이 고스란히 담겨있다.

아나운서를 꿈꾸던 나는 시작부터 '너는 안 된다'는 말을 들어야만 했다. 대학 교수에게 차가운 평가를 받은 뒤 나는 가장 성능 좋은 녹음기를 구입했다. 그것을 목에 걸고 다니며 하루 종일 대화한 내용을 녹음했다. 집에 돌아와 녹음 내용을 듣고 난 후 내린 나의 평가는 '못 들어 주겠다'였다. 충격 요법이 된 건지 그날부터 나는 밤을 새가며 억양과 발음을 고치고, 아나운서 아카데미에 등록해 3개월 만에 전혀 다른 '나'를 만들어 냈다.

결국 나는 아나운서, 교수, 강사, 컨설턴트 등 말을 하는 직업을 가지게 되었다. 현재는 '드리머스피치 커뮤니케이션'의 대표로 투자 유치 성공을 위한 스타트업 IR피칭, 경쟁 입찰 PT컨설팅을 진행하고 있다.

그뿐 아니라 호흡·발성·발음 등 기본 3단계 과정을 익혀 좋은 음성을 만드는 방법, 일상에서 조리 있게 말하는 대화 기술 혹은 영업 활동을 위한 스피치, 의사소통, 회사 내 발표와 보고를 원활하게 할 수 있도록 하는 프레젠테이션 방법, 취업 면접 스피치, 강사양성 과정 등을 제공하고 있다.

그중에서도 최근 '드리머스피치 커뮤니케이션'이 주력하는 분야는 '스타트업 IR피칭'이다.

IR이란, Investor Relations의 약자로, 투자 관계를 모색하기 위해 회사의 재정적 가능성을 짧게 표현하는 것을 말한다.

스타트업의 경우 이제 막 사업을 시작하고 확장해나가는 시기로 투자자를 찾기 위한 IR피칭의 중요도가 높아지고 있다. 많은 사람들이 스타트업을 시작할 때 사업 아이템 선정과 비즈니스적인 요소에만 주력한다.

하지만 어느 정도 사업이 구체화되고 나면 자신의 자본만으로 더 이상 사업을 키우기 버거울 때가 찾아온다. 그때 투자를 받기 위해 IR피칭, 즉 투자 유치 발표를 하게 된다.

IR피칭은 일반 프레젠테이션과는 다른 특별한 기법이 필요하다. 발표의 목적이 다르기 때문이다. 단순히 자신의 상품과 서비스를 소개하는 것이 아니라 발표를 통해 투자를 이끌어내야 한다. 투자자의 마음을 움직이는 것이 IR피칭의 목적인 것이다. 따라서 목적에 맞는 전략을 짜는 것이 중요하다.

대부분의 투자는 상품의 가치뿐만 아니라 대표의 마인드가 어떤가에 따라 결정되는 경우가 많다. 상품이 아무리 매력적이어도 그 상품을 세상에 탄생시킨 대표가 신뢰감이 가는 발표를 하지 못한다면 상품 또한 매력을 잃게 되기 때문이다.

IR에 있어서 '어떤 방법으로 말하는가'도 중요하다. 그 중요성을 미리 파악한 덕분에 '드리머스피치 커뮤니케이션'을 통한 투자 유치 성공률은 90%에 달할 정도로 전문성을 자랑한다.

발표를 성공으로 이끄는 기본은 '마음'에 있다는 것을 강조하고 싶다.

내가 생각하는 발표의 기본 자질은 '진정'과 '애정', '긍정'이다. 발표를 하기 싫어하는 사람, 발표를 못는 사람들의 가장 큰 특징은 본인의 일, 본인의 사업임에도 불구하고 발표에 진정성이나 애정을 담지 않는 것에 있다. 발표자의 마음이 담기지 않은 발표는 청중 또한 매력을 느낄 수 없다.

처음부터 긴장 안 하는 사람, 발표를 즐기는 사람은 없다. 처음엔 나도 많은 실수를 겪었다. 프리젠터로서 처음 맡게 된 프레젠테이션에서 큰 실수를 저질러 무려 32억 원의 투자를 날리게 된 경험은 현재까지 날 채찍질하게 만드는 아픈 기억이다.

그 당시 나는 발표에 진정, 애정, 긍정을 담지 않았다. 앞서 말했듯이, 발표만 잘하면 된다는 마음으로 또박 또박 예쁘게 말하는 것이 가장 중요하다고 생각했었기 때문이다.

발표는 일방적인 말하기이지만, 소통하듯 해야 한다. 청중의 적극적인 반응과 긍정적인 결과를 이끌어내기 위해선 발표자가 먼저 눈빛에는 진정을, 마음에는 애정을, 표정에는 긍정을 담아낼 수 있어야 한다. 그렇다면 훨씬 더 여유롭고 당당한 발표를 할 수 있게 될 것이다.

스타트업은 늘어가는 반면, 이들의 IR피칭을 코치해 줄 강사 인력은 부족한 게 현실이다. 그래서 '드리머스피치 커뮤니케이션'은 대표인 필자가 직접 현장에서 보고, 배우고, 체득한 것들을 모아 IR 강사양성 과정을 진행해 오고 있다. 나무에서 뻗어나가는 가지처럼 교육을 받은 강사들이 출강해 많은 스타트업에 힘이 되어주고 있는 모습을 보면 교육자로서 보람을 느낀다.

이 책은 스타트업을 하고 있는 분들에게 더 많은 도움을 주고자 쓰게 되었다. 강사양성 과정을 통해 함께한 강사들이 전문 분야를 나누어 공저 하였다. 많은 분들의 노하우가 담겨있다.

내용적으로 스타트업 투자 유치에 있어 필요한 모든 부분을 세밀하게 다루었다. 사업 계획서 작성부터 아이디어 정리 및 사업화 방법 등 신생 스타트업을 위한 기본 준비 사항을 제공하고, 투자 유치 발표 컨설팅을 통해 전달력 있는 피칭 덱(Pitching Deck)을 만드는 방법까지, 스타트업 IR피칭에 필요한 모든 정보를 담았다.

이 책 한 권이면 성공적인 투자 유치가 가능하다. 투자자의 마음을 사로잡고 눈길을 끌기 위해 무엇을 어떻게 준비해야 할지 알게 될 것이다.

또한 스타트업 창업자들이 저지르기 쉬운 실수를 미리 알고 대비할 수 있다. 스타트업 창업자들은 열정이 넘치고 마음만 앞선다. 그래서 IR피칭에서 종종 실수를 한다.

투자자가 원하지 않는 정보를 나열하거나, 신뢰를 주지 못하거나, 핵심을 벗어나는 경우이다. 그들이 저지르기기 쉬운 실수를 미리 알고 대비한다면 소중한 기회를 놓치는 일은 없을 것이다.

'드리머스피치 커뮤니케이션'은 꿈을 향해 나아가는 사람들의 꿈을 북돋아주는 역할을 할 것이다. 재능이 부족했던 내가 꿈을 좇으려고 노력했을 때 꿈을 이루었던 것처럼, 스타트업의 꿈을 향해 나아가는 분들을 응원한다. 그들의 성공을 돕는 것이 바로 내가 있는 이유이다.

2020. 07
드리머스피치 대표 최현정

Contents . . .

Contents . . .

제2장.
투자받는 스타트업 IR 피칭의 비밀

Contents . . .

Contents . . .

제3장.
스타트업 창업자들의 성공 노하우

세상이 사랑하는 제품에는 기업가 정신이 들어있다

오직 나만이 가지고 있는 것! 이것이 바로 사업 아이템의 핵심

기업 플랜의 첫 단추, 시장 조사로 토대를 탄탄히 쌓아라!

성공 스타트업의 필수조건! 명확하고 경쟁력 있는 비즈니스 모델

눈에 띄고 싶은가? 브랜딩이 답이다

스타트업의 8할은 팀워크다

1장

스타트업
성공 지도 그리기

세상이 사랑하는 제품에는 기업가 정신이 들어있다

최현정

드리머스피치 커뮤니케이션 대표
떨지 않고 할 말 다 하는 법(2019) 저자
서강대학교 인재개발아카데미 겸임교수
前 아워홈 전문 프리젠터 (경쟁입찰 프레젠테이션 200건 이상 발표)
前 ASIA TV, 디지털 조선일보 등 케이블 방송 아나운서
농식품 창업 콘테스트, 사회적기업진흥원, 창조경제혁신센터, 콘텐츠진흥원, 중장년기
술창업센터, 청년창업지원사업, 예비창업패키지, 초기창업패키지, 재창업캠프, 한국IR
협의회, 한국나노기술원, 경제과학진흥원 외 다수 스타트업 IR피칭멘토 활동
국회 청소년연설대전, KT&G 모의면접 외 다수 스피치 심사위원 위촉
부산시장 토크콘서트 및 LG인재개발대회 외 100건 이상 행사 진행
SK, CJ, 삼성 외 다수 대기업 경쟁 입찰프레젠테이션 및 PT 강의 / 컨설팅
연세대, 경상대, 덕성여대, 동국대, 계명대, 인하대 외 다수 학교 특강 진행
청주SBS '업스토리' 고정 게스트

시대에 맞는 기업가 정신이 있다

빌 게이츠, 워런 버핏, 마크 저커버그, 래리 앨리슨, 리처드 브랜슨….

우리가 부러워하는 유명한 부자들의 이름이다. 이들은 기업을 통해 부를 축적했고, 전 세계적으로 영향력 있는 사람들이 되었다. 그렇다면 이들의 공통점이 부자인 것 말고는 또 없을까?

사실 더 큰 공통점은 이들이 부자가 될 수 있었던 마인드에 있다. 바로 '기업가 정신'이다.

여기 기업가 정신을 잘 보여주는 두 사람의 사례가 있다.

미국의 천재, 스티브 잡스

스티브 잡스는 사망했지만 그의 기업가 정신은 아직도 우리의 일상 속에 남아있다.

그의 기업가 정신의 산물인 아이폰은 이제 모두에게 익숙해져서 더 이상 혁신적인 제품이라고 생각하지 않을 수 있다. 하지만 10년만 거슬러 올라가 보자.

아이폰이 존재하지 않던 시절, 우리에게는 아이폰의 대체용품이 있었다. 바로 MP3와 컴퓨터, 휴대전화였다. 이 세 가지를 합하는 일은 생각보다 쉽지 않았다. 애플 내부에서도 현실성이 없다며 스티브 잡스를 비판했다. MP3와 컴퓨터, 휴대전화, 이 세가지를 각각 판매하는 것이 수익성에서 더 좋을 것이라며 그를 만류했다. 그러나 스티브 잡스의 직관력을 통해 결국 아이폰은 세상에 탄생했다.

애플의 영업 이익이 이전보다 몇 배나 불어났음은 당연한 이야기다. 이렇게 잡스는 현실에 안주하지 않고 더 좋은 세상을 만들겠다는 기업가 정신을 가진 인물이었다.

그뿐 아니다. 그는 자신이 진정으로 좋아하는 것을 탐구할 줄 알았다. 대학에 입학한 후, 비싼 학비를 내면서 듣는 수업이 자신이 원하는 내용이 아니라는 것을 깨닫자 과감히 자퇴를 선언했다. 그 대신 좋아하는 수업 위주로 청강을 했다. 그때 들었던 서예 과목은 매킨토시 서체에 아주 큰 영향력을 미치기도 했다.

애플에서 쫓겨난 젊은 시절의 그는 방황하는 시기마저 자기계발을 위해 노력했다. 넥스트를 설립하고 픽사를 인수한 후 '토이스토리'와 '니모를 찾아서'라는 명작 애니메이션을 제작했다.

1979년 실리콘밸리 연구 기관 중 하나인 제록스의 팰로앨토연구소(PARC)를 방문했을 때는 사용자 인터페이스와 마우스에 대한 영감을 받았다. 후에 다시 애플로 돌아왔을 때, 이런 그의 행적은 고스란히 애플의 혁명을 이끌어내는 밑거름이 되었다. 그의 인생 전체가 애플에 긍정적인 요소로 작용했다고 볼 수 있다.

그의 정신은 현재 애플을 사용하는 우리들에게도 영향을 미쳤다. 그래서인지 그가 사망하고 많은 시간이 흘렀지만 아직도 그의 흔적을 찾는 사람들이 많다.

그가 묻힌 알타메사 추모공원(Alta Mesa Memorial Park)은 유족 외에 누구에게도 공개되지 않았다. 그러나 방명록에는 그를 향한 인사말이 가득 남겨져 있다고 한다.

'모든 세대에게 많은 영감을 줘서 감사합니다.'

'당신이 일으킨 변화에 감사합니다.'

한결같이 스티브 잡스가 남긴 기업가 정신에 영감을 받고 변화할 수 있었다며 감사하다는 이야기다. 미국은 물론 독일, 이탈리아, 터키, 중국, 인도, 필리핀, 한국 등 세계 각지에서 그를 추모하는 사람들이 끊이지 않고 있다는 것은 스티브 잡스가 혁신의 아이콘이자 기업가 정신의 모토라는 것을 입증하는 것이다.

영국의 스티브 잡스, 다이슨

영국의 스티브 잡스라고 불리는 인물이 있다. 바로 청소기계의 명품 '다이슨'을 만들어낸 제임스 다이슨이다.

제임스 다이슨은 디자인에 기술을 어떻게 도입해야 하는지에 대한 모범적인 사례를 보여주는 사람이다. 그는 먼지봉투 없는 청소기를 만들어내기 위해서 무려 5,000번이 넘는 시도를 했는데 여기에도 비하인드 스토리가 있다.

다이슨이 탄생하기 전의 청소기들은 먼지봉투를 교체해야 하는 불편함이 있었다. 그러나 사람들은 군이 먼지봉투를 없애야 하는 이유를 생각하지 않았다. 먼지봉투 교체쯤은 당연하다고 여겼다. 기업마저도 먼지봉투의 매출이 상당했기 때문에 먼지봉투가 없는 청소기를 생산하고자 하는 의지가 저조했다.

하지만 제임스 다이슨은 현재보다 더 편리한 세상을 만드는 데 목적을 두었고 결국 5,127번의 실패 끝에 다이슨의 첫 모델 'G-FORCE'를 만들어냈다.

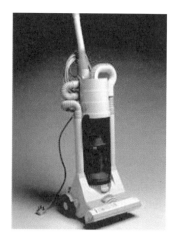

다이슨 청소기의 첫 번째 모델
G-FORCE (출처:DYSON)

사실 먼지봉투가 없는 청소기는 먼지가 그대로 눈에 보이기 때문에 사람들이 좋아하지 않을 수 있다는 우려가 있었다. 그러나 G-FORCE는 이러한 선입견을 깨고 불티나게 팔렸다. 그리고 이 모델은 진화를 거듭하여 현재 다이슨 청소기의 모습을 갖추게 되었다.

제임스 다이슨은 청소기뿐 아니라 '선풍기에 날개가 없으면 어떨까'라는 생각 끝에 가운데가 뻥 뚫린 고리모양의 날개 없는 선풍기를 만들어냈다. 그리고 강력한 모터와 날개 없는 선풍기의 기술력을 바탕으로 열 손상이 없는 드라이어까지 세상에 탄생시켰고, 그의 도전은 현재까지도 계속되고 있다.

새로운 시도만이 기업가 정신일까

앞서 살펴본 두 사람의 사례를 통해 기업가 정신은 새로운 시도, 즉 혁신이라고 생각하는 사람이 있을 것이다. 물론 틀린 말은 아니다. 스티브 잡스는 자신의 직관을 믿고 새로운 분야를 애플에 도입했다.

그는 애플이 성장할 수 있었던 이유를 '인문학과 기술의 교차점에 있기 때문이다'라고 밝히기도 했을 만큼 융합을 통한 창조를 누구보다 기업가 정신으로 잘 드러냈다.

영국의 스티브 잡스라고 불리는 제임스 다이슨 또한 도전을 멈추지 않은 사람이다. 사람들이 당연하다고 생각하는 것에 반문을 던지고 더 편한 세상을 만들기 위해 도전했다. 디자이너였던 자신의 감각과 기술을 통해 혁신적인 제품을 탄생시켰다.

그러면 이 둘과 같이 새로운 시도를 통해 제품을 세상에 선보이는 것만이 기업가 정신일까?

사실 이 두 사람이 보여준 도전, 창조, 혁신은 조금은 옛날 방식의 기업가 정신이다. 이제는 스타트업을 시작하는 모두가 창조적이고 혁신적이며 끈기 있게 도전하는 것을 당연하게 받아들이기 때문이다.

그러면 전통적인 기업가 정신을 뛰어넘을 수 있는 이 시대에 어울리는 새로운 개념의 기업가 정신은 무엇일까?

나는 그것을 기존의 기업가 정신을 모두 아우를 수 있는 '자기다움'이라고 생각한다.

이 시대의 진정한 기업가 정신은 '자기다움'이다

다른 기업의 제품이 좋아 보여서 무작정 따라 하거나, 그 기업의 발자취만 쫓는다면 스타트업의 매력은 반감된다. 아무리 남의 떡이 커 보인다고 해도 따라 하는 순간 창조 정신은 없어지고 아류가 된다. 아류가 될 뿐만 아니라 경쟁 상대도 많아진다.

이미 누군가 만들어 놓은 길을 가는 것은 쉽고 편해 보인다. 그래서 쉬운 길로 가고자 하는 마음에 많은 사람들이 몰린다. 그러면 어떻게 될까? 경쟁이 치열해진다. 같은 관점은 레드오션을 만들어 낼 수밖에 없다.

'NO.1보다 강한 것은 ONLY.1'이라는 말이 있다. 나의 가치와 철학과 삶을 제품을 통해 드러낸다면 그것이 바로 나만의 ONLY.1이다.

IT 업계를 한번 떠올려보자.

크게 마이크로소프트와 애플이 있다. 두 기업은 분명 다르다. 빌 게이츠를 창업주로 둔 마이크로소프트는 실용적인 측면이 강하고 스티브 잡스를 창업주로 둔 애플은 감각적인 측면이 강하다.

이 두 기업 모두 현재까지도 창업주의 삶과 철학이 잘 유지되고 있다. 그래서 마이크로소프트와 애플은 경쟁 상대지만 각기 다른 두터운 팬덤을 보유한다. 이것이 두 기업 모두 IT업계의 ONLY.1이 될 수 있었던 이유다.

명품업계는 어떨까?

같은 명품이라도 샤넬과 프라다의 기업이미지는 다르다.

샤넬에서 커피 전문점을 만든다면 어떤 이미지의 커피 전문점이 탄생할까? 아마 고급스러우면서도 여성스러운 이미지가 한껏 강조되고, 소품 하나하나에 디테일을 살린 커피 전문점이 탄생할 것이다.

프라다에서 커피 전문점을 만든다면 샤넬과 비슷한 느낌일까? 아마 다를 것이다. 샤넬보다는 남성성을 띠면서 단순하지만 고급스러움을 꾀한 커피 전문점이 탄생할 가능성이 높다. (실제 샤넬의 창업주는 여자이고,

프라다의 창업주는 남자라는 점도 재미있게 눈여겨볼 수 있는 부분이다.)

이렇게 '자기다움'을 강조한 기업들을 보면 모두 창업자의 가치와 철학, 삶이 제품에 잘 담겨있는 것을 알 수 있다.

'자기다움'을 찾기 위해서는 돈에 대한 가치보다 자신의 세계관이 무엇인지 잘 정립하는 것이 중요하다. 그리고 그 세계관에 어울리는 가치를 창출하는 제품을 만들어야 한다.

그러려면 먼저 자신이 정말 좋아하는 일이 무엇인지 찾아내야 한다. 진심으로 좋아하는 일이어야 많은 애정을 가질 수 있기 때문이다.

돈을 많이 벌고 싶어서 스타트업을 시작한다면 기업을 키워가면서 생기는 수많은 시행착오 속에서 쉽게 지쳐버린다. 또 기업을 꾸준하게 끌고 갈 만한 원동력이 없으므로 지친 상태를 이겨내지 못하고 포기할 확률이 크다. 세상에 나오는 스타트업의 90%가 3년 이내에 사라지는 것도 그런 이유 때문이다.

어려움을 이겨낼 수 있는 용기.

그것은 바로 창업주의 '자기다움'이 잘 반영된 제품과, 제품에 담겨진 애정과 가치에서 나온다.

기업가 정신이 왜 필요한가?

스타트업을 시작하는 많은 사람들이 기업가 정신이 중요하다는 소리를 듣는다. 그러나 정작 왜 중요한지는 알지 못하는 경우가 많다. 마치 시험에서 백점을 받는 것이 좋으니까 무조건 백점을 받으려고 노력하는 것과 같다.

이유도 모른 채 백점을 받으려고 노력하는 것과, 왜 백점을 받아야 하는지 알고 노력하는 것에는 큰 차이가 있다. 이렇게 'why'를 알고 접근하면 목표의식이 달라지고, 목표까지 달려가는 과정이 행복해진다. 스타트업에 뛰어든 당신 또한 기업가 정신이 왜 필요한지, 나의 기업에 어떻게 적용할 것인지 알고 나면 그 과정을 보다 순탄하게 밟아갈 수 있다.

모두가 똑같은 삶을 헤쳐 나가는 방법

우리나라에서 세대별로 살아가는 모습을 보면 특별히 다른 점을 찾아볼 수 없다.

10대의 대부분은 좋은 대학교에 가기 위해 공부를 한다. 그것도 초등학교 입학하기 전부터 19세까지 그들의 하루는 공부로 시작해서 공부로 끝난다. 그럼에도 불구하고 모두가 원하는 대학교에 가지 못한다는 불안감이 존재한다.

10대가 공부하는 삶을 산다면, 20대는 취업에 고전하는 세대이다. 취업난이라는 말은 이제 생소한 이야기가 아니다. 10명 중 7명이 취업난으로 우울감을 호소하고 있는 나라가 바로 대한민국이다.

취업을 해도 문제는 사라지지 않는다. 30대는 결혼을 앞두고 내 집 마련, 혼수 마련 걱정에 결혼을 포기하는 사람들이 늘고 있고, 40대부터는 정년퇴직이 다가온다고 벌써부터 눈앞이 깜깜해진다는 이야기를 한다.

물론 50대 이후에도 노후 준비가 되어있지 않아 어떻게 백세시대를 대비해야 하는지 온통 걱정뿐이다. 이렇게 모든 세대가 한결같이 불안하고 힘들다고 말한다. 대한민국 전체가 우울증을 앓고 있는 기분이다. 그런데 여기에 대한 해결책을 핀란드 사례에서 찾을 수 있다.

핀란드에서 가장 유명했던 기업이 있다. 바로 휴대전화 제조업체 〈노키아〉다.

핀란드 대학생들은 모두 노키아에 입사하는 것을 목표로 삼았다. 그런데 절대 망하지 않을 것 같았던 노키아가 갑자기 무너져 내렸다. 그러자 노키아에 의존하던 핀란드의 경제도 함께 무너졌다. 이에 핀란드는 대한민국의 IMF 때처럼 대량의 실업 사태까지 겪게 되었다. 더불어 노키아만 바라보며 취업을 준비했던 젊은 대학생들은 한순간에 갈 곳 없는 낙동강 오리알 신세가 되었다.

하지만 이러한 어려움이 오히려 일부 젊은 대학생들에게는 자기 인생을 스스로 개척해야 한다는 동기 부여로 작용했고, 창업을 통해 어려움들을 극복하겠다는 분위기를 조성하는 역할을 했다. 그렇게 핀란드에서는 창업 붐이 일었고 현재는 청년 창업 강국으로 전 세계의 주목을 받고 있다.

불안한 미래를 있는 그대로 받아들이고 개척하고자 하는 기업가 정신으로 그들은 세계에서 제일가는 스타트업 발판을 만들어냈다. 이제 핀란드는 더 이상 불안하지 않다. 모두가 부러워하는 스타트업 강국이 되었고, 많은 나라들이 핀란드에 가서 스타트업 생태계를 배우고 있다.

전체 인구(556만 명)가 우리나라의 대구·경북 수준인 핀란드에서 스타트업이 성공한 이유는 간단하다. 시련을 이겨내고자 했을 뿐이다. 그리고 그 방법은 기업가 정신과도 닮아 있다.

현재 대한민국은 모든 세대에 걸쳐 그 어느 때보다 기업가 정신이 필요한 시기이다.

누구보다 앞이 깜깜할 때, 한 치 앞도 보이지 않을 것 같을 때 오히려 희망은 가까이에 와 있을 확률이 높다. 다른 사람이 간 길이 아닌 내가 가고 싶은 길이 어디인지, 뚜렷한 방향을 잡아보자. 그러한 정신이 바로 기업가 정신이고 더 큰 긍정적인 정신을 불러오는 토대가 된다.

기업가 정신을 교육하는 나라들

대학에서 직접 기업가 정신을 교육하는 대표적인 나라가 있다. 바로 미국이다.

미국은 1945년 하버드 대학에서 최초로 기업가 정신을 교육하기 시작했다. 그리고 1966년에 기업가 정신 육성을 위한 비정부단체를 설립했고, 현재는 16,000여 개의 대학에서 기업가 정신을 교육하고 있다.

그래서인지 미국에는 기업가 정신 교육이 보여주는 긍정적인 사례들이 많다. MIT공대 동문들이 만든 창업기업의 총 매출액은 2013년 기준 1조 9천 억 달러로, 당시 세계 9위의 GDP규모를 보여줬다. 대한민국의 GDP보다 더 큰 규모였다.

스탠포드 대학의 경우에는 창업기업 매출액이 2조 7천 억 달러로 세계 5위의 GDP의 규모를 보여줬다. 이는 대한민국 GDP의 두 배 규모였다.

현재 미국에서는 주요 스타트업들이 줄줄이 상장하고 있다. 차량 공유 서비스인 우버는 시가 총액이 696억 달러(약 82조)로 상장을 마쳤고, 같은 차량 공유 서비스인 리프트도 230억 달러(약 27조)의 시가 총액을 평가받으며 상장을 앞두고 있다. 사진 공유 서비스인 핀터레스트의 시가 총액은 120억 달러(약 14조)이다. 모두 유니콘(자산가치 1조 기업)을 넘어 데카콘(자산가치 10조 기업)의 가치를 지닌 기업이 된 것이다(2019년 기준).

유럽도 마찬가지다. 지난 2006년 유럽 연합은 오슬로에서 초등학교, 중학교부터 기업가 정신 교육을 의무화하는 오슬로 선언을 했다. 이후 교육을 통한 기업가 정신의 함양을 각 나라에 권유하고 있다. 2009년 이후 월드이코노믹포럼에서는 모든 국가에 기업가 정신을 의무화하기를 권고했다.

실제 기업가 정신을 교육하는 학교는 영국의 캠브리지와 옥스퍼드 대학교를 비롯해서 유럽의 소위 잘나가는 나라에 많이 분포되어 있다. 이를 해석하자면 기업가 정신 교육과 국가의 발전은 비례한다는 것이다.

이를 뒷받침하는 연구 결과도 있다. 미국 아리조나 대학의 연구에 따르면 기업가 정신 교육을 받은 사람이 기업가 정신 교육을 받지 못한 사람에 비해 연 수입이 27%가 더 많고, 자산이 62% 더 많았다고 한다.

이것이 많은 나라에서 기업가 정신을 국가 미래 교육으로 생각하고 의무화하는 이유이다.

기업가 정신으로 성장한 한국의 유니콘 기업 쿠팡

우리도 현재 많은 대학에 창업지원단을 두고 대학생들의 창업을 독려하고 있다. 불확실한 환경과 급변하는 사회를 슬기롭게 극복해 나갈 수 있는 요소가 스타트업이고, 그를 지원하는 방법이 기업가 정신을 교육하는 것임을 인식하게 된 것이다. 세계 선진국들이 기업가 정신 교육을 바탕으로 산업의 기틀을 다시 마련하는 것처럼 대한민국도 현재 그 가도에 동참하고 있다.

이쯤에서 하버드대 출신으로 대한민국에 스타트업의 희망을 보여주고 있는 기업을 소개하고 싶다. 바로 대한민국 최초로 유니콘 스타트업으로 발돋움한 〈쿠팡〉이다. 쿠팡의 김범석 대표는 한국의 아마존을 목표로 과감한 투자 행진을 이어가고 있다.

그는 유년시절을 외국에서 보내며, 하버드대 재학시절 이미 대학생 잡지를 창업했다. 하버드 비즈니스 스쿨(MBA)에서 공부하던 중 미국 그루폰의 성공사례를 보았고, 그와 같은 회사를 만들겠다는 목표로 MBA를 중퇴한 후 한국으로 돌아왔다. 그 후 대한민국에 적합한 소셜커머스에 주력하면서 쿠팡을 창업했고, 현재는 '로켓배송'을 통해 서비스의 질을 향상시키며 쿠팡을 성장시키고 있다.

2019년 기준 쿠팡의 기업 가치는 10조 원에 육박한다. 물론 로켓배송으로 인한 적자폭도 크지만 그가 미국 생활 동안 배웠던 기업가 정신이 향후 쿠팡을 어떻게 성장시킬 수 있을지 더욱 주목받고 있는 것도 사실이다.

우리에게 〈배달의 민족〉으로 알려져 있는 〈우아한 형제들〉도 얼마 전 유니콘 기업 대열에 합류했다.

우아한 형제들의 김봉진 대표는 2011년 음식점 전단지를 모바일로 옮겨오겠다는 창의적인 발상을 통해 배달 어플리케이션을 탄생시켰다. 물론 이 과정에서 5만 장이 넘는 전단지를 수거하며 일일이 전화번호를 모바일로 옮겨놓았다는 비하인드 스토리도 유명하다.

현재 그는 디자이너 출신인 점을 활용해서 광고와 서체까지 직접 제작하며 〈배민 라이더스〉와 〈배민 상회〉 등으로 사업 영역을 다양하게 넓혔고, 2019년 독일 회사 딜리버리히어로에 5조 가까운 금액으로 M&A를 성공시키며 대한민국 스타트업의 한 획을 그었다.

쿠팡과 우아한 형제들을 보면 향후 우리나라에서도 제 2의 페이스북, 우버와 같은 데카콘 기업 탄생이 임박했음을 알 수 있다. 이들 기업은 꾸준히 투자를 받고, 그들만의 기업가 정신을 내세우고 있다.

우리보다 앞서 기업가 정신을 교육받았던 나라의 기업가들은 한결같이 이렇게 이야기한다.

"기업을 하는 이유는 돈을 많이 벌어 95%는 사회에 환원하고, 나머지 5%는 내가 가지고 즐기기 위해서예요."

사회가 키워줬기에 성공을 할 수 있었고, 그러므로 95%를 환원해 사회 선순환 구조에 동참하는 것이 옳은 일이라고 생각한다.

그들의 마인드는 모두 기업가 정신 교육을 통해 나올 수 있었다.

사람 중심으로 생각하는 것이 기업가 정신의 토대

그래서인지 스타트업 투자 유치 대회에서도 스타트업이 가진 제품의 장점보다는 대표의 마인드를 중요하게 생각하는 사례들이 늘고 있다.

예전에는 분명 세상에 내놓는 새로운 아이디어와 그 아이디어가 가진 특장점에 주목을 했다. 하지만 그것만으로는 한계가 보였다. 이는 하루에도 몇 백 개씩 세상에 탄생하는 스타트업 제품들이 1년 혹은 3년 단위로 90%가 사라지는 것과도 연관이 있다.

바로 제품이 가진 한계점을 해결하지 못하기 때문이기도 하지만 무엇보다 그 제품을 세상에 탄생시킨 대표의 기업가 정신이 부족한 것이 문제이다.

어떤 제품이나 그 제품이 가진 한계점은 존재한다. 그리고 시대는 정말 빠르게 변화하고 있다. 여기에 발맞춰서 유연한 사고로 대처하는 모습을 대표가 보여주어야 한다.

A : 세상에 어떤 제품을 내어놓을 것인가?
B : 제품을 통해 사회에 어떤 가치를 실현하고 싶은가?

A와 B에는 큰 차이가 있다. A는 내가 만들어내는 제품이 좋으면 모든 것이 해결된다는 마인드이다. B는 제품이 사회에 주는 이익을 끊임없이 생각하는 마인드이다.

앞서 살펴봤던 애플과 다이슨, 그리고 쿠팡의 사례를 봤을 때 공통점은 하나다. 바로 'B'와 같이 생각하는 것이다. 변화하는 사회에서 대표의 유연한 사고를 통해 꾸준히 피봇팅(Pivoting)* 하며 가치 실현에 앞서가는 기업만이 살아남을 수 있다.

4P

Product (제품)
Price (가격)
Place (유통)
Promotion (홍보)

4C

Customer (고객)
Cost (비용)
Convenience (편의)
Communication (소통)

예전에는 기업의 마케팅 전략으로 전통적인 4P를 도입해왔다. 그러나 현재는 4C를 선호한다. 자세히 보면 기업이 소비자에게 어떤 가치를 줄 것인가로 관점 자체가 변했다는 것을 알 수 있다.

예전에는 기업 입장에서 제품을 만들었다면, 이제는 고객 입장에서 소비자가 누릴 이익을 먼저 생각하고 제품을 만든다. 그리고 제품의 가격이 아닌, 소비자가 그 제품을 사용하기 위해서 쓰는 모든 비용(심리적 부담감, 구매하기 위해 이동하는 비용 등)을 고려한다.

유통에 있어서도 고객의 편의를 우선시하고, 일방적인 홍보보다는 고객의 소리를 듣기 위해 쌍방향 커뮤니케이션을 지향한다.

이렇게 소비자를 대하는 개념의 변화는 많은 기업의 성공을 이끌어냈

---

* 농구에서 방향전환을 위해 발을 바꾼다는 용어로, 스타트업에서도 트렌드에 맞추기 위해 기존 사업 아이템을 바탕으로 사업의 방향을 다른 쪽으로 전환하는 행위를 설명할 때 쓰이는 단어

다. 소비자가 누릴 혜택을 생각하며 만든 '컴퓨터 + MP3 + 기존 휴대전화'의 결합인 애플의 아이폰과, 쿠팡의 유통 전략인 '로켓배송'이 대표적인 사례이다.

다이슨에서 먼지봉투를 없앤 청소기를 개발한 것도 먼지봉투 매출로 기업이 누릴 혜택보다 고객이 누릴 혜택을 생각한 것이라고 볼 수 있다.

이제는 다시 한 번 생각해보아야 한다.

나는 내가 만든 제품의 특장점만 생각하는 사람인가.

제품이 사회에 주는 가치에 주목하는 사람인가.

제품이 아닌 사람 중심으로 생각하는 것. 그것이 기업가 정신의 기본 토대가 된다.

투자를 지원해주는 것도 사람이 하는 일이다. 인간적으로 호감 가는 사람에게는 떡 하나라도 더 주고 싶다. 그것은 내 안에 어떤 가치지향적인 삶이 있으며, 그 가치를 제품을 통해 어떻게 실현할 것인지에 대한 생각을 통해 드러난다. 제품이 좋아서 투자받는 것이 아니다. 당신이 생각하는 가치가 제품에 잘 드러났을 때 비로소 투자가 시작된다.

스타트업 투자 유치 무대에 가장 크게 보여줄 가치는 기업가 정신이다

내가 가장 가치 있게 생각하는 것은 무엇인가

나는 교육 사업을 시작하기 2년 전에 이미 상호를 마음속에 정해놓았다. 그 상호가 바로 '드리머'이다. 드리머는 영어 표기 'Dream,er'로 꿈을 꾸는 사람을 응원하고, 그들의 꿈에 집중한다는 의미를 담고 있다. 이 상호에는 나의 삶 전체가 표현되어 있다.

나는 어렸을 때부터 꿈만 크고 실력은 부족한 사람이었다. 아나운서라는 꿈을 꿔왔지만 발표 실력은 엉망 그 자체였으며, 목소리도 불안정하고 작았다. 실력이 없다면 예쁜 외모라도 있어야 했지만 특출난 외모도 내 것은 아니었다. 그런데 신기하게도 꿈을 크게 꾼 만큼 내 꿈은 아주 천천히라도 그 꿈에 다가가고 있었다.

작은 케이블 방송국에서 시작해 사내 아나운서, 대기업의 전문 프리젠터를 거쳤다. 다시 아나운서 활동과 병행하여 교수, 강사, 컨설턴트라는 직함을 얻게 된 것은 모두 꿈을 포기하지 않은 덕분이었다.

고등학교 시절, 내 꿈을 이야기할 때 아무도 나를 믿어주지 않았다. 대학교 때는 아나운서 교수님께서 콧방귀를 뀌며 포기하라고 하셨다. 그러나 결국 나는 모두에게 '아무리 부족해도 노력하면 할 수 있다'는 방증이 되었다.

나는 지금도 꿈을 꾸는 사람들을 보면 누구보다 응원한다. 스타트업에 뛰어든 대표님들의 꿈을 들으면 함께 설레고, 대학생들의 꿈을 들을 때면 강의료는 됐으니 맛있는 거나 사 먹으라고 겸연쩍게 말하며 그들의 꿈을 응원한다.

내가 원하는 것은 돈이 아닌 사람을 통한 가치 창출에 있다. 그래서 드리머(dream.er)라는 상호는 내 정신이 담긴 소중한 회사명이 되었다.

기업가 정신을 적용하는 것은 어렵지 않다. 내가 가장 가치 있게 생각하는 것을 내가 만든 제품을 통해 보여주는 것이다. 그것은 내가 살아온 삶 속에서 나타난다. 그리고 그 가치가 잘 발현된다면 궁극적으로 사회의 선순환 구조를 만들게 된다.

경험이 모여 창업의 성공을 이룬다

기업가 정신은 사실 경험에서 우러나오는 경우가 많다.

우리에게 익숙한 SNS인 인스타그램의 창업자 케빈 시스트롬의 경우가 그렇다. 현재 인스타그램은 실리콘밸리의 신데렐라 스토리라고 평가받고 있다. 올해 기준 인스타그램 기업 가치는 1,000억 달러로 우리 돈 111조 원이다.

인스타그램의 창업자 케빈 시스트롬은 처음부터 인스타그램을 성공시켰던 것일까? 당연히 아니다. 그도 무수히 많은 실패를 거듭했다.

우선 그는 사진을 좋아했다. 그가 어릴 때 가장 좋아했던 장난감은 카메라였고, 고교 시절에는 사진 동아리에서 활동하기도 했다. 스탠포드 대학교에 입학해서도 시중에 출시된 카메라들을 수집하며 다양한 필터들을 연구했다.

결국 그는 프로그래밍까지 공부해가며 그의 첫 창업이라고도 할 수 있는 사진 공유 서비스 '포토박스'를 세상에 탄생시켰다. 그 당시 이를 눈여겨 본 마크 저커버그가 입사 제의를 했지만 그는 더 경험을 쌓고 싶은 마음에 거절했다.

대학 졸업 후에도 그는 2년 동안 구글에서 일하며 사업 구상을 멈추지 않았고, 2010년 그가 27살이 되던 해 사진 공유 어플리케이션 '버븐'으로 회사를 차리기에 이르렀다.

그런데 시스트롬이 많은 애정을 보이며 만든 '버븐'은 사람들에게 좋은 반응을 얻지 못했다. 기능들이 너무 많고 조잡했기 때문이었다. 인스타그램의 전신이었던 '버븐'에는 위치 공유 서비스가 강조되었고, 사진 기능은 위치 공유 서비스의 일부분으로 접목되었다. 그 외에도 스케줄까지 체크할 수 있는 잡다한 기능 때문에 사람들은 이 복잡한 어플리케이션을 외면했다.

시스트롬은 단순함을 추구하기 위해 하나씩 기능을 지워나갔다. 그리고 이름도 바꾸었다. 즉석이라는 뜻의 인스턴트(Instant)와 멀리 보내는 메시지라는 뜻의 텔레그램(Telegram)을 합친 '인스타그램'으로 말이다.

한결 단순해진 인스타그램에 사람들은 환호하기 시작했다. 한 달 만에 이용자가 100만 명을 돌파했고, 그 이용자 수는 1년 만에 1,000만 명을 넘어섰다.

인스타그램만의 감각적인 필터는 시스트롬이 고등학교, 대학교 시절 고민했던 경험의 산물이었다.

이때 다시 페이스북의 창업자 마크 저커버그가 시스트롬에게 손을 내민다. 이번에는 10억 달러(1조 1200억)라는 인수 금액과 함께 인수 후에도 인스타그램의 CEO로 남아 있어도 된다는 파격적인 조건이었다.

당시 인스타그램의 기업 가치보다 두 배 이상은 큰 금액이었기에 시스트롬도 이번에는 고개를 끄덕였다. 이는 모두 창업 2년 만에 벌어진 일이다.

현재 인스타그램은 마크 저커버그가 인수한 금액보다 기업 가치가 100배 이상 커졌다.

"당시에 잘 몰랐다고 하더라도 당신이 겪는 경험들은 훗날 모든 일의 기반이 될 것입니다. 그게 어떤 조각일지 모르지만 결국에는 다 모여서 퍼즐을 이루게 되죠. 그것들이 열매를 맺을 때까지는 시간이 소요되지만 나중엔 결국 연결됩니다."

이 말은 케빈 시스트롬이 한 말이다. 그는 경험의 중요성을 잘 알고 있었고 그 경험이 모여 창업의 성공을 이뤄낸다고 이야기한다. 그 역시도 어린 시절부터 사진과 관련한 다양한 경험을 통해 인스타그램을 창업할 수 있었듯이 말이다.

현재 세상의 소통 방식은 인스타그램을 통해 돌아간다. 인스타그램은 확실히 SNS의 후발 주자였지만 창업가의 기업가 정신으로 세상의 소통 방식을 바꾸어놓았다.

나의 사업을 한 마디로 정의하자

'Just do it.'

'Think different.'

'Impossible is nothing.'

'Life is good.'

모두가 한 번쯤 들어본 유명한 문구일 것이다.

'Just do it'은 나이키의 슬로건으로 앞에 어떤 장애물이 있더라도 위축되지 말고 적극적으로 생각하고 행동하라는 나이키의 스포츠 정신을 담고 있다. 우리말로 직역하면 '일단 한번 해봐', '그냥 해봐' 정도가 될 수 있다.

애플의 'Think different'는 'Think something different'의 줄임말로, 다른 것을 생각하라는 뜻을 담고 있다. 그리고 이 애플의 슬로건은 스티브 잡스가 생전 가장 좋아했던 슬로건이었다고 한다.

실제 스티브 잡스는 남들과는 항상 다른 것을 생각하려고 노력했다. 모두가 새로운 기술을 개발하고 그 기술들을 제품에 탑재하려고 할 때, 스티브 잡스는 오히려 제품의 기능을 단순화했기 때문이다.

그렇게 애플은 단순한 기능을 매력적으로 만들어 사람들을 열광하게 했다. 'Think different.' 이 슬로건은 바로 스티브 잡스가 가졌던 마인드 그 자체였던 것이다.

아디다스의 'Impossible is nothing', LG전자의 'Life is good' 슬로건도 기업의 정신을 잘 담은 사례라고 볼 수 있다. 이렇게 기업가 정신을 잘 담은 슬로건들은 오랫동안 소비자의 마음에 남아 두고두고 회자된다.

기업의 슬로건은 아니지만 한 사람의 삶의 가치를 잘 보여준 사례도 있다.

바로 미국 44대 대통령 버락 오바마의 선거 구호인 'Yes We Can'이다. 첫 흑인 대통령이 될 수 있다는 'Yes We Can', 어려운 경제를 이겨낼 수 있다는 'Yes We Can', 국민들이 원하는 것을 하나씩 해내보이겠다는 'Yes We Can'이었다. 이는 미국인들의 마음에 가서 닿았다.

이렇듯 한마디로 정의하는 나의 기업가 정신을 제품에 입히면 기업의 가치를 보다 잘 전달할 수 있고, 대중에게 더 오랫동안 각인된다. 그리고 그것이 결국 제품이나 서비스를 구매하도록 설득시켜주는 마법이 된다.

실제로 현지에서 특별한 숙박 경험을 제공하는 숙박 중개 플랫폼인 에어비앤비는 피칭 무대에서 이렇게 말했다.

"우리는 세계에서 가장 큰 숙박 체인이지만 집을 단 한 채도 소유하고 있지 않습니다."

이 말은 투자자들에게 커다란 매력으로 다가왔고, 현재 에어비앤비는 191개 국 34,000여 도시에서 200만 개 이상의 숙소를 운영하고 있다. 피칭 때 보여준 그들의 표현대로 실제 숙박 체인을 돈 들여가며 운영하기보다는 사람들을 엮어주는 중개 서비스로 기업을 키워간 것이다.

현재 에어비앤비는 미국 샌프란시스코 직원만 해도 1,600만 명에 달할 만큼 거대한 IT스타트업으로 성장했다. 2019년 기준 에어비앤비의 기업 가치는 약 310억 달러(36조 7,000억 원)로 평가되고 있다.

에어비앤비처럼 피칭 무대의 처음이나 마지막에는 기업이 가진 가치를 조금 더 제대로 드러내야 한다. 그래서 한 문장으로 정의하는 나의 기업 혹은 제품의 가치를 만들어보는 것이 좋다. 그 문장에는 내가 그동안 치열하게 고민해왔던 제품과 함께해 온 삶이라든가, 제품을 탄생시킨 배경, 그리고 나아가서는 내 삶의 가치까지 담길 수 있다.

창업가가 가지는 삶의 가치가 제품에 드러나는 것. 그것이 기업가 정신이다.

내 제품은 내가 가장 사랑해야 한다

기업가 정신을 가진 기업가들의 공통점이 있다.

바로 자신의 기업과 제품에 가지는 애정이다. 애정은 연출될 수 없다. 눈빛과 진정성에서 드러난다.

많은 기관에서 IR피칭 컨설팅을 진행하며 가장 안타까웠던 순간은 스타트업 대표님들이 제품에 대한 애정을 드러내지 못하는 것을 볼 때이다.

투자 유치를 받기 위해서는 피칭 무대에 서야 한다. 피칭 무대가 아니라도 심사위원들 앞에서 제품을 소개하는 시간은 필수적이다. 하지만 이무대에 선 모든 대표님들이 제품에 대한 애정을 드러내지는 않는다. 제품에 자신이 없어 하기도 하고, 무엇보다 발표하는 것이 부담스러워 눈을 피하거나 목소리가 작아지기도 한다.

하지만 이런 사소한 것에서 투자 유치의 승패가 결정된다. 사람이 사람을 평가하는 자리인 만큼 제품이 아닌 그 제품을 탄생시킨 대표의 마인드를 보기 때문이다.

아무리 제품이 훌륭하고 좋아도 그 제품을 발전시킬 만한 요소가 대표에게 보이지 않는다면 그 누구도 투자하려 들지 않는다.

아주 유명한 동화 속 이야기로 생각해보자. 아빠와 아이가 구두를 사러 구두가게를 방문했다. A구두가게에서 아이는 사고 싶은 구두를 발견했다. 그 구두의 가격은 5만 원. 구두에 대해서 이것저것 물어보는 아버지에게 구두가게 주인은 퉁명스럽게 대답하며 귀찮아했다.

아버지와 아이는 이내 B구두가게로 자리를 옮겼다. 다행히 거기서도 A구두가게에서 봤던 구두와 똑같이 생긴 구두를 발견할 수 있었다. 그런데 가격은 6만 원. 무려 1만 원이 더 비쌌다. 하지만 B구두가게 주인은 아이가 고른 구두에 애정을 담아 아버지와 아이가 궁금해할 만한 모든 것을 상세하고 친절하게 알려주었다.

A구두가게가 더 싸다고 말하는 아이에게 아버지는 "우리는 1만 원짜리 서비스를 받았단다"라고 말하며 B구두가게에서 구두를 구매했다.

투자 유치 발표를 하는 자세도 이와 같아야 한다. 가격 경쟁력과 제품 경쟁력도 물론 중요하다. 그러나 무엇보다 중요한 것은 제품을 대하는 기업가의 자세이다.

요리연구가 백종원 선생님의 골목상권을 살리는 TV프로그램이 요즘 인기다. 나는 그 프로그램을 시청하며 애정을 담는다는 것이 얼마나 중요한지 실감한다.

방송에서 백종원 선생님의 인정을 받는 곳은 모두 자신이 만든 요리를 사랑한다는 공통점이 있었다. 반면 인정받지 못하는 식당의 주인들은 대부분 이렇게 말한다.

"사실 저는 OO요리(자신이 요리하고 있는 음식)를 별로 좋아하지 않아요. 그냥 하는 거예요."

자신의 요리를 좋아하지 않는 식당에 갈 바보 같은 손님은 없다. 마찬가지로 자신의 아이디어를 제품화하여 세상에 탄생시킨 스타트업 대표님들이 그들의 제품을 사랑하지 않는다면 그 누구도 그 제품을 바라봐주지 않을 것이다.

제품에 가장 큰 애정을 쏟아야 할 사람은 바로 대표 자신이다. 그래서 나는 컨설팅 때마다 스타트업 대표님에게 제품을 생각하는 마인드를 한 줄짜리 기업가 정신으로 표현해보라는 숙제를 낸다. 그 숙제는 제품이나 서비스에 대한 대표님만의 기업가 정신을 깊이 생각해보라는 의미이다.

기업가 정신은 제품에 대한 애정이 있을 때 생겨나는 것이고, 애정을 가지면 결국 대표님들이 제품을 대하는 태도도 달라지게 된다.

또한 기업을 하다보면 좋은 일만 있지 않다. 고난과 역경이 주어진다. 그 고난과 역경은 철저한 기업가 정신이 있어야 헤쳐 나갈 수 있다. 창업은 주먹구구식으로 하는 것이 아니다. 나만이 가진 사업 철학이 꼭 필요하다.

내 창업의 기준점을 찾으면 기업을 밀고나가는 힘이 생긴다. 그것을 투자자에게 전달하자. 그것이 바로 기업가 정신이다.

"절벽에서 맨몸으로 뛰어내려 떨어지는 동안 비행기를 만들어 하늘로 날아가는 것."

링크드인 창업자 리드 호프만은 스타트업을 위와 같은 문장으로 비유했다.

스타트업은 이렇게 어려운 일이다. 험한 스타트업 생태계에 뛰어든 당신, 충분히 멋지다. 자부심을 가지고 당신의 기업가 정신을 사회에 훌륭하게 펼쳐 보이기를 응원한다.

오직 나만이 가지고 있는 것!
이것이 바로 사업 아이템의 핵심

김정아

드리머스피치 커뮤니케이션 강사
농림축산식품부 창업콘테스트 피칭 컨설턴트
서울창업허브, 과학기술정보통신부 외 다수 IR피칭 컨설팅
광운대학교 창업경진대회 IR피칭 덱 컨설팅
LGU+, 대홍기획 프레젠테이션 강의
경기도소방학교 교수대상 교육 진행
대한민국의회행정박람회 커뮤니케이션 특강
대한장애인체육회, 한국재정정보원 외 공공기관 CS강의
세이브더칠드런 문화다양성 강사양성 과정 강의 진행
㈜ 코레일관광개발 고속열차 객실 승무원
㈜ 코레일관광개발 승무원 신입사원 교육 및 방송교육 진행

몰입과 애정은 사업 아이템 발견의 핵심

어떻게 아이템을 발견할 것인가?

현재 세계 각국에서 쏟아지는 스타트업의 생태계는 점점 넓어지고 있다. 특히 세계 최대 스타트업 콘퍼런스가 열리고 있는 핀란드는 인구 수가 550만 명에 스타트업 2,400개 이상이 나오고 있어 인구 수 대비 세계 1위의 나라이다. 요즘 우리나라에도 수많은 스타트업이 자신만의 색깔을 가진 아이디어를 무수히 쏟아내고 있다. 수많은 아이템으로 자신만의 사업 모델을 만들어 무한 경쟁에 뛰어들고 있다.

그렇다면 이러한 많은 아이디어는 대체 어디서 나왔을까?

사업을 준비하는 사람이라면 아이템 발견에 엄청난 에너지를 쏟을 것이다. 아이템과 더불어 기술력 발견에 대한 고민도 항상 가지고 있을 것이다.

지금부터 이 책을 통해 사업 아이템의 발견은 오직 나만이 가지고 있는 것에서 시작된다는 것을 알아갔으면 한다.

필자는 다양한 분야의 스타트업 대표들을 만나 컨설팅을 진행한다. 그때, 피칭의 첫 멘트를 유심히 들어본다. 그 이유는 그 첫 멘트에 자신만의 사업 아이템의 핵심적인 내용이 들어가 있기 때문이다.

그 핵심적인 내용은 무엇이었을까? 그것은 바로 '문제 해결'에 대한 단서이다.

사업의 내용을 들었을 때 공통적으로 비슷한 점이 있다. 바로, 자신에게 불편함을 주었던 일, 나를 성가시게 했던 일들에 대한 '문제 해결'이었던 것이다. 바로 이 부분이 우리의 사업 아이템을 얻는 첫 번째 방법임을 알 수 있다. 그렇다면 우리 자신의 입장으로 상황을 바꿔 질문을 던져 보자.

지금 당신에게 혹은 최근에 당신을 가장 성가시게 했던 일들은 무엇이었나?

이 질문에 대한 답변의 내용, 그리고 그것을 해결하기 위한 문제 해결점이 바로 나의 사업 아이템의 핵심 포인트가 된다. 나의 문제 해결을 위한 사업 아이템이기에 더 애정을 갖게 된다.

그 문제를 해결하려는 분명한 이유로 개발에 더욱 몰입할 수 있을 것이다. 하지만 여기에 한 가지 더. 사업가라면 본인 스스로에게 꼭 해야 할 질문이 있다.

이 사업 아이템이 내가 정말 흥미를 갖고 즐기며 꾸준히 연구, 개발할 수 있는 것인가?

인기와 사업성만을 좇으며 정작 자신의 관심과는 전혀 다른 분야의 사업이라면 사업의 생명은 상당히 짧아질 수 있다. 사업 아이템에 대한 본인만의 확고한 신념 그리고 그것을 해결하고자 하는 의지가 있다면 분명 성공적인 아이템을 발견한 것이다.

이렇듯 우리가 사업에 대한 애정과 관심을 보일 수 있으려면 사업의 시작점에서 내가 즐길 수 있는 이유를 찾아야 한다. 여기까지 자신의 마음을 확고히 잡았다면 분명 더 멋진 사업으로 한 단계 도약할 수 있는 준비가 된 것이다.

현재 우리나라는 이러한 스타트업의 정책 활로의 활성화를 모색하기 위해 바삐 움직이고 있다. 이제는 우리나라 최고의 아이템을 가진 스타트업을 볼 수 있는 기회가 분명 더 많아질 것이다.

그렇다면 이 사업 아이템 발견을 위한 나만의 확고한 전략을 함께 만들어 가보자.

자신의 경험 속에서 빛을 발한다

요즘 최고, 최대, 최초라는 'No.1'보다 더 강한 말이 있다.

그건 바로 오직, 유일함을 의미하는 'Only'이다. 이런 자신들만의 색깔을 갖추고, 사업에서도 그 빛을 고스란히 녹여 보여주는 경우가 많아지고 있다.

빛 속에 숨겨진 사업 아이템은 분명 사람을 끌어당기는 유일함이 숨겨져 있을 것이다. 여러 피칭을 들어보면 자신만의 경험 속에서 이 사업이 꼭 성공해야 할 이유들을 엿볼 수 있는 경우가 많았다.

나만이 가진 오직 유일한 Only 전략에 대해서 우린 깊이 있게 생각해 볼 필요가 있다. 나무의 나이테, 얼굴의 주름처럼 인생에서의 인생 곡선은 누구에게나 특별한 자신만의 경험을 가지고 있다.

마케터 강민호는 저서 《브랜드가 되어간다는 것》에서 자신만의 퍼스널 브랜딩이 얼마나 중요한지에 대해 설명했다. 우리는 개개인마다 특수성을 가지고 있고 그 속에 그 사람이 살아온 삶의 배경을 토대로 자신만의 생각, 신념, 철학까지 보여준다. 이는 자신의 사업 아이템과 함께 사업을 이끌어 나가는 생각의 모토가 될 수 있는 것이다.

그렇다면 자신에게 한번 질문을 던져 보자.

내가 가장 좋아하고 즐겨하는 것은 무엇인가?

내가 생각하는 가장 큰 나만의 강점은 무엇인가?

최근 나에게 가장 행복을 주었던 일은 무엇인가?

피칭 컨설팅을 진행하며 대표들과 소소한 질문들을 던지며 시작한다. 한시가 바쁘고 촉박하지만 사실 이러한 소소한 이야기들 속에 사업의 아이템들이 속속 숨겨져 있기 때문이다. 실제로 이런 작은 이야기들 속에서 사업 피칭을 구상할 때 새로운 스토리보드를 만들어 구성을 새롭게 짠 사례도 있다.

'정말로 성공하고 싶다면 다른 사람이 가지 않을 길을 가라'는 말이 있다. 다른 사람이 가지 않을 길. 즉, 자신만이 지금까지 걸어오고 당당히 걸어갈 자신만의 길에서 아이템을 발견할 수 있다.

경험의 한 예로 여행에 대한 이야기를 해보려고 한다. 여행이라는 단어만 들어도 마음의 평화와 안정감을 느낀다고 한다. 왜 우리는 이렇게 여행을 좋아하고 즐기며, 꾸준히 여행계획을 세울까?

아마도 우리의 지치고 힘든 마음에 휴식을 주고 에너지를 보충해 주기 때문일 것이다. 하지만 그 의미를 더 깊게 생각해 본다면 여행은 우리의 큰 경험 자산이 될 수 있다.

실제로 나의 주변 지인들은 새로운 흐름을 조금 더 빨리 읽기 위해 여행을 한다고 말한다. 일본은 1, 2년마다, 미국 유럽은 3, 4년마다 한 번씩 다녀온다는 사람도 있다. 이럴 때 여행은 새로운 것이 아니라 평소 관심 있는 분야의 부분들이 새롭게 느껴진다는 데 의미가 있다.

정리해 보자면 사람들이 여행에서 크게 매력을 느끼는 포인트가 두 가지가 있다. 첫째는 낯선 환경에서 우리는 다양한 감정들과 함께 마주하게 된다. 둘째는 이 낯섦 속에서 새로운 나를 발견하고 나만의 지혜를 쌓을 수 있다는 것이다.

'진정한 여행은 새로운 풍경을 찾는 것이 아니라 새로운 시각을 갖는 것'이라는 말이 있듯이 자신만의 여행 경험을 토대로 생각의 폭을 넓혀 보기 바란다. 자신의 경험들 속에서 아이디어를 쏙쏙 뽑아낸다면 진정한 자신만의 Only 사업이 빛을 낼 것이다.

자신만의 아이템에 몰입해라

자세히 보아야 예쁘다

오래 보아야 사랑스럽다

너도 그렇다

나태주 시인의 '풀꽃'이라는 시를 읽으면 몰입에 대한 새로운 발견을 하게 된다. 그냥 지나칠 수 있는 것들도 우리가 조금 더 자세히, 오래도록 보면 예쁘고 사랑스럽게 보이는 것이다. 우리의 사업 아이템도 조금 더 깊게 자세히 애정을 갖고 본다면 더 사랑스럽지 않을까?

그 관심과 애정으로 자세히 바라보는 것은 '애착'의 모습으로 보일 수 있다. 아침에 눈을 뜨고 일어나 저녁 자기 직전까지 하루 종일 자신의 관심 하나에만 꽂혀 생각하면 좀 더 촘촘하게 나의 아이템을 구체화할 수 있을 것이다.

요즘 '덕후들이 성공하는 시대'라는 말을 많이 한다.

처음에는 이 '덕후'의 의미가 부정적으로 쓰였다. 자기 방에만 틀어박혀 인간 관계를 맺지 않는 특성을 가진 사람들을 지칭하는 말이었다. 하지만 최근에는 본인의 관심 분야를 좋아하며 전문가 수준을 넘은 사람을 의미하는 긍정적인 뜻으로 사용되고 있다.

커피, 화장품, 술, 여행, 영화 등 다양한 분야에서 덕후라는 말이 통용되고 있다. 자신만의 사업에서 누구에게 뒤처지지 않는 덕후가 되어 있다면 그 사업의 아이템은 분명 성공의 길을 걷고 있는 것이다.

〈마켓컬리〉의 김슬아 대표만 보아도 알 수 있다. 그녀는 세바시 강연에서 이렇게 말했다.

"전 진짜 먹을 것을 좋아해요. 주변에 맛있는 정육점 사장님 전화번호를 지인이 저에게 물어볼 정도였으니까요."

먹는 것을 좋아하는 김 대표는 실제로 매주 금요일마다 제품을 직접 먹어보고, 자신의 입을 통과한 상품만을 팔았기 때문에 더 신뢰감을 높일 수 있었다.

이처럼 덕후만의 강점을 살려 자신의 사업 아이템을 사랑하자. 그리고 몰입하고 애착하며 촘촘하게 빠져보자. 그렇다면 분명 자신만의 전문성과 축적된 지식을 가진 경쟁력 있는 우수한 사업가로 우뚝 서게 될 것이다.

고대 그리스의 철학자 아르키메데스가 외친 "유레카!"

우리가 너무나 잘 알고 있는 이 말도 번뜩이는 아이디어가 갑자기 떠올라 외친 것이 아니다. 그 왕관이 금인지 아닌지를 판별해 내려는 큰 고민에 빠져 몰입했을 때 발견하게 된 것이다.

모든 새로운 아이디어, 새로운 사업 아이템은 어느 날 갑자기 떠오르지 않는다. 끊임없이 고민하고 생각할 때 생겨난다. 자신이 생각하는 것 하나에만 몰두할 때 좋은 아이디어를 발견할 수 있다.

이렇듯 사업에 대한 몰입과 애정을 보이는 것은 사업의 성공을 위해 꼭 필수적인 부분이다. 자신의 사업 아이템에 대한 관심과 고민을 어디에서든 항시 계속해야 한다.

잃어버린 짝을 찾듯이 대입을 해보고 계속 고민하며, 생각을 몰입해야 한다. 그러다보면 어느 순간 다양한 아이디어와 함께 새로운 아이템을 발견할 수 있을 것이다.

사업 아이템 발견을 위한 창의적 생각

『정해진 선 밖에 있는 시선을 갖는 것이 바로 창의적 생각의 시작이다.』

창의적 생각의 방향성

창의적(creative)이란 단어를 들었을 때 바로 생각나거나 연상되는 것은 무엇인가?

그것은 굉장히 새롭고, 남들이 생각하지 못한 것을 묻고 답하는 것이라고 말할 수 있을 것이다. 하지만 새로운 아이템 발견을 위한 창의적인 생각을 위해 조금의 오해를 풀어볼까 한다.

우리는 창의성을 대표할 만한 인물로 단연 스티브 잡스를 꼽는다. 그는 정말 우리의 일상을 완전히 바꾸어 놓은 창의적인 사람이다. 하지만 스티브 잡스는 본인의 창의성에 대해 이렇게 말했다.

"창의성은 단지 사물을 잇는 것이다. 창의적인 사람들에게 굉장한 일을 어떻게 할 수 있는지 물어보면 그들은 약간의 죄책감을 느낀다."

이 말에서 우리는 죄책감이라는 단어에 의문을 갖는다. 왜 멋지게 발견을 하고도 죄책감을 느낀다고 표현했을까? 그 이유는 창의성이 특별한 사람들만의 전유물이 아니기 때문이다.

즉 창의성은 누구나 가지고 있고 배울 수 있다. 창의적인 아이디어를 잘 내는 사람들이라면 많은 행동과 무수한 경험 속에서 그 연결고리를 만들고 자신의 창의적인 아이디어를 잘 뽑아낸다. 이처럼 사업의 아이템을 발견하고 사업을 이끌어 갈 대표라면 아이템 하나를 가지고 연결을 지으며 생각을 넓혀 가야 한다.

하지만 실제 컨설팅을 진행하다 보면 아이템의 특별함과 차별성에 있어 아쉬움이 많다. 이러한 아쉬움을 없애기 위해 자신의 아이템을 좀 더 넓고 깊이 있게 발견하는 것이 중요하다.

창의적이라는 것이 어렵게 생각할 수 있지만, 사실은 누구나 다 창의성을 가지고 있다면 여러분은 믿으시겠는가.

실제로 톰 켈리, 데이비드 켈리의 《유쾌한 크리에이티브》에 의하면 누구나 어릴 적부터 창의성을 가지고 있었다는 사실을 사람들은 잊고 있다고 한다. 유년시절엔 누구나 다 즐겁게 놀았고, 두려움이나 부끄러움 없이 자신이 하고 싶은 것들을 모두 해보았다. 하지 말아야 하는 것조차 몰랐다. 하지만 나이가 들면서 우리는 사회적 거부와 두려움을 알게 되고, 그 이후 창조적인 생각이 멈춰 버렸다.

우리는 그것이 단지 봉인되어 있을 뿐이며 풀릴 수 있다는 것을 알아야 한다. 또한 이러한 좋은 에너지는 우리의 가장 귀중한 자원인 것을 꼭 알고 있어야 한다.

이처럼 자신의 창의성을 더 발휘할 수 있도록 생각을 더 뽑아내는 작업은 상당히 중요하다.

전 세계 수많은 사람들의 가슴 속에 '왜'라는 질문으로 잠자고 있던 불꽃을 일깨워준 골든서클. 사이먼 사이넥의 책 《나는 왜 이 일을 하는가?》를 통해 우리의 인생을 바꿀 근본적인 소중한 질문들을 찾아냈다.

"나의 성취감은 내가 이 일을 '왜' 하는가로부터 나온다"라는 말에서 착안해 자신만의 '왜'를 찾기 시작했다. 기업에도 '왜'가 있고, 팀에도 '왜'가 있으며, 각각의 개인에게도 '왜'가 있다.

창의적인 인물 스티브 잡스도 핵심기술인 What을 내세우지 않고, 왜 이 제품을 사용해야 하는지를 커뮤니케이션의 출발점으로 삼았다. 애플은 '발상의 전환'이라는 가치를 내세우며 사업을 확장해갔고, 우리는 그 가치를 이해하고 그 가치에 열광했다.

결론적으로 성공하는 기업의 차이는 고객 관점에서 Why로 창의적인 생각을 얼마나 깊이 있게 하느냐의 차이이다. 이처럼 우리가 사업 아이템에 대한 '왜'를 생각해 본다면 우리가 생각하는 사업 아이템의 목적과 신념을 더욱 분명히 할 수 있을 것이다.

'왜'는 사람들에게 영감을 불러일으킬 비전을 세우는 데도 도움이 된다. 결국 목적을 갖고 의도대로 행동하도록 우리를 이끌어 줄 것이다.

그렇다면 조금 더 창의적인 방향과 힘을 더하기 위해 질문을 나로 바꾼 'Why me?'로 질문을 던져 보자. 분명 자신의 일에 창의적으로 접근하게 되고, 더 새롭고 개선된 해법과 성취를 이룰 수 있을 것이다.

창의성의 물꼬를 튼다는 건 마치 자기도 모르게 주차 브레이크를 걸고 달리다가 어느 순간 그 사실을 깨닫고 브레이크를 풀어 자유롭게 달리게 되는 상황과 같다. 자신의 사업 아이템 분야에 대한 전문성을 만들기 위해 창의적인 방향성을 깊이 성찰을 해보기 바란다.

창의적 생각의 틀 비틀기

창의적인 생각을 비틀기 위한 하나의 실험을 소개해 보도록 하겠다.

이 실험은 게리 하멜과 C.K.프라할라드의 책《시대를 앞서는 미래 경쟁 전략》에 나오는 '원숭이와 사다리 위의 바나나' 실험이다.

심리학 도서에 종종 소개되었다. 과학자들 사이에서는 유명한 우화와 같은 이야기이다.

이 실험에 따르면 동물 행동학자들이 동물원의 우리를 하나 빌려 사다리 하나를 세워두고 맨 위에 먹음직스러운 바나나 한 꾸러미를 올려놓는다. 그리고 원숭이 네 마리를 우리 안으로 집어넣는다. 그러면 원숭이들이 바나나를 보고 너무 기뻐서 사다리 위로 올라간다.

거의 다 올라가서 사다리 위 바나나에 손이 닿을 때, 과학자들은 원숭이들에게 호스로 물을 뿌린다. 원숭이는 물을 굉장히 싫어하기에 물세례를 받고 황급히 내려오게 된다. 그리고 그날 하루 종일 사다리 위의 바나나를 힐끗힐끗 쳐다만 볼 뿐, 아무도 다시 올라가려는 시도를 하지 않는다.

다음 날, 원숭이 네 마리 중에서 두 마리를 우리 밖으로 빼낸다. 그리고 신참 원숭이 두 마리를 집어 넣는다. 그러면 무슨 일이 벌어질까?

새로 들어온 신참 원숭이들은 사다리 위의 바나나를 보고 쏜살같이 위로 올라간다. 그때 무슨 일이 벌어지는지를 아는 고참 원숭이가 앞선 원숭이들을 끄집어 내린다. 영문도 모른 채 올라가려는 원숭이들을 심지어는 할퀴고 때리면서 물세례를 받지 않도록 해준다.

세 번째 날, 첫날 들어온 고참 원숭이 두 마리마저 우리 밖으로 뺐다. 그리고 또 신참 원숭이 두 마리를 새롭게 집어 넣는다. 신참 원숭이들은 위의 바나나를 보고 미친 듯이 올라간다.

이때 둘째 날 들어와서 사다리 위에 올라가는 것을 제지당했던 원숭이는 어떻게 행동할까. 이것이 실험의 궁금증이다.

결과에 따르면, 그들 역시 따라 올라가서 신참 원숭이들을 끄집어 내린다. 자신들이 당한 대로 할퀴고 때리면서 그들을 못 올라가게 막는다. 왜 그래야 하는지 영문도 모른 채로 말이다.

그다음 날부터는 네 마리 중에 아무나 한 마리를 빼고 새로운 원숭이를 우리 안으로 집어 넣어도 똑같은 일이 반복된다. 신참 원숭이는 바나나를 향해 위로 올라가려고 하고, 나머지 원숭이들은 그를 말리는 것이다. 한 달, 두 달, 석 달이 되어도 말이다.

그런데 흥미로운 건, 둘째 날부터 과학자들이 물 호스를 완전히 뺐기 때문에 사다리 위로 올라가 바나나를 먹어도 아무 일도 벌어지지 않는 상황이었다는 것이다.

사람도 크게 다르지 않다는 것을 알 수 있다. 신참 원숭이처럼 우리는 살면서 안 되는 이유에 대해 생각하기보단 당연히 그것을 꼭 지켜야 하는 규율처럼 묻지도 따지지도 않는 경우가 많다. 아무런 이유를 모른 채로 말이다.

이러한 실험을 통해 우리는 생각의 틀을 비틀지 않고 의문을 갖지 않는다면 그 상황을 당연하게 여기고 받아들이며 행동하게 된다는 것을 알 수 있다.

창의적인 생각을 위해 우리가 꼭 염두에 두어야 할 점은 바로 생각의 틀을 비틀어 보는 것이다. 사업 아이템에 대한 생각을 조금만. 비틀어보자. 우리의 아이템 발견을 위한 변화를 경험할 수 있을 것이다.

'한 번도 실패하지 않는다는 건 새로운 일을 전혀 시도하지 않는다는 신호다'라는 말이 있듯이 우리 한번 새로운 생각의 전환을 시도해 보자.

창의적 생각의 관점 넓히기

세계 최초로 엘리베이터를 만든 기업인 오티스는 당시 업계 최고의 연구원과 기술자들을 보유하고 있었다. 하지만 그 당시 해결하지 못한 문제가 있었는데 그것은 바로 엘리베이터의 속도였다.

오티스는 혁신적인 신제품을 갖고 있었지만 느린 속도 때문에 사업 초기에 큰 어려움을 겪었다. 당시 기술 수준으로는 아무리 노력해도 사람들이 체감할 정도로 엘리베이터 속도를 높일 수가 없었다.

그러던 어느 날 한 여성 관리인이 엘리베이터 안에 거울을 달아놓는 아이디어를 내놓았다. '속도가 문제인데 왜 거울을 달아놓자는 거지?' 주변 사람들은 말도 안 되는 소리라고 생각했지만 오티스는 시험 삼아 엘리베이터 안에 거울을 달았다.

그 결과 사람들은 같은 속도로 움직이는 엘리베이터인데도 거울을 보느라 엘리베이터가 느리다는 사실을 알아채지 못했다. 결국 속도에 대한 불만은 줄어들었고 오티스의 매출은 급증했다.

기술의 발달로 속도가 훨씬 빨라진 지금도 거의 모든 엘리베이터에는 거울이 붙어 있거나 자신의 모습을 비춰볼 수 있는 재질로 인테리어가 되어있다. 이런 변화를 만든 것은 전문 지식을 가진 기술자가 아니라 한 엘리베이터 관리인이었다.

오티스는 고객의 관점을 변화시키는 것으로 문제를 해결했다. 기술은 문제를 해결하기 위한 최고의 수단이 되기도 하지만 모든 상황에서 항상 동일하게 적용되는 것이 아니다.

관점을 달리하며 시선을 넓혀 준다면 새로운 해결책이 보일 수도 있다. 그리고 새로운 접근 방법은 바로 고객의 시각으로 문제를 바라보고 고객의 관점에서 문제를 해석하는 것이다.

생각의 관점을 넓히기 위해 요즘 사업 아이템에서 떠오르고 있는 것이 있다. 바로 '디자인 씽킹(Design Thinking)'이다. 디자인 씽킹이란 제품의 개발 단계뿐만 아니라 제품의 기획, 마케팅, 관련 서비스 등 전 과정에 걸쳐 제품에 대한 감수성과 사고방식을 말한다. 즉 제품의 사용자를 둘러싼 다양한 맥락을 관찰해서 새로운 생각과 아이디어를 도출하는 논리 구조이다.

이 디자인 씽킹의 핵심요소는 가능한 다양한 관점에서 생각을 하는 것이다. 다양한 관점을 통해 이전에는 해보지 않았던 관찰을 진행하며 새로운 질문들로 창의적인 접근을 할 수 있도록 만든다. 우리의 사업 아이템에도 이러한 창의적인 새로운 관점을 도입해 더 밀도 높은 아이템을 발견해 보는 것은 어떨까.

사업 아이템 발견을 위해 습관을 몸에 익혀라

『당신이 가지고 있는 잠재력을 충분히 발휘하는 삶은 바로 습관에서 나온다!』

꾸준한 독서

사피엔스의 저자 유발 하라리는 "점점 빨리 변하고 혼돈스러운 세상에서 가장 중요한 것은 자신도 변화하고 학습하는 법을 배우는 것"이라고 말했다. 누구에게나 똑같이 주어진 시간에서 더 가치 있는 일을 선택하는 것은 나의 변화를 위해 필수적인 요건이다.

이처럼 변화와 함께 자신만의 실력을 다지는 방법을 소개하려 한다. 사업을 준비하고 그 아이템을 발견하기 위한 좋은 습관! 그중 첫 번째는 바로 독서다.

'독서는 지식을, 지식은 지혜를 낳는다'는 말이 있듯이 우리는 독서를 통해 견문을 넓히며 사업 아이템에 대한 효율적인 공부를 할 수 있다. 우리가 독서를 하는 가장 큰 이유는 누군가의 생각 그리고 그 속에서 새로운 관점을 볼 수 있기 때문이다. 하지만 내가 정말 좋아하는 분야만 읽는다면 다방면의 관점을 이해하기란 쉽지 않을 것이다. 다양한 책을 통해 견문을 넓힌다면 책 속에서 지식뿐만 아니라 분명 지혜를 넓힐 수 있는 길을 만날 수 있을 것이다.

독서를 사랑하고 독서를 통해 사람들에게 도움이 될 만한 일을 하고 싶다고 말하는 한 사람을 소개하려고 한다. '그녀는 프로다. 프로는 아름답다'. '당신의 능력을 보여주세요' 등 유명 카피 문구를 만들며 제일기획 부사장까지 역임했던 최인아 대표다. 그녀는 현재 강남에 '생각의 숲을 이루다'라는 신조로 〈최인아 책방〉을 운영하고 있다.

최인아 대표는 단순히 책을 파는 것을 넘어서 본인이 책을 통해 느꼈던 충만한 시간과 지적인 시간을 함께 건네고 싶다고 말한다. 또한 책은 작가와 가장 밀도 있게 만나는 방법이라고 한다. 온전히 작가와 독자가 교감하는 점이 책이 가진 고유한 매력이라고 말한다.

30년 동안 광고인으로 살아 왔던 그녀는 자신만의 방법으로 서점을 운영하고 있다. 최인아 책방의 가장 큰 특징 중 하나는 독특한 카테고리다. 다른 서점처럼 인문, 소설, 자기계발 등으로 책을 나누지 않는다. 사람들의 고민과 생각의 주제에 따라 '서른 넘어 사춘기를 겪는 방황하는 영혼들에게', '좋은 리더가 되기 위해 고민할 때', '무슨 책을 읽어야 할지 고민인 그대에게' 등 테마 별로 책이 진열되어 있다.

이곳의 책은 그녀의 지인들이 추천한 책, 그리고 자신이 읽은 책도 꽂혀 있어 개인의 서재를 들여다 볼 수 있는 색다른 경험을 주기도 한다.

필자 또한 컨설팅을 진행하며 많은 사례와 스토리 플롯 구성력을 위해 꾸준한 독서가 습관으로 잡혀있다. 책을 좋아하는 것도 있지만, 책을 읽지 않으면 불안한 마음까지 드는 것이 사실이다. 의무감으로 책을 읽다 보면 나도 모르게 습관이 잡혀 여러 권의 책을 읽게 된다.

지금부터 꾸준한 독서를 위한 몇 가지 방법을 소개해볼까 한다.

우선, 자신이 가장 읽고 싶은 책을 먼저 골라야 한다.

자신이 고른 책이 재미있다면 다행이나 혹여나 그 책을 읽으면서 재미가 없고 잘 읽히지 않을 때는 과감하게 고민하지 말고 그냥 덮는다. 그리고 다른 책을 읽도록 하자. 이렇게 다른 재미있는 책을 읽으며 마음의 전환을 맛보고 또다시 그 전의 책을 읽어나가면 된다.

보통 책을 많이 읽는 사람들은 3~4권 정도를 동시에 읽는다. 필자도 책을 곳곳에 뿌려 놓는다. 이동할 때 읽는 책은 가방에, 집중할 때 읽는 책은 책상에, 자기 전에 읽는 책은 침대 가까이에 올려놓는다. 이렇게 내 손에 잡힐 수 있는 곳에 책을 두어 동시에 나누어 읽게 되면 틈틈이 책을 읽게 된다. 여기에 더 좋은 점은 책과 책 속의 내용들이 또 하나의 연결로 창의적인 생각까지 끌어올 수 있다는 점이다.

'수불석권(手不釋卷)'

'손에서 책을 놓지 않는다'라는 뜻이다. 꾸준한 독서를 통해 한 사람의 지식과 생각, 그리고 그들만의 논리적인 생각을 깊이 정독해보자. 분명 자신의 사업 아이템 구상에 필요한 좋은 습관을 만들어 줄 것이다.

꾸준한 연결

우리는 익숙함과 편안함에 취해 만사가 귀찮고 무기력해짐을 느낄 때가 종종 있다. 만약 자신의 사업 아이템에 대한 생각의 멈춤이 있다면, 우리는 그 멈춤에서 벗어나야 한다. 이러한 무기력감을 빨리 인지하고 변화한다면 사업가로서의 발전된 자세를 잡을 수 있을 것이다.

계속해서 변하는 시장의 흐름 속에서 그 맥락을 파악해야 한다. 또한 사업 아이템을 위한 눈을 계속해서 기르는 것이 필요하다. 이 흐름을 읽기 위해 자신만의 정보망으로 최대한의 지식과 정보를 혼자 습득하려 노력할 것이다.

'함께 가면 멀리 간다'라는 말이 있다. 우리는 같은 분야, 관심 있는 분야의 사람들과 함께할 때 더 멀리 가며 성장할 수 있다.

이러한 연결을 위해 사람과 사람이 만날 수 있는 곳을 직접 찾아 나서야 한다. 자신의 사업의 아이템을 위해, 사업의 성공을 위해 도움이 될 만한 세미나, 창업 지원 프로그램, 투자 유치, 마케팅 등 다양한 채널을 보아야 한다.

이러한 커뮤니티를 통해 시장의 흐름을 파악할 수 있다. 집요할 정도로 깊이 파고들어야 한다. 이러한 모임의 자리를 가짐으로써 자신에게 필요한 인맥과 정보, 기회를 가질 수 있다.

'Connecting to Dot'

지금은 모든 것이 연결된 세상이다. 연결하는 모든 영역에서 정보와 지식을 만들어 낸다. 또한 사람과의 연결은 경험과 지식을 쌓을 수 있는 관계 맺음이다.

고영성, 신영준의 저서 《완벽한 공부법》 사회성 파트에서 이렇게 전한다. 같은 목적을 가진 사람들과 함께 공부하며 서로의 고충을 나누고 격려하고, 더 나아가 서로를 가르치는 행위까지 한다면 외로움도 없애고 기억력도 상승시키는 일석이조의 효과를 누릴 수 있다고. 그리고 만약 그 모임이 지속하여 모두에게 소속감까지 준다면 효율은 상상할 수 없을 만큼 올라간다고 한다.

이처럼 사회적인 동물인 우리는 진정한 사람과의 연결 속에서 더욱 빛이 난다는 것은 당연한 일이다. 관심 분야의 연결 네트워킹을 통해서 자신만의 단단한 힘을 만들 수 있을 것이다.

꾸준한 시행착오

성공한 사람과 성공의 꿈만 꾸는 사람의 가장 큰 차이는 바로 '시도'와 '실패'이다.

성공의 꿈만 꾼 사람들은 생겨날 문제를 생각하고 문제가 해결되기만을 기다리며 행동하지 않는다. 하지만 성공한 사람들은 시간과 노력을 실제로 투자해서 행동하고 그 과정에서 많은 실수와 예상치 못한 실패를 맛본다. 그리고 적극적으로 그 문제를 해결해 나간 경험을 가지고 있다.

사업 아이템 발견을 위한 꾸준함 중 마지막으로 익혀야 하는 습관이 바로 시행착오이다. 성공한 사람들의 특징 중 '적극적으로 그 문제를 해결해 나갔다'라는 부분에 포인트를 잡아야 할 것이다.

쉬운 예로 하나의 실험을 소개해 보도록 하겠다.

마시멜로 챌린지라는 실험은 네 명이 한 조가 되어서 18분 동안 주어진 재료를 이용하여 마시멜로를 가장 높이 쌓는 팀이 승리하는 것이다. 이 실험에 참가한 팀은 총 6개 팀으로 변호사, 유치원생, MBA 학생, CEO, 건축가와 공학도, CEO와 비서, 이렇게 여섯 팀으로 나누어 실험이 진행됐다.

과연 누가 이 실험에서 가장 높은 곳에 마시멜로를 올렸을까?

당연히 계획적이고 유능한 팀이 1등을 했을 것이라 생각할 것이다. 예상대로 건축가와 공학도가 1위를 차지했다.

여기서 우리가 관심 있게 봐야 할 포인트는 과연 유치원생들은 꼴찌를 했느냐다. 놀랍게도 MBA 졸업생들이 꼴찌를 하고, 유치원생들이 평균보다 높은 결과를 보여줬다.

어떻게 이러한 결과가 나올 수 있었을까? 꼴찌를 한 MBA 학생들은 어떻게 하면 마시멜로를 높게 쌓을 수 있을지 가설을 세우고, 그 가설의 타당성을 토론하며 계획을 세우는 데 거의 모든 시간을 허비했다. 그래서 실제 마시멜로를 쌓는 실행은 몇 번 해보지도 못하고 꼴찌를 하게 된 것이다.

그러면 유치원생들은 어떻게 행동했을까?

아이들은 실험이 시작되자마자 고민할 것도 없이 바로 실행에 옮겼다. 우리가 이 유치원생들의 행동과 결과를 보며 생각해 내야 하는 것은 바로 시행착오를 통해 학습하고 방법을 찾아가는 것이다.

이것이 바로 마시멜로 탑을 잘 쌓는 방법, 즉 계획보다는 실행이 먼저이다. 이러한 실행의 횟수와 꾸준한 시행착오는 결국 성공을 가져온다.

우리가 잘 알고 있는 음악계의 천재들이 있다. 모차르트, 베토벤, 바흐다. 런던 교향악단이 선정한 세계 50대 클래식에 모차르트는 다섯 곡, 베토벤은 네 곡, 바흐는 세 곡이 올랐다.

과연 이들은 얼마나 많은 곡을 작곡했을까?

모차르트는 35세라는 젊은 나이에 세상을 떠났음에도 불구하고 작곡한 작품 수만 600여 곡에 이른다. 베토벤은 650곡 이상을 작곡했으며 바흐는 더 많은 1,000곡 이상을 작곡했다고 한다.

아인슈타인은 1905년에만 발표한 5개의 논문 중 4개가 물리학계의 패러다임을 완전히 뒤흔든 대작이었지만, 그가 남겼던 논문은 무려 248개나 된다. 그중 손에 꼽을 정도만이 물리학계에 영향을 주었던 것이다.

'성공적인 아이디어를 생산해 낼 확률은 창출해 낸 아이디어의 총수가 많을수록 높아진다'라는 말이 있다.

우리는 한두 번의 시도를 시행착오가 아닌, 실패로 규정짓고 포기하고 멈추면 안 된다. 포기하면 실패가 되는 것이고, 포기하지 않으면 성공을 위한 시행착오의 과정이 되는 것이다.

무엇인가를 하고 싶다면 무언가를 빨리 실패해 보는 것이 가장 좋은 방법이다. 그리고 그것을 포기하지 않고 다시 한 번 도전을 위해 꾸준히 노력한다면 멋진 시행착오가 된다.

성공하고 싶다면 실패를 감수한 행동을 일단 시작하는 일이 성공의 문을 열어 준다.

"네 믿음은 네 생각이 된다. 네 생각은 네 말이 된다.
네 말은 네 행동이 된다. 네 행동은 네 습관이 된다.
네 습관은 네 가치가 된다. 네 가치는 네 운명이 된다."

마하트마 간디의 말이다. 곰곰이 되새겨 보면 자신의 꾸준한 노력은 말과 행동이 되어 습관이 되고, 그것이 나의 운명을 결정하게 된다는 것을 알 수 있다.

'빠지면 빠질수록 그리고 깊어지면 깊어질수록 진짜가 나온다'라는 말이 있다. 나의 사업 아이템에 조금 더 애정을 보이면 사업의 성공은 바로 내 안에 있다는 점을 꼭 기억했으면 한다.

사업 아이템에 정해진 답은 없다. 다만 나에게 맞는 아이템 발견을 하는 것이 정답이다. 나만의 사업 아이템으로 자신감과 도전 정신을 통해 성공을 위한 꾸준함을 시작해보자.

기업 플랜의 첫 단추,
시장 조사로 토대를 탄탄히 쌓아라!

최혜윤

드리머스피치 커뮤니케이션 강사
CJB 라디오 '음악오딧세이 최혜윤입니다' 진행
SBS '고향이보인다' CJB '충북오늘은' 출연
SBS 라디오 기상캐스터 (김영철의 파워FM, 컬투쇼 등)
국민TV 아나운서, Aving News 아나운서
KT&G 상상유니브 스피치, 상상마케팅스쿨 강의
2015~2017 수시 대학입학박람회 면접 컨설팅
아모레퍼시픽, LG생활건강, 삼성생명 등 기업 스피치 강의
LG소셜캠퍼스 로컬밸류업, 디자인해커톤 등 PT 강의
창업지원센터 창업캠프, 포디움스타 등 IR 피칭
에이즈광고공모전, 장례문화 아이디어 공모전 등 다수 입상

본격적인 창업 준비의 첫걸음, 시장 조사

아는 말이지만 도무지 아리송한 시장 조사

시장조사. 모두가 한번쯤은 들어본 말이다.

하지만 막상 스타트업을 계획하고 시장조사에 나서려면 뭐부터 해야할지 막막하다. 무언가 나가서 발로 뛰고 알아봐야만 할 것 같은데... 어디 가서 뭘 알아봐야 하는 거지?

주변을 둘러보면 창업을 한 사람이 적어도 한두 명쯤은 꼭 있다. 우리 주변에서 가장 많이 접하는 창업, 바로 자영업이다. 우리나라 자영업 비율은 30%, 이미 대한민국은 창업 공화국이다.

우리가 시장조사라는 단어를 떠올렸을 때, 도매 상가에 가서 가격을 조사하고 원단을 만져보고, 재료를 찾아다니는 등의 모습을 생각하는 이유 역시 이 자영업의 시장조사를 떠올리기 때문이다. 자영업과 스타트업. 하나의 사업을 시작한다는 기본은 같지만 많은 사람들은 이 두 개념을 전혀 다르게 생각한다.

"퇴직하면 치킨집이나 차려볼까?"라는 말을 종종 하는 것처럼 자영업은 스타트업보다 우리 일상에 좀 더 친숙하게 그리고 조금은 만만하게(?) 자리 잡고 있다. 왜일까? 아마 자영업은 '내가 가진 자본을 통해 가게를 차리고, 서비스를 주고받으며 수익을 창출해낸다'는 비즈니스 모델이 명확하기 때문일 것이다. 계속해서 투자를 유치하고 비즈니스 모델부터 마케팅까지 모두 발로 뛰어야 하는 스타트업에 비해 프로세스가 좀 더 간단한 것은 사실이다. 어떻게 판매를 하고 어떻게 수익을 얻는지 그 과정을 명확하게 알 수 있으니까 말이다.

그렇다면 우리에게 익숙한 자영업의 시장 조사를 가볍게 해보자. 가장 먼저 고민해야 할 것은 업종이다. 일단 큰 카테고리를 정한다. 요식업을 할지, 의류소매를 할지, 편의점이나 잡화점을 할지 다양한 선택지 중 하나를 골라야 한다.

내가 치킨을 좋아한다고 무턱대고 치킨업을 고른다거나, 드라마에서 커피숍 사장이 멋있어 보인다고 카페를 차리는 경우는 성공하기 힘들다는 것. 이제는 다들 알 것이다. 유행이라고 무턱대고 따라 하다가는 영화 기생충에 등장했던, 대만 카스테라 사태의 폭풍을 맞을 수도 있다.

먼저 요즘 유행하는 인기 아이템은 무엇인지, 주변에는 어떤 가게들이 있는지, 어떤 가게가 손님이 많은지 살펴보고 나는 어떤 점에서 그들과 경쟁력을 가질 수 있는지 등등을 먼저 알아보아야 한다. 이어서 월세와 인건비, 한 달 목표 수익, 초기 투자 비용의 금액, 마케팅 방법 등 경제적인 부분도 꼼꼼히 살펴야 한다.

점포의 위치 후보를 정하고 나면 상권 내 어떤 타겟을 목표로 할 것인지, 시간대 별 유동인구는 어떻게 되는지, 나이와 성별까지 모두 조사할 필요가 있다.

그렇게 많은 과정을 거쳐 업종을 확정 짓고 점포의 위치까지 정해지고 나면, 그 후에 도매 시장에 가서 물건의 품질을 비교하기도 하고, 경쟁 업체를 찾아가 맛을 보고 레시피를 연구, 개발하면서 오픈 준비를 하게 될 것이다.

우리가 생각한 그 모습 외에도 체크해야 할 부분들이 생각보다 많다. 비교적 쉽게 생각한 자영업, 마음만 먹으면 누구나 금방 시작할 수 있지만, 그 승패를 가르는 힘은 바로 이 시장조사에서 나온다.

스타트업 역시 마찬가지다. 시장조사는 앞으로 키워나갈 내 사업의 방향성을 잡는 일이다. 시장조사를 기반으로 하나하나 나의 사업을 쌓아 올려나가야 하기 때문에 이 과정이 제대로 진행되지 않으면 나중에는 사업 전반을 다시 갈아엎어야 하는 불상사가 생길 수 있다.

더구나 비즈니스 모델부터 제품까지 눈에 보이는 무언가가 부재하는 스타트업의 창업 준비에선 이 시장조사가 모든 공사의 기초라 할 수 있다. 그렇기에 스타트업 준비에 있어서 시장조사는 가장 필수적인 부분이고, 많은 시간을 들여야 하는 기초단계이다.

기업 플랜의 첫 단추, 토대를 단단히 쌓아라!

사실 시장 조사의 본질적은 질문은 바로 이것이다.

'내 제품이 팔릴 수 있는가?'

여기서 스타트업의 시장 조사에서는 한 가지를 더 생각해야 한다.

'투자를 받을 만한 근거가 되어 주는가?'

많은 사람들이 자신의 기업 제품은 잘 팔릴 것이라 확신한다. 그런 확신이 있기에 사업을 시작하는 것이다. 그러나 그 막연한 확신, 된다는 믿음만으로는 투자자를 설득할 수 없다. 이 제품이 잘 팔릴 것이라는 구체

적인 데이터, 체계적이고 논리화된 근거가 뒷받침되어야 투자를 유치할
수 있다. 투자를 통해 성장해나가는 스타트업의 경우에는 이러한 근거 제
시를 위한 시장 조사가 필수적이다.

시장 조사는 가치 검증, 사업의 규모, 성장 가능성 등 내 아이템의 잠재
력을 보여주는 부분이다. 또한 앞으로 누구에게 판매할지를 결정하는 타
겟팅을 시작으로 타겟에 맞춘 마케팅, 비즈니스 모델 등 사업을 좀 더 구
체화시키는 기틀이 되어준다.

시장전략 수립의 지침이 되는 미래 지향적인 활동이면서 동시에, 마케
팅과 브랜딩을 하는 밑거름이다. 그만큼 다양하고 방대한, 그리고 객관적
인 시장 조사 자료들이 필요하다.

스타트업 시장 조사 3단계

스타트업의 시장 조사는

① 내 제품에 대한 객관적인 판단과 분석

② 시장 동향 조사를 통한 팩트 체크 및 구체화

③ 타겟설정

이렇게 3단계로 나눌 수 있다. 각각의 단계는 유기적으로 연결되며 서

로의 방향 설정에 영향을 미치게 된다. 먼저 가장 중요한 것은 스스로에 대한 분석, 내 제품에 대한 객관적인 시선을 갖는 것이다.

"내 제품은 너무나 좋기 때문에 누구나 다 구매할 거야!"

"출시만 한다면 대박이 나겠지?"

"요즘 이 분야가 각광을 받고 있기 때문에 무조건 잘될 수밖에 없어!"

이런 자아도취 판단은 실패로 가는 지름길이다.

백종원 대표가 한 TV프로그램에서 이런 이야기를 했다.

"요식업 창업을 준비하는 사람들이 시장 조사를 하기 위해 맛집을 찾아가면 다들 마음이 급해집니다. 지금 여기에 있는 손님들이 다 장차 나의 손님들일 것만 같고, 얼른 가게를 열어 돈을 벌어야겠다는 생각에 벌써부터 몸이 달아오르기 시작하죠. 하지만 진짜 시장 조사를 하려면 장사 잘 되는 집이 아니라 잘 안 되는 집을 가봐야 합니다. 그리고 음식을 먹어보면 당황하죠. 왜? 맛이 나쁘지 않거든! 맛도 나쁘지 않고 서비스도 괜찮은데 파리가 날린다. 사장님이 무료한 표정으로 카운터 앞에 앉아 있다. 그 모습이 나의 미래가 될 수도 있다는 생각을 갖고 뛰어들어야 하는 겁니다."

스타트업 역시 마찬가지다. 누구나 핑크빛 미래를 꿈꾸며 새로운 도전에 뛰어든다. 하지만 본인이 생각한 플랜, 짜놓은 계획대로 일이 진행되지 않게 되면 거기서부터 무너지게 된다. 그렇기 때문에 나의 제품, 우리 기업을 객관적으로 분석하고 시장 조사를 하면서 최대한 현실적인 플랜으로 성장에 대한 방향을 만들어 나가는 것이 중요하다.

스타트업, 머릿속 구상에서 밖으로 끄집어내기

가장 중요한 것은 나를 제대로 파악하는 것이다. 기업 분석을 하는 가장 좋은 방법은 마케팅의 다양한 기법과 분석 이론을 활용하는 것이다. 시장 조사 역시 마케팅을 위한 포석을 까는 일이다.

따라서 여러 마케팅 기법을 활용해 나의 위치와 포지셔닝을 잡아 보는 것이 좋다. 나의 장점과 약점, 어떤 전략을 세워야 하고 무엇을 피해야 하는지 한눈에 정리하는 방법. SWOT 분석이다.

SWOT 분석

미국의 경영 컨설턴트 알버트 험프리에 의해 고안된 경영 전략 수립 기법이다. 기업의 강점(strength), 약점(weakness), 기회(opportunity), 위협(threat) 요인에 대한 분석을 한눈에 볼 수 있다는 장점이 있다.

또한 이를 통해 기업의 내부, 외부 환경의 변화를 동시에 파악할 수 있다.

▶ 강점(strength): 기업의 강점, 장점, 차별화된 포인트 〈내부환경〉

▶ 약점(weakness): 기업의 약점, 불안요소, 단점 〈내부환경〉

▶ 기회(opportunity): 경쟁사, 고객(타겟), 환경으로부터 비롯된 기회 〈외부환경〉

▶ 위협(threat): 경쟁, 고객, 거시적 환경에서 비롯된 위협 〈외부환경〉

우리 기업의 강점
-
-
-
-
-

우리 기업의 약점
-
-
-
-
-

S | W
O | T

우리 기업의 기회
-
-
-
-

우리 기업의 위기
-
-
-
-

	내적 강점 (strengths)	내적 약점 (weaknesses)
외적 기회 (opportunities)	SO 기회를 최대한 활용하는 강점 사용 전략 방안 구성 - - - - -	WO 내부 약점을 외적 기회를 통해 최소화하는 전략 방안 - - - - -
외적 위협 (threats)	ST 강점을 극대화시켜 위협을 보안하는 방어 전략 - - - - -	WT 약점을 최소화하면서 위협을 최소화 - - - - -

    SWOT 분석은 내적으로 스스로에 대해 돌아보며 나의 강점과 약점을
파악할 수 있다. 또한 경쟁 업체와 타겟을 분석해 기회와 위협에 대해 정

리를 해 볼 수 있다. 여기서 기회는 최대한 살리며 위협에 대한 대응 방안을 만들고, 내가 주력할 시장과 나의 강점을 잡아내는 것이 포인트이다.

막연히 우리 기업의 장점과 단점에 대해 머릿속으로 생각하고 또 줄줄 나열하기보다는 표를 통해 한눈에 설명하면 좀 더 객관적으로 돌아볼 수 있다. 또한 다른 사람에게도 좀 더 객관적으로 설명이 가능하다.

여기서 중요한 포인트가 하나 있다. 아직 정보가 부족하고 막연하기 때문에 먼저 자료 조사를 한 후에, 또는 조금 더 체계적으로 구상을 한 뒤에 기업 분석을 하겠다고 생각하는 사람들이 있다. 하지만, 앞으로 우리는 끊임없이 사업 계획을 수정하고 더 나은 쪽으로 기업의 방향을 만들어 낼 것이다. 따라서 막막하더라도 일단 아이디어를 도식화해보는 것이 좋다.

무조건, 하루 날을 잡고 책상에 앉으라. 그리고 이 모든 분석표를 꾸역꾸역 채워나가기 바란다. 처음 창업 아이디어를 떠올리게 된 계기와, 나 스스로 판단한 시장가능성, 그리고 내가 생각하는 기업의 위치와 성장방향에 대해 어설프더라도 대충이나마 적어 넣는 것이다.

물론 이렇게 작성된 정보는 잘못되어있을 가능성이 크다. 내 머릿속으로만 생각한 내용이고 뒷받침하는 근거도 없을 뿐더러, 아까 말한 핑크빛 로망이 한가득 들어가 있을 테니까 말이다. 하지만 이렇게 내 마음대로일지라도, 기준이 되어주는 기반이 있으면 그다음 스텝으로 넘어가는 것이 훨씬 쉬워진다.

자료 조사, 결론을 미리 내리지 마라

이제 본격적으로 검색을 해야 할 때가 왔다.

자료 조사를 하기 위해 컴퓨터 앞에 앉았다면, 어떤 내용을 검색해야 할까. 어떤 키워드를 검색하고 어디에서 검색을 해야 하는 걸까. 여기서 바로 작성해 놓은 SWOT분석을 활용한다. 내가 생각한 우리 기업의 강점, 위치, 분야의 성장 가능성, 구상한 마케팅 전략 등에 대해 '팩트체크'를 한다는 생각으로 검색을 하면 된다.

주의할 것은, 내가 분석해 놓은 내용에 맞춰 자료와 근거를 욱여넣으려고 해서는 안 된다는 것이다. 명확한 자료도 없이 적어 나간 단편적인 나만의 생각에 의지하면 안 된다. 내 주변의 반응과 내가 본 시장의 모습만으로 분석한 우리 기업의 내용들은 현실과 다른 부분이 나오기 마련이다. 이런 부분들을 파악하고 어떻게 보완하고 방향성을 수정해야 하는지 플랜을 짜는 것이 이 단계의 핵심이다.

나의 구상을 뒷받침할 자료를 찾는 게 아니다. 자료 조사에 맞춰 더 나은 방향으로 사업의 디테일을 수정해 나가야 한다. 또한 자료 검색을 하며 선도기업의 강점들과 마케팅 포인트들을 뽑아내 나에게 맞는 새로운 방법으로 재탄생시키는 것 또한 중요하다.

① 웹 서칭을 통한 정보검색

본격적으로 웹 서칭에 나서 보겠다. 가장 먼저 포털에 하는 키워드 검색이 있겠다.

시장 조사를 위한 키워드는 크게 다음과 같은 단어들이 있다.

먼저 커다란 뼈대를 훑어본다.

이 분야에 주목할 만한 이슈가 있는지, 현재의 흐름은 어떠한지, 내 분석을 뒷받침해줄 수 있는 자료가 있는지, 장기적인 전망은 어떠한지 내용을 살피는 것이다.

모든 자료를 다 클릭해 들어가 보는 것도 나쁘진 않다. 그러나 사람들이 많이 봤던 자료, 시기별 뉴스, 다양한 시각을 수용하면서 큰 그림을 읽고 파악하는 데 중점을 두는 것이 좋다.

[포털별 검색 특징]

네이버

네이버는 카테고리별로 나누어서 살펴보는 것이 좋다.

블로그가 강한 포털인 만큼 블로그, 포스트 글들이 많이 등장하겠지만 이 카테고리의 글들은 100퍼센트 신뢰하는 것은 위험하다. 전문적이지 않은 글이 많고, 가벼운 이슈나 소문이 사실인 것처럼 써 놓은 글들도 많기 때문이다. 기본적인 아이디어와 정보의 아이디어는 얻되 전문적인 정보를 통해 반드시 팩트 체크를 하는 것이 중요하다.

또한 네이버는 학술자료 카테고리가 따로 만들어져있다. 이곳에서의 자료는 신뢰성이 확보되어 있기 때문에 우리가 말하고자 하는 부분의 근거로 사용할 수도 있다. 또한 웹 사이트 카테고리에서는 전문정보를 얻을 만한 괜찮은 사이트를 발견하기에 좋다.

구글

구글은 상위에 올라온 글일수록 많은 사람들이 클릭한 글이다. 정확도보다 사람들의 니즈에 더 중점을 두는 만큼 많은 사람들이 요구하는 정보에 대해 파악하기가 좋다. 따라서 키워드를 조금씩 바꾸어가며 검색을 여러 번 해보고, 상위부터 최소한 2페이지는 모두 훑어보는 것이 좋다.

다음

다음은 일단 대형 카페 커뮤니티의 존재가 강하다. 인터넷에서 유행되는 유행어, 밈(meme)이 이곳에서 탄생하는 경우가 많다. 다른 곳의 유행도 빠르게 퍼나르며 SNS 문화의 선두 역할을 하기도 한다. 따라서 최신 트렌드를 쉽게 익힐 수 있다.

다음 카페와 함께 트위터도 인터넷 문화의 선두 주자라고 볼 수 있다. 다음 포털에서는 트위터 키워드 검색 카테고리를 제공한다. 이 카테고리 역시 네티즌의 반응과 젊은 층의 문화를 살피기에 좋다.

카페를 꼭 가입하지 않아도 검색을 통한 페이지는 들어가서 확인을 할 수 있다. 클릭해서 들어간 글에서 연결된 다른 글이 궁금할 때는, 그 제목으로 검색창에서 다시 검색을 하는 것도 하나의 방법이다. 하지만 댓글이나 제한된 글이 있을 수도 있기 때문에 유명한 카페 한두 개는 가입을 해두는 것도 좋다. 이런 커뮤니티는 추후에 마케팅에 활용하기에도 좋은 수

단이 되기도 한다.

실제로 이런 인터넷 문화를 통해 입소문이나 흥행에 성공한 상품들이 꽤 있다. 정준산업의 때밀이 장갑, 처갓집치킨의 처돌이 등이 대표적이다. 요즘은 이러한 인터넷 문화가 인터넷에서 끝나는 게 아니라 이를 시작으로 TV프로그램 등 주요 매체로 퍼지는 경우가 많다. 오프라인 속 하나의 문화로 자리 잡기도 한다. 따라서 유행 트렌드를 미리 접해 빠르게 적용하면 선점 효과를 누릴 수 있다.

② 전문 자료 수집을 통한 근거 만들기

내 사업의 가능성, 시장성을 이야기하기 위해서는 내 이야기를 뒷받침해줄 근거들이 필요하다. 특히 사업 계획서를 쓸 때는 이런 근거들이 중요하게 작용한다.

예를 들자면, "최근 반도체 부품 시장이 성장하고 있습니다. 그렇기 때문에 우리 기업의 제품도 무한한 가능성을 가지고 있습니다"라고 표현하는 것 보다는, "최근 반도체 시장에 대한 투자가 확대되는 추세입니다"라는 말과 함께 다음과 같은 표를 제시하면 훨씬 더 설득력이 있다. 내용에 대한 신뢰도 커진다.

이런 정보들은 전문 사이트에 들어가서 검색을 하는 것이 가장 정확하다. 물론 위에서 언급

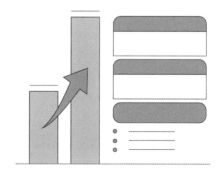

한 네이버의 학술자료, 웹사이트 카테고리를 활용할 수도 있지만, 여기서는 놓칠 수 있는 전문적인 정보들이 있다. 필요에 따라 전문자료 사이트를 체크해 보는 것이 좋다. 이때 출처는 꼭 챙겨야 한다.

이렇게 검색을 통해 우리 제품의 가능성, 시장성을 뒷받침해줄 만한 정보들을 수집한다. 동시에 내가 생각한 시장의 방향성이 맞는지 끊임없이 살피면서 자료를 정리한다.

이때 가장 중요한 것은, 이전에 만들어 놓은 분석 자료에 연연하지 않아야 한다는 것이다. 내가 생각한 대로, 내가 원하는 대로 자료가 뒷받침되지 않는다고 해서 좌절할 필요도 없고 억지로 맞는 자료를 찾을 필요도 없다. 내가 생각했던 방향과 다른 자료나 통계가 등장한다면 그 내용을 반영해 프로세스를 수정하고 좋은 방향성을 만들어 내면 된다.

내 정보에 자료를 맞춰 넣으려 하지 말고, 내가 생각한 내용에 기반해 검색을 하되, 좀 더 나은 방향으로 수정해 나가려는 마음가짐으로 자료 조사를 하는 것이 중요하다.

[전문자료 검색 사이트]

부처별 정책정보 : 해당 산업군의 정책 정보 검색 가능
https://www.gov.kr

e-나라지표 : 무역수지, 국내총생산, 생산자물가지수 등 다양한 지표 정보 제공 (통계청)
http://www.index.go.kr

한국갤럽 : 사회 주요 현안, 라이프 스타일 등의 다양한 설문 조사 결과

https://www.gallup.co.kr

국가 통계 포털 : 다양한 업종, 직종별 통계자료 (통계청)
http://kosis.kr

공동데이터 포털 : 국가 보유의 다양한 데이터 공유 (행정안전부)
http://www.data.go.kr

국가 공간정보유통시스템 : 국가, 공공 및 민간에서 생산된 다양한
공간
정보 (국토교통부)
http://www.nsdi.go.kr

특허정보검색 : 제품 관련 특허 정보, 연관 기술 검색 가능
http://www.kipris.or.kr

학술연구정보서비스 : 국내외 논문 검색
http://www.riss.kr

국회도서관 :국회정책자료, 의정정보, 법률정보 검색가능
http://dl.nanet.go.kr

정보통신산업진흥원 : 정보통신 관련 사업, 동향, 통계 자료
http://www.nipa.kr

NIPA IT지식포털 : IT 관련 정보, 동향, 보고서 자료
http://www.itfind.or.kr

대한상공회의소 : 경제자료, 산업 소식 제공
http://www.korcham.net

한국경제연구원 : 경제 관련 다양한 보고서와 분석, 전망 자료 제공

http://www.keri.org

디비피아 : 학술 논문제공

http://www.dbpia.co.kr

K-stat 세계 60개국 72종의 무역통계서비스

http://stat.kita.net

한국무역협회 : 무역관련 지원사업 정보, 성공사례 등 정보 제공

http://www.kita.net

대한 무역투자진흥공사 : 무역 관련 지원사업정보 및 뉴스, 동향 정보

http://www.kotra.or.kr

닐스코리아 : 해외의 다양한 산업 동향 및 트렌드 분석 정보 제공

http://www.nielsen.com/kr/ko.html

DMC리포트 : 디지털 미디어 관련 광고, 트렌드 분석

http://www.dmcreport.co.kr

최대한 작게, 효율적으로 시작하기

자료 조사를 통해 보다 객관적인 기업 분석이 이루어졌다면 다음으로는 마케팅의 핵심, 타겟 설정에 들어가야 한다. 이때 실수하기 쉬운 부분이 있다.

많은 사람들이 시장의 크기가 클수록 좋다고 생각한다. 타겟의 범위가 곧 시장의 크기를 이야기하는 것이고, 시장의 크기가 커야 내 제품을 사줄 소비자들이 많아진다고 생각하기 때문이다.

다시 자영업의 이야기로 돌아가 보겠다.

돈가스 집을 차리려고 한다. 남녀노소 모두를 대상으로 하는 곳과 어린 아이들을 대상으로 하는 곳. 어디가 더 까다롭고 어려울까?

많은 사람들을 만족시키려 할수록 생각해야 할 것은 많아진다. 모두가 만족하는 음식을 만들기 위해서는 그만큼 다양한 메뉴, 그리고 보편적이고 대중적인 맛을 만들어내야 한다. 그 대중성을 따라가다 보면 오히려 나의 강점과 메리트는 희미해지게 된다.

모두의 입맛에 맞춘 돈가스를 만드는 것은 어려울 뿐 아니라, 그 기준에 맞추다보면 어디서든 볼 수 있는 평범한 돈가스가 되어버린다.

하지만 타겟이 명확하면, 그만큼 전략을 세우기가 쉽다. 어린아이들을 대상으로 한다면 아이들 입맛에 맞는 맞춤 메뉴를 개발하는데 집중할 수 있다. 또한 인테리어와 가게 서비스 측면에서도 아이들이 좋아할 만한 요소들을 배치할 수 있다. 오히려 타겟이 좁고 명확해야 마케팅 전략을 짜기 좋고, 그만큼 더 효과적인 것이다.

스타트업 역시 가능한 한 구체적이고 집약적인 타겟을 목표로 잡는 것이 좋다. 일차적으로 그 타겟을 확보한 후에 그 원동력을 바탕으로 점차 시장을 키워나가는 것이다.

물고기가 100마리 있는 수조에 미끼 없는 빈 낚싯대를 계속 던지기만 한다면 과연 물고기를 낚을 수 있는가? 아무리 사람이 많아도, 즉 시장이 커도 사람들이 내 아이템을 구매하지 않으면 의미가 없다. 물고리가 30마리 있더라도, 그 물고기들의 취향에 맞는 미끼를 던져 10마리를 낚는 것이 훨씬 효율적인 것이다.

다시 말해, 시장을 크게 잡는 것을 목표로 할 것이 아니라 진짜 내 제품을 사용할 사람을 모으는 게 중요하다.

타겟은 지금까지 조사한 내용을 바탕으로 가장 작은 단위까지 나누어서 잡는 것이 좋다.

예를 들어 새로운 게임 앱을 개발한다면 '남녀노소 모두가 즐길 수 있는 게임어플'이 아니라, '젊은 층 -〉 젊은 여자 -〉 여성 10대 -〉 음악을 좋아하는 여성 -〉 10대 아이돌 음악을 좋아하는 여성 10대'까지 범위를 줄여서 타겟팅을 하는 것이 좋다.

이렇게 되면 10대 여성 층에 맞춘 인터페이스 개발과 마케팅, 그리고 아이돌 음악을 제공함으로써 타겟에 맞춘 제품을 개발하기가 훨씬 용이하다.

세분화된 타겟팅은 제품의 개발 방향성뿐 아니라 향후 마케팅의 방법까지 좀 더 쉽게 구체화시킬 수 있다. 제한된 비용으로 마케팅을 해야 하는 스타트업의 입장에서는 모두의 입맛을 맞추려 하기보다는 특정층을 명확한 타겟으로 잡아가는 것이 훨씬 효율적이다.

STP 전략

마케팅에서 말하는 STP 전략은 바로 이런 세분화된 타겟팅을 통해 포지셔닝을 하는 전략을 뜻한다.

다시 말해서, 기업이 개별 고객의 선호에 맞춘 제품 혹은 서비스를 제공하여 타사와의 차별성과 경쟁력을 확보하는 마케팅 기법이다. 구체적으로 시장 세분화, 목표 시장 설정, 포지셔닝 이렇게 3단계로 나눌 수가 있다.

1단계: 시장 세분화

전체 시장을 나이, 성별, 소득수준, 지역, 직업, 소비성향, 가치관 등 다양한 기준을 만들어 세분화해 준다.

2단계: 목표 시장 설정

세분화된 정보를 바탕으로 제품을 누구에게 판매할 것인가를 결정한다. 마케팅 비용, 수익 증대 폭, 시장의 성장 가능성 등 여러 부분을 고려해야 한다.

3단계: 포지셔닝

목표한 타겟에게 어떻게 제품을 인지시킬 것인지, 포지셔닝 목표, 마케팅 전략을 수립하는 단계이다. 특정 타겟을 겨냥한 만큼, 맞춤 포지셔닝을 통한 마케팅이 필요하다.

현대 시장에서 고객들의 요구는 점점 더 다양해지고 있다. 또한 시장에는 너무나 다양한 제품들이 출시되어 있고, 경쟁도 치열하다. 그 속에서 자리를 잡기 위해서는 차별화된 인식과 전략이 필요하다.

한정된 자원으로 빠르게 가시적인 성과를 보여야 하는 스타트업 기업이기 때문에 더욱 이러한 STP 전략이 필요하다.

막판 리허설 타임, 실전 시장 검증

내 아이템 진짜 먹힐까?

타겟 설정, 그리고 포지셔닝 전략까지 세운 우리에게 고민해야 할 부분이 하나 더 있다.

과연 내 아이디어가, 내 제품이, 사람들의 니즈가 있을 만한 제품일까? 하는 것이다.

나는 분명 너무나 좋은 아이템이라고 생각하는데, 막상 시장에 선보였더니 아무도 관심을 갖지 않는 일이 생길 가능성은 충분히 있다. 아무리 철저한 시장분석을 했다 해도, 세분화된 타겟 설정과 포지셔닝 전략을 만들었다 해도, 과연 이 아이템이 소비자가 원하는 제품일지는 실제 시장에 진출하지 않는 이상 알 수 없는 일이기 때문이다.

그래서 필요한 것이 바로 시장성 검증 테스트이다. 내 제품이 시장에서 실제로 먹힐 제품일지 먼저 테스트를 해 보는 것이다.

그러면 어떻게 시장성 검증을 할 수 있을까?

주변 사람들에게 의견을 물어보거나, 제품에 대한 설명을 담은 설문지를 돌리는 방법이 있을 것이다. 전문가의 자문을 구할 수도 있을 것이다.

하지만 이런 방법으로 진짜 시장의 반응을 알기는 쉽지 않다. 전문가도 분석이 틀릴 수 있고, 내 주변 사람들은 나를 배려해 좋은 이야기만 해줄 수도 있다. 설문 조사를 통해 좋은 결과를 얻었다 해도, 그 결과가 곧 소비를 의미하는 것은 아니다. "구매 의향이 있습니까?"라는 질문에 동그라미를 치는 건 쉽지만, 실제 지갑을 여는 일은 그보다 훨씬 많은 고민과 평가를 동반하기 때문이다.

진짜 수요를 구별해 내는 방법

실제 시장의 반응, 소비자의 구매 의사를 확인할 수 있는 방법은 바로 가상 광고이다.

제품 출시도 되지 않았는데 광고가 무슨 말인가 싶겠지만, 광고만큼 진짜 시장에서의 반응을 제대로 파악할 수 있는 방법은 없다. 우리 기업 제품의 장점, 가치를 한눈에 보여주는 광고를 만들어 SNS에 노출을 시키는 것이다.

이 가상 광고를 사람들이 얼마나 클릭하는지, 어떤 사람들이 클릭하는지 그 결과를 보면 실제 고객의 반응을 파악할 수 있다. 또한 클릭한 소비자를 분석해 어떤 타겟층에게 어필해야 하는지 타겟 검증까지 이어갈 수 있다.

그리고 광고 클릭 후 나오는 페이지에는 제품에 대한 소개와 가격 등 정보를 제공하고 '구매하기' 버튼을 만들어둔다. 광고를 통해 페이지로 넘어와 구매하기까지 누르는 이 사람들이 바로 진짜 구매층인 것이다. 여기서 얻은 결과를 분석해 관심을 보이고 광고를 클릭한 사람들의 수와 실제 구매 한 소비자의 비율을 분석한다. 이를 통해 앞으로 우리 기업이 나아가야 할 방향성을 수립해 나갈 수 있다.

이런 테스트를 통해 고객들의 좋은 반응을 이끌어 냈다면 이제 정말 자신감을 가져도 된다. 그 아이템은 정말 시장성이 확실한 제품이다. 구매의사를 밝힌 소비자들도 이미 확보해 둔 셈이다.

이러한 결과는 사업 계획서에서도 기업의 시장 가능성을 증명하는 확실한 근거로 사용될 수 있다. 그뿐만 아니라 크라우드 펀딩을 통한 자원 마련으로 이어질 수도 있다.

만약 테스트 반응이 시원치 않다면, 타겟을 변경하거나 제품의 방향을 다르게 수정해 나가야 한다. 이때 제품의 타겟을 바꾸면 제품의 소개와 가치까지도 달라질 수 있기 때문에 좀 더 넓은 시야에서 다양한 각도로 제품을 검토하는 것이 중요하다. 다만, 이제 막 기반을 잡고 있는 스타트업 기업이라면 이런 가상광고 집행에도 부담을 느낄 수 있을 것이다. 그렇다면 정부기관의 스타트업 시장성 테스트 지원사업을 활용해보는 것도 좋다.

정보통신사업진흥원에서는 소프트웨어 시장성 테스트 지원 사업을 진행 중이고, 경기도와 경기도과학진흥원에서도 창업 베이스캠프 스타트업 마켓 솔루션을 통해 10개 기업의 스타트업 시장성 검증 테스트를 지원한 바 있다.

또한 경기콘텐츠진흥원과 서울창업디딤터에서도 다양한 스타트업 기업을 지원하고 있다. 이런 다양한 정부 또는 기관의 지원을 통해 시장성 검증 테스트를 진행해 보는 것도 하나의 좋은 방법이 될 수 있다.

시장 조사, 과거를 토대로 현재를 분석하고 미래를 바라보기

시장 조사는 과거의 자료들을 바탕으로 현재 우리 기업을 객관적으로 분석하고 이를 통해 미래의 시장성과 마케팅 방법을 수립해가는 과정이다.

시장 조사는 결국 기업의 성장전략을 만드는 뼈대가 된다. 따라서 무엇보다도 정확한 정보를 수집해야 하며, 다양한 자료를 체계적으로 획득하고 또 다각도로 분석하는 것이 중요하다.

시장 조사를 통해 우리의 장점과 약점을 파악한다. 강점은 어떻게 더 부각시킬지, 문제점은 어떻게 보완해 나갈지 전략을 수립하며, 경쟁력을 확보하게 된다.

또한 미래의 소비자들과 소통을 통해 우리 제품의 실제 시장 가능성을 파악한다. 이를 통해 사업 아이템의 리스크를 최소화한다.

스타트업, 사실 창업은 정말 쉽지 않은 일이다. 이 책을 읽고 계시는 분들도 고민 끝에, 어떤 가치를, 또 비전을 실현하기 위해 도전하였을 것이다.

앞으로 쭉쭉 뻗어나갈 기업의 성장을 응원하며, 올바른 시장 조사를 통해 좋은 토대를 쌓아나갈 수 있었으면 하는 바람을 담아본다.

성공 스타트업의 필수조건!
명확하고 경쟁력 있는 비즈니스 모델

모소현

드리머스피치커뮤니케이션 강사
現 LF푸드 상품마케팅팀 근무
본아이에프 '본죽' 담당 브랜드 매니져(BM) 근무
아모레퍼시픽그룹 그룹전략팀 근무
한국경제 캠퍼스잡앤조이 칼럼니스트
파워PT 전임강사
피델리티 인베스트먼트 주최 대한민국 최초 펀드투자 프레젠테이션 대회 1위 수상
충북콘텐츠코리아랩 2019 넥스트 스타트업 챌린지 IR 피칭 컨설팅 진행
농림축산식품부 주최 '2019 농식품 창업 콘테스트' IR 피칭 컨설팅 진행
고용노동부 주최 중소기업 탐방 프로그램 '2019 체험 실무현장' 마케팅 멘토

비즈니스 모델, 대체 넌 누구니?

"비즈니스 모델이요? 많이 들어보긴 했는데... 정확하게 설명해보라고 하면 잘 모르겠어요."

"비즈니스 모델은 돈 버는 방법? 사업 계획서 비슷한 것 아닌가요?"

'비즈니스 모델'이 무엇이라고 생각하는지 물었을 때 예비 창업자들의 흔한 답변이다. 성공적인 창업을 위한 필수 조건이지만, 많은 창업자들이 가장 막막해하는 '비즈니스 모델'이라는 개념.

이번 챕터에서는 IR피칭에 꼭 필요한 비즈니스 모델에 대해 확실하게 이해하는 시간을 가져보겠다.

100년 브랜드 '질레트(Gillete)'의 비밀

여기 혁신적인 비즈니스 모델로 성공한 브랜드의 이야기를 함께 들어보자. 발명가 집안에서 자랐던 질레트는 자신이 영업 사원으로 일하던 '크라운 코르크&실' 창업자 윌리엄 페인터로부터 사업의 큰 아이디어를 얻었다.

윌리엄은 그에게 "한 번 쓰고 버리는 걸 발명하라. 그러면 고객이 더 자주 많이 사러 올 것이다"라는 조언을 했다. 보통 사람이라면 잊어버릴 법한 이 조언을 질레트는 늘 마음에 새기며 고민했고, 어느 날 출장지의 한

호텔에서 기가 막힌 아이디어를 생각해냈다.

면도날을 갈던 중 불현듯 '왜 이렇게 두꺼운 면도날을 항상 갈아서 써야만 하지? 강철로 날을 얇게 만들어서 싸게 팔면, 편하게 쓰다가 버리고 다시 살 수 있겠군!'이라는 생각을 떠올린 것이다. 이것이 오늘날 글로벌 매출 10조 원에 육박하는 면도기 브랜드 '질레트'의 시작이었다.

질레트의 수익 모델은 기초 제품(면도기)과 추가 제품(면도날)을 분리하여, 기초 제품은 저렴하게 판매하고 계속해서 소모되는 추가 제품을 통해 지속적이고 높은 이윤을 취하는 방식이다.

이 모델은 '레이저-블레이드' 모델이라고 불리며, 지금까지도 '프린트-잉크 카트리지', '커피머신-캡슐' 등의 방식으로 여러 산업 분야에서 수익 모델로서 활용되고 있다.

질레트의 사례를 통해 우리는 비즈니스 모델의 혁신을 통해서 고객의 불편을 해소하고 이를 통해 부를 창조하는 것은 물론, 100년 이상 롱런하는 브랜드가 될 수 있다는 점을 깨달을 수 있다.

사업 아이템만 있으면 비즈니스 모델은 완성된다?

이렇게 중요한 '비즈니스 모델'에 대해 많은 창업자들이 가진 오해들이 있다. 대표적인 오해는 사업 아이템만 있으면 비즈니스 모델은 그 자체로 완성된다는 것이다.

과연 정말 그럴까? 결코 아니다. 동일한 사업 아이템이라 하더라도 비즈니스 모델은 얼마든지 달라질 수 있다.

많은 창업자들이 사업 아이템에 대한 고민은 수년씩도 하지만 비즈니스 모델에 대해서는 그만큼의 고민의 시간을 갖지 않는 경우가 많다.

하지만 성공하는 스타트업이 되기 위해서는 시대적 환경과 경쟁 상황, 우리 회사의 강점 등을 고려하여 최적의 비즈니스 모델을 찾는 노력이 꼭 필요하다.

예를 들어, 대한민국 배달앱 업계의 선두 브랜드인 〈배달의 민족〉과 〈요기요〉는 유사한 서비스를 제공하지만 초창기 수익 모델은 완전히 상이하였다. 요기요는 고객의 주문 건당 수수료로 수익이 발생하는 구조인 반면, 배달의 민족은 가맹점의 월 정액제 광고비를 기반으로 수익이 발생했다.

더 나아가, 요기요는 한 달에 9,900원만 내면 요기요앱 내 모든 레스토랑에서 월 10회, 3천 원의 할인 혜택을 받을 수 있는 정기 할인 구독 서비스 '슈퍼클럽'을 추가로 론칭하며 수익 모델의 변화를 시도했다.

이처럼 같은 사업 아이템이라 하더라도 수익 모델은 상이할 수 있고 지속적인 다각화도 가능하다. 같은 산업 내에서도 차별화된 고객 세그먼트를 타겟팅함으로써 블루오션을 창출할 수 있다.

수익의 원천을 이용료, 수수료, 대여료, 광고비 등 다양하게 고려함으로써 우리 회사에 최적화된 비즈니스 모델을 찾을 수 있는 것이다. 사업 아이템은 비즈니스 모델의 시작일 뿐, 완성이 아니라는 점을 꼭 기억하자.

비즈니스 모델은 수익 모델만을 뜻한다?

그렇다면, 비즈니스 모델은 돈을 벌어오는 구조인 '수익 모델'만을 뜻하는 것일까?

IBM의 전략컨설팅 부사장 출신 사울 J. 버먼은 '비즈니스 모델은 기업이 어떻게 가치를 만들어내고, 그 가치를 고객에게 어떻게 전달하고, 고객으로부터 어떻게 수익을 확보할지에 대한 내용을 아우르는 것'이라고 정의하였다.

또한 비즈니스 모델 캔버스(Business Model Canvas)를 창시한 알렉산더 오스터왈더, 예스 피그누어는 '비즈니스 모델이란 하나의 조직이 어떻게 가치를 창조하고 전달하고 획득하는지를 합리적이고 체계적으로 묘사해낸 것'이라고 정의하였다.

즉, 이 시대의 비즈니스 모델은 수익 모델만을 뜻하는 것이 아니라, '고객에게 제공하는 가치'와 '가치를 전달하는 과정', '이에 대한 결과로 얻는 수익'을 통합적으로 아우르는 프로세스라고 할 수 있다.

우리의 고객은 누구이며 그 고객에게 우리는 왜, 이러한 가치를 어떻게 제공할지, 어떤 재화를 통해 얼마의 수익을 획득할 것인지에 대한 구조화가 비즈니스 모델인 것이다.

비즈니스 모델은 내 사업의 엑기스이다!

따라서 필자는 "비즈니스 모델은 여러분의 사업을 엑기스만 농축해 표현하는 것이다!"라고 이야기하고 싶다. 우리말로 '진액'을 뜻하는 엑기스처럼 여러분의 사업이 성공하기 위해 꼭 갖추어야 할 핵심 요소를 비즈니스 모델을 통해 분석하고 설명해야 한다.

사업의 3요소인 사람(고객), 돈, 아이템, 이 핵심을 표현하는 것이 바로 여러분의 비즈니스 모델이라고 할 수 있다.

컨설팅을 받으러 오는 여러 스타트업들의 IR피칭 초안 자료를 살펴보면 비즈니스 모델에 대해 전혀 언급조차 없는 경우가 많다.

아무리 창업 초기라고 할지라도 투자자들을 대상으로 한 심사에서 비즈니스 모델에 대한 언급 없이 기업의 비전과 미션, 제품 특성만 이야기한다면 상대방에게 어떤 느낌을 줄까? 투자 성과를 거둘 만한 기업이라는 확신을 줄 수 없을 것이다. 또한, 창업자가 자기 확신에 빠져서 기업의 수익을 어떻게 창출할지에 대한 고민은 전혀 하지 않았다는 오해를 불러일으킬 수도 있다.

비즈니스 모델은 창업자에게는 내 사업의 특징과 강점을 한눈에 표현할 수 있으며, 투자자에게는 사업의 타당성을 검증하는 좋은 도구가 된다.

그러므로 꼭 명심하자.

우리가 작성하고 발표해야 하는 자료는 회사의 투자가치를 최선을 다해 어필해야 하는 목적을 지닌 IR피칭 자료이며, 이 발표의 청중은 내 회사의 경쟁력과 성장 가능성을 판단하는 투자자들이라는 점을!

비즈니스 모델 제대로 정복하기

비즈니스 모델에 대한 개념과 중요성을 이해했다면, 이제 본격적으로 내 회사의 비즈니스 모델 개발에 활용할 수 있는 방법론을 알아보자. 비즈니스 모델 개발에 사용하는 방법론에는 대표적으로 마이클 포터의 '가치사슬 분석', 콘스탄티노스 마르키데스의 '전략 포지셔닝 맵', 김위찬의 '전략 캔버스' 등이 있는데, 이 중에서도 실무적으로 가장 널리 쓰이는 툴은 바로 '비즈니스 모델 캔버스 9블록'이다.

'비즈니스 모델 캔버스'는 경영 혁신가 알렉산더 오스터왈더와 예스 피그누어가 제안한 것으로 총 9가지의 요소를 통해 조직의 가치 창출, 전달, 획득의 구조를 분석 및 설계할 수 있는 모델이다. 캔버스의 구성 요소인 9개의 블록을 하나씩 살펴보도록 하겠다.

핵심 파트너	핵심활동	가치 제안	고객 관계	고객 세그먼트
	핵심자원		채널	

비용구조	수익원

비즈니스 모델 캔버스 9블록

1. 비즈니스 모델의 출발 _ '고객 세그먼트'

그 출발은 고객 세그먼트(Customer Segmentation)이다.

모든 비즈니스는 나의 '고객'을 명확히 설정하는 것으로부터 시작한다. 고객 세그먼트는 목표 고객(Target Customer) 설정으로 해석하기도 하는데 인구 통계학, 심리 유형, 구매 패턴, 가치 추구 등의 다양한 기준을 통해 나의 비즈니스의 타겟이 될 고객층을 세분화하고 명확히 하는 작업이다.

이 작업은 궁극적으로 '누가 우리의 핵심 고객인가?'를 찾아 나가는 과정이기 때문에 매우 중요하다. 특히 창업 또는 브랜드 론칭 초기일수록, 내 비즈니스에 열광하는 팬(big fan)이 되어줄 코어 타겟층을 치열하게 고민하고 구축해야 한다.

그 핵심 고객층에 맞추어 모든 비즈니스의 요소들이 유기적으로 움직여야 하기 때문이다. 끊임없이 다양한 각도에서 고객을 나누어 봄으로써 비즈니스의 핵심 고객층을 찾는 것이 고객 세그먼트의 목적이라고 할 수 있겠다.

[사례: 비고객을 고객으로 만든 닌텐도(Nintendo)]

차별화된 고객 세그먼트를 통해 큰 성공을 거둔 브랜드가 있다. 바로 기네스북에 등재된 세계에서 가장 오래된 게임사 〈닌텐도〉이다.

소니, 마이크로소프트 등의 대기업들이 게임의 주 고객인 10대, 20대

남성을 공략하여 게임 시장의 강자로 자리매김하고 있을 무렵이었다. 닌텐도는 "왜 10대~20대 남성들을 제외한 대부분의 다른 사람들은 게임을 하지 않을까?"라는 혁신적인 질문을 통해 새로운 고객층을 발견했다. 비고객층을 새로운 고객층으로 끌어들일 수 있는 게임을 개발하기로 한 것이다.

비고객층이 기존에 게임을 하지 않는 이유를 제거하기 위해 복잡하고 자극적인 게임 내용과 그래픽을 없앤 새로운 게임을 개발했고, 이것이 남녀노소 누구나 즐길 수 있는 가정용 게임기 위(Wii)가 되었다.

영어 단어 'We'를 이미지화한 네이밍을 통해 가족 누구나 편안하게 즐길 수 있는 컨셉를 나타낸 위(Wii)는 세계적으로 1억 대 이상 판매되며 큰 성공을 거두었다.

2. 비즈니스 모델의 핵심 _ '가치 제안'

가치 제안(Value Proposition)은 나의 비즈니스를 통해 고객이 얻을 수 있는 구체적이고 명확한 혜택(benefit)이다. 이것은 비즈니스 모델 캔버스 9블록 중 가장 중요하다고 강조할 만한 개념이다. 우리의 목표 고객이 필요로 하는 문제를 정확히 정의하고, 나의 제품 또는 서비스에 명확한 가치를 담아 고객의 결핍을 해결하는 것이 스타트업 비즈니스의 핵심이기 때문이다.

대표적인 고객 가치의 유형으로는 어떤 것들이 있을까?

기존 제품 대비 우수한 성능, 기술 혁신, 비용 절감, 저렴한 가격, 맞춤형 서비스, 뛰어난 디자인, 편의성, 리스크 차단, 브랜드 자산, 접근성 증대 등 고객이 혜택으로 느끼는 모든 것들이 고객 가치가 될 수 있다.

당신의 비즈니스는 지금 고객에게 어떠한 혜택을 주고 있는가?

그 혜택이 고객이 겪고 있는 문제 또는 결핍을 해결하는 데 얼마나 도움이 되는가?

내 비즈니스로 인해 고객이 느끼는 혜택의 크기를 객관적인 고객의 입장에서 판단해보길 권한다. 그 혜택의 크기만큼 내 사업의 생명력이 결정될 것이다.

[사례: 금융을 쉽고 간편하게, 토스(Toss)]

혁신적인 가치 제안을 통해 국민적인 사랑을 받으며 성공한 스타트업 브랜드가 있다. 바로 모바일 금융 서비스 기업, 비바리 퍼블리카의 〈토스〉이다.

토스는 2015년 간편송금 서비스를 출시 이후 3년 만에 누적 가입자 1천만 명을 돌파하며 빠른 성장을 이뤘다. 현재는 기업 가치 1조 원이 넘는 우리나라 최초의 핀테크 유니콘 기업이 되었다.

토스가 출시되기 이전, 고객들은 은행 인터넷 뱅킹 서비스의 복잡한 보안 절차 때문에 큰 불편을 느끼고 있었다. 생활 속에서 소액을 이체하는 경우, 여러 보안 절차가 매우 불편하고 귀찮게 느껴진 것이다.

이러한 고객의 불편을 해소한 앱이 바로 토스(Toss)이다. 토스는 가입 단계에서 본인 계좌 번호에 대한 인증 절차를 한 번만 거치면 그 이후로는 간단한 비밀번호 입력만을 통해 50만 원 이하의 소액 계좌 이체를 가능하도록 만들었다.

고객이 일상 속에서 불편과 불쾌감을 느끼는 '페인 포인트(Pain point)'를 정확히 찾아내고 이를 해소하는 혁신적인 가치 제안을 제공함으로써 성공을 이뤄낸 좋은 케이스이다.

3. 고객과 우리 회사의 접점 _ '채널'

세 번째로 살펴볼 개념은 채널(Channel)이다.

채널은 흔히 유통망이라는 뜻으로도 쓰이지만, 비즈니스 모델 캔버스에서의 채널은 고객에게 내 비즈니스의 가치 제안을 알리고 제품/서비스를 도달시키는 모든 과정을 뜻한다. 즉, 고객에게 제품을 판매하는 유통채널, 고객에게 우리 브랜드를 알리는 커뮤니케이션 채널 등의 모든 지점이 채널에 해당한다고 볼 수 있다.

채널은 고객과 우리 회사의 접점으로 고객 경험에 절대적인 영향을 주기 때문에 창업자들은 각 단계를 세심하게 설계해야 한다. 단순히 회사 관점에서 채널을 결정하는 것이 아니라, 우리의 목표 고객이 어떤 채널을 통해 자신에게 가치가 전달되길 원하는지 확인해야 한다.

또한 우리는 그들에게 어떻게 다가가고 있는지 점검해야 한다. 어느 채널이 고객에게 도달하기에 가장 효과적이며 비용적인 측면에서도 효율적인지 등의 다양한 관점에서 고민하는 과정을 통해 우리 비즈니스의 최적의 채널을 찾을 수 있다.

4. 지속 가능한 비즈니스의 비밀 _ '고객 관계'

"한 번도 안 간 사람은 있어도, 한 번만 간 사람은 없는 곳이야. 그 정도로 맛있다니까!"

유명한 맛집을 지인들에게 소개할 때, 식당 주인이 듣기에 이보다 더 기분 좋은 말이 있을까?

스타트업도 마찬가지이다. 한 번 이용하면 계속 이용할 수밖에 없는 비즈니스를 만드는 것이 모든 창업자의 꿈일 것이다. 이 꿈을 실현해줄 열쇠인 '고객 관계'에 대해 함께 살펴보자.

고객 관계(Customer Relationships)란 목표 고객과 어떤 형태로 지속적인 관계를 맺을 것인지에 대한 것이다. 모든 비즈니스의 시작과 끝은 고객이라고 필자는 생각한다. 고객이 나의 제품/서비스에 관심을 가져야만 비즈니스가 시작될 수 있다. 고객이 관심을 끄고 가버린다면 비즈니스는 끝이 날 수밖에 없기 때문이다. 이런 의미에서 신규 고객을 재구매 고객으로 만드는 일은 사업의 지속성과 확장을 위해 매우 중요하다.

한 번 유치한 고객을 잃어버리지 않고 계속해서 락인(Lock-in)시키기 위해서 어떠한 노력을 할 수 있을까?

가장 기본적으로 판매 또는 영업 사원 및 고객 상담 센터 운영 등을 통해 지속적으로 고객과 관계를 맺을 수 있다. 고객 응대 방식이 전화, 대면, e-mail에서 더 나아가 최근에는 챗봇, 화상 상담 등 시대에 따라 변화하는 흐름도 눈여겨볼 만하다.

또한, 은행의 PB(Private Banker)처럼 특정 고객을 전담하여 관리하는 개별 어시스트를 둘 수도 있다. 고객 간의 결속력을 강화시키는 오프라인/온라인 커뮤니티를 운영하거나 고객들의 의견을 직접적으로 제품 개발 시 참여시킴으로써 적극적인 고객 관계 관리를 이어나갈 수 있다.

[사례: 고객 만족을 최우선으로, 자포스(Zappos)]

몇 해 전 아마존이 당사 최고의 인수 금액인 1조 2천억 원이라는 거금을 주고 인수 합병을 하여 화제가 된 온라인 신발 쇼핑몰이 있다. 바로 〈자포스〉다.

자포스는 대만계 미국인인 토니 셰이가 1999년 기존 온라인 신발 쇼핑몰을 변화시켜 만든 회사이다. 토니가 CEO로 합류한 뒤 자포스는 2008년 연간 판매액이 1조 원을 넘을 정도로 폭발적인 성장을 했다.

놀라운 매출성장의 핵심 원인에는 고객의 만족을 최우선으로 삼은 자포스의 'WOW 서비스'가 있다. 자포스의 콜센터는 365일 24시간 열려 있다. '고객 충성팀(Customer Loyalty Team)'으로 불리는 자포스의 콜센터는 다른 회사와 전혀 다른 몇 가지의 규정이 있다. 보통 콜센터 직원들의 성과 측정 지표가 '콜 당 소요시간 단축'인 것과 달리, 자포스에서는 상담 직원들에게 고객과 소통하는 것을 시간 제한 없이 허용했다. 고객과 8시간 통화한 직원이 사내 우수 사례로 선정되기도 할 정도이다.

더불어, 상담 직원들에게 많은 권한을 부여하여 고객 불만이 발생한 문제에 대해서는 상급자의 의사 결정 없이 신속하게 상담 직원이 직접 해결할 수 있도록 하였다.

어떻게 이런 일이 가능했을까? 이 모든 것은 자포스가 경영의 핵심 지표를 '고객 재구매율'로 정의하고 전사적으로 관리했기 때문에 가능했다.

고객이 처음 한 번 상품을 구매하게 만들 순 있지만, 반복적으로 구매하게 만드는 것은 매우 어렵기 때문에 이를 최우선 과제로 두고 고객 서비스 기반의 혁신을 이뤄낸 것이다. 그 결과, 자포스는 기존 고객 재구매율 75%를 기록하며 고객 관계 관리의 가장 선도적인 세계적인 기업이 되었다.

5. 비즈니스 모델의 동맥 _ '수익원'

비즈니스 모델 캔버스를 창시한 알렉산더 오스터왈더는 "비즈니스 모델의 심장이 고객이라면, 수익원은 그 동맥이다!"라고 이야기했다.

몸 전체에 혈액을 공급해주는 동맥처럼 현금의 흐름은 사업의 생명력을 유지시키기 때문일 것이다. 수익원(Revenue Streams)은 고객으로부터 창출한 현금의 흐름으로, 수입에서 비용을 빼고 실제적으로 남는 이익을 파악하여 조직의 재정 상태를 점검하는 목적을 갖고 있다. (상황에 따라 비용을 제외하지 않은 '수입원'을 활용할 수도 있다.)

고객이 현재 무엇을 위해 돈을 지불하고 있으며 어떻게 지불하고 있는가? 기업 입장에서 수익이 발생하는 각각의 수익원이 전체 수익에 얼마나, 어떻게 기여하고 있는가? 등의 질문을 통해 현재 우리 회사의 수익 상황을 명확히 파악해볼 수 있다.

현대 사회 비즈니스의 발전에 따라 기업의 수익원은 매우 다양해지고 있다. 기본적인 물품 판매 대금뿐만 아니라, 이용료, 가입비, 대여료, 라이센싱, 중개 수수료, 광고비 등이 모두 수익의 원천이 될 수 있다. 우리 회사는 어떠한 수익 모델로 수익원을 창출할지, 우리 회사의 경쟁우위를 극대화시킬 수 있는 수익 모델은 무엇인지, 창업 초기부터 철저한 고민이 필요하다.

고객들의 폭발적인 반응을 얻은 수익 모델 전략으로 성공을 거둔 스타트업의 사례를 살펴보자.

[사례: Freemium 모델의 신화, 드롭박스(Dropbox)]

에버노트, 유튜브, 스카이프의 공통점은 무엇일까?

세계적으로 성공한 웹 기반의 스타트업 브랜드이면서, 프리미엄(Freemium) 수익 모델을 가진 브랜드라는 점이다.

프리미엄(Freemium) 모델이란 프리(Free)와 프리미엄(Premium)의 합성어로 기본적인 기능은 무료로 제공하고 고급 기능은 유료로 판매하는 수익 모델이다. 작년 IPO(기업 공개)에 성공한 드롭박스(Dropbox) 역시 이 가격 정책을 통해 크게 성장하였다.

클라우드 저장 서비스업체인 〈드롭박스〉는 프리미엄(Freemium) 모델을 이렇게 적용했다.

첫째, 회원 가입만 하면 누구에게나 2GB의 클라우드 저장소를 무료로 제공하여 모든 사람들이 서비스를 이용할 수 있도록 만들었다.

둘째, 친구추천을 하면 250MB를 더 제공하여 최대 8GB까지 저장 용량을 늘릴 수 있도록 활발한 바이럴 마케팅을 시행하였다. 이 바이럴 마케팅은 매우 큰 효과를 거두어 15개월 만에 가입자 수가 40배나 상승했다.

마지막으로, 대용량 저장공간이 필요한 고객을 위해 월 9.99달러에 100GB의 저장 용량을 제공하는 유료화 서비스를 만들었으며, 기업 고객을 대상으로 비즈니스용 서비스도 론칭하였다. 그 결과, 2017년 드롭박스의 총 가입자는 5억 명을 돌파하였고 유료가입자 수는 1,200만 명을 넘어서며 11억 달러의 매출액을 기록하였다.

더욱 놀라운 것은 무려 12년 전, 창업자인 드류 휴스턴이 드롭박스를 창업할 때부터 이 같은 수익 모델이 이미 유사하게 계획되어 있었다는 점이다. 창업 초기부터 고객 관점에서 수익 모델을 깊게 고민하고 실행한 결과, 드롭박스는 창업 4년 만에 기업 가치 1조 원 이상의 유니콘, 7년 만에 기업 가치 10조 원 이상의 데카콘으로 성장한 것이다.

창업자인 당신은 비즈니스를 성공시키기 위한 수익원과 수익 모델에 대해 얼마나 고민하고 있는가?

혹시 기술, 마케팅 등 당신의 전문 분야에만 집중하느라 수익 모델에 대해서는 뒷전으로 미루어 두지는 않았는가?

이제, 비즈니스의 진정한 성공을 위해 현실적이고 구체적으로, 더 깊이 수익원에 대해 고민할 시간이다.

[Tip. 기업의 생존 부등식, 가격 전략]
수익원과 관련하여 반드시 한 가지 더 강조하고 싶은 개념이 있다. 바

로 '고객 지향적인 가격 책정'이다. 많은 창업자들은 자신의 제품/서비스에 대한 자신감이 있기 때문에 고객이 아닌 회사와 창업자 관점에서의 가격을 책정하기 쉽다. '우리 제품은 경쟁사 대비 모든 면에서 뛰어나니 이정도 가격으로 책정해도 문제없어. 사람들이 다 알아서 쓸 거야'라는 생각을 흔히 한다.

하지만 가격 책정은 철저하게 고객 중심으로 이뤄져야 한다. 무조건 가격을 낮추어야 한다는 뜻이 아니다. 높은 가격을 책정하고 싶다면, 높은 가격을 상회하고 남을 정도의 확실한 가치를 고객이 느낄 수 있어야 한다는 뜻이다. 이러한 의미에서 윤석철 한양대 석좌교수는 '기업의 생존 부등식'을 아래와 같이 정의했다.

원가(Cost) ≪ 가격(Price) ≪ 가치(Value)

즉, 소비자가 느끼는 제품의 가치(value)가 가격(price)보다 크고, 또 가격은 생산자가 부담하는 원가(cost)보다 커야 한다는 뜻이다.

가격 전략은 상당히 많은 고민이 필요하다. 제품 원가보다는 가격이 당연히 높아야 하지만, 고객이 느끼는 가치보다 가격이 더 높을 경우 재구매율은 현저히 떨어질 수밖에 없기 때문이다.

시장에 이미 진출한 경쟁사가 있다면 당연히 경쟁사의 가격을 참고하여 자사의 전략을 세워야 한다. 판매 가격에 대한 소비자 조사를 먼저 진행하는 것도 좋은 방법이다.

하지만 이때, 가까운 지인들만을 대상으로 하는 것은 리스크가 있다.

지인들은 창업자와 가까우면 가까울수록, 솔직한 의견보다는 우호적인 의견만을 이야기할 가능성이 높기 때문이다. 조사를 진행한다면, 내 제품의 타겟 고객 세그먼트와 최대한 유사한 소비자들을 대상으로 제품에 대한 명확한 정보(이미지, 가격, 설명 등)를 제공한 후 진행할 것을 권한다.

6. 사업의 기초 자산 _ '핵심 자원'

지금까지 비즈니스의 '고객'과 관련된 요소에 대해 알아보았다면, 이제부터는 '조직'과 관련된 요소를 함께 살펴보겠다.

먼저 '핵심 자원(Key Resources)'부터 시작해보자.

핵심 자원이란 비즈니스의 원활한 수행을 위해 필요한 기초 자산을 일컫는다. 주로 제품/서비스를 생산, 제공하기 위해 필요한 자원으로, 생산시설, 기계, 시스템, 물류 네트워크 등의 유형 자산을 뜻하는 '물적 자원'과 브랜드, 저작권, 지식 재산권, 특허, 고객 데이터베이스 등의 무형자산이 해당되는 '지적 자산'이 대표적이다. 이 외에도 '인적 자원', '재무 자원' 등도 핵심 자원으로 볼 수 있다.

창업자가 내 사업의 핵심 자원을 제대로 파악하는 것은 매우 중요하다. 핵심 자원을 잘 알고 있다면, 내외부 비즈니스 환경이 불리해졌을 때에도 새롭게 도약할 수 있는 기회를 포착할 수 있기 때문이다. 또한, 핵심 자원을 항상 기업 내부에 소유해야만 하는 것은 아니다. 핵심 파트너로부터 획득할 수도 있고 임대를 할 수도 있다.

여러분이 도전하는 비즈니스의 업(業)에 대한 고민을 통해 어떠한 핵심

자원을 바탕으로 회사의 성장을 이룰지 전략을 세우고 실천할 수 있기를
바란다.

7. 비즈니스 차별화의 열쇠 _ '핵심 활동'

다음으로 '핵심 활동'(Key Activities)은 사업을 원활히 수행하기 위해
필요한 주요 활동으로 산업의 특성과 기업의 비즈니스 모델에 따라 마케
팅, 연구개발, 생산, 네트워크, 설비 투자 등 핵심 활동이 각각 달라진다.
핵심 활동을 차별화 시킴으로써 비즈니스 모델의 혁신을 만들 수 있다.

회원제 창고형 할인 매장 '코스트코 홀세일(Costco Wholesale)'은 수
만 개의 상품을 취급하는 일반적인 유통점과 달리 '1품목 1공급업체'라
는 파격적인 정책을 핵심 활동으로 삼았다.

예를 들어, 일반 대형 마트의 '생수' 코너에 가면 여러 브랜드의 상품
이 진열되어 있지만, 코스트코는 1개 브랜드 상품만 산더미처럼 쌓여 있
는 것이다. 제품 종류를 줄이는 대신 공급가를 낮추고 관리 비용을 줄여
고객에게 저렴하게 판매하는 것이 코스트코만의 차별화의 비결이라고 할
수 있다.

시장에서 살아남기 위한 여러분의 비즈니스의 핵심 활동은 무엇인가?
차별화된 핵심 활동을 통해 어떠한 경쟁 상황에도 흔들리지 않는 비즈니
스의 강력한 무기를 만들어보자.

8. 멀리 가고 싶다면 함께 가라 _ '핵심 파트너십'

'빨리 가려면 혼자 가고, 멀리 가려면 함께 가라'는 격언이 있다. 사업에도 동일하게 적용할 수 있는 말이 아닐까?

핵심 파트너십(Key Partnerships)이란 우리 회사 비즈니스 모델의 부족한 자원과 역량을 보완할 수 있는 파트너를 구축하는 것이다. 효율성 향상과 비용 절감과 같은 규모의 경제를 누리기 위해 전문 업체에 아웃소싱하거나, 전략적 제휴 또는 합작투자를 맺는 형태가 여기에 해당한다. 효율적인 핵심 파트너십을 구축하기 위해 여러분의 비즈니스를 수행하는 데 필요한 모든 과정을 밸류 체인(Value Chain) 관점에서 분석해보시길 권한다.

최초 원재료의 채취부터 생산, 제조를 거쳐 상품을 출시, 판매, 고객에게 전달되기까지의 모든 흐름을 정리해보는 것이다. 이 과정에서 우리 회사가 할 수 있는 것과 없는 것, 또는 할 수는 있으나 비용과 시간이 과도하게 소요되는 것을 구분하여 파트너가 필요한 단계를 파악해보자. 이를 바탕으로 단계별 최적의 파트너를 발굴함으로써 사업의 지속성과 경쟁력을 높이는 핵심 파트너십을 구축할 수 있다.

9. 스마트한 창업을 위한 _ '비용 구조'

비즈니스 모델 캔버스 9블록의 마지막 블록은 '비용 구조'이다. 비용 구조(Cost Structure)란 비즈니스 모델을 운영하는 데서 발생하는 모든 비용을 뜻한다.

새로운 고객을 발굴하고 가치를 만들어내고, 고객 관계를 유지하고 수익을 내기 위해 모든 단계에서 비용이 발생한다. 비용은 크게 임대료, 생산시설, 인건비 등을 일컫는 '고정비'와 생산하는 제품/서비스의 규모에 비례해 발생하는 '변동비'로 나눌 수 있다. 창업자는 각각의 비용 구조를 명확히 파악하여 불필요한 비용을 최소화해야 한다.

특히 창업 초기 기업의 경우, 사업 시작 전 지출되는 과도한 고정비를 방지하기 위해, 창업 지원 기관을 적극 활용하는 방법을 추천한다.

대학, 정부 기관, 기업 등의 창업 보육 센터에 입주하면 초기 고정비인 사무실 임대료와 비품, 서버 구축비 등을 절감할 수 있으며 여러 교육과 네트워킹의 기회까지 얻을 수 있다. 아무리 매출이 높아도 소모하는 비용이 과하다면 속 빈 강정과도 같다. 우리 사업의 어떤 핵심 활동을 수행하는 데 얼마의 비용이 드는지, 어떤 부분에서 가장 큰 비용이 드는지 명확히 파악할 때, 스마트한 창업이 가능할 것이다.

자, 이제 여기까지 살펴본 비즈니스 모델 캔버스의 9가지의 요소를 여러분의 사업에 적용해보시길 바란다.

나의 타겟 고객은 누구이며, 그 고객에게 어떠한 가치 제안을 어떤 채널을 통해 전달할지, 우리 회사의 핵심 자원과 핵심 활동은 무엇으로 정의할 것이며, 수익원과 비용 구조는 어떻게 관리할 것인지 구조화함으로써 사업의 핵심요소를 담은 여러분만의 비즈니스 모델을 완성할 수 있을 것이다.

스타트업을 위한 비즈니스 모델 작성 Tip

지금까지 비즈니스 모델의 개념과 중요성, 그리고 대표적인 방법론인 비즈니스 모델 캔버스에 대해 깊이 있게 살펴보았다. 이제 실제적으로 스타트업에서 비즈니스 모델을 만들 때 고려하면 좋을 몇 가지 팁을 소개하도록 하겠다.

B2C를 넘어 B2B, B2G로 확장하라

이제 막 사업을 구상하는 예비 창업자의 경우, 비즈니스 모델을 B2C 모델에 국한하여 생각하는 경우가 많다. B2C 사업 모델은 Business to Consumer의 약자로 '기업과 소비자 간의 거래'이다. 즉, 우리 회사의 제품 또는 서비스가 최종 소비자에게 직접적으로 판매될 때 이 거래 형태를 B2C 모델이라 부른다.

반면, 최종 소비자가 아닌 '기업과 기업 간의 거래'가 이루어질 때 B2B(Business to Business) 모델이라 부르고, '기업과 정부 간의 거래'일 경우 B2G(Business to Government) 모델이 된다.

B2C 비즈니스 모델이 유니콘 기업이 될 수 있는 빠른 길임은 맞다. 하지만 브랜드를 다수의 일반 소비자에게 알리는 데는 많은 시간과 예산이 소요되며 큰 매출이 발생하기까지 오랜 시간이 걸릴 수 있다. 따라서 사업 모델의 눈을 넓혀서 B2C뿐만 아니라 B2B, 때로는 B2G 등으로의 판

로 확대를 검토할 것을 권한다.

여기 B2B 사업 모델로 성공한 스타트업이 있다.

2014년 창업한 〈미트박스(MEATBOX)〉는 축산물 중간 유통 과정을 없애고 1차 판매자인 수입업자, 육류 가공장 등으로부터 식당, 정육점이 직접 구매할 수 있도록 만든 국내 최초 B2B 육류 도매 거래 플랫폼이다. 올해 창업 5년 차인 미트박스는 올해 예상 거래액 약 2,400억 원을 돌파하고, 150억 원 시리즈C 투자 유치에 성공하며 꾸준히 성장하고 있다.

이러한 미트박스의 사업 성공 주 요인은 'B2B 시장 공략'이다. 만약 집에서 고기를 구워 먹는 소비자 한 명 한 명에게 고기를 판매하는 오픈마켓 플랫폼을 메인 사업으로 구상했다면 어땠을까? 고객 1명당 구매 금액이 현저하게 낮았을 것이며 온라인몰 홍보에 막대한 예산이 소모되었을 것이다.

하지만 미트박스는 처음부터 육류 식당을 운영하는 자영업자를 타겟으로 잡았기 때문에 초기 사업비용도 줄일 수 있었다. 일반 고객과 달리, 음식점, 정육점 자영업자들은 스스로 2차 가공을 하기 때문에 2차 가공 비용을 없애고 1차 가공을 마친 고기를 저렴한 비용에 바로 직배송하여 배송비 이외에는 거의 비용이 들지 않는 구조를 만든 것이다. 이처럼, B2C 뿐만 아니라 B2B, B2G 등의 다양한 사업 모델로 새로운 블루오션을 창조할 수 있다.

한 문장으로 설명하고, 한 장으로 정리하라

비즈니스 모델을 한 문장으로 정리하고 설명하는 것은 매우 중요하다. 창업자인 당신이 명확히 설명할 수 없다면, 우리 비즈니스의 핵심적인 고객가치와 수익 메커니즘이 명확하지 않을 가능성이 높기 때문이다.

IR피칭은 다양한 형태로 준비가 필요하다. 5분, 15분 피칭 덱은 물론, 때로는 1분이라는 짧은 시간 내에 단 몇 문장으로 내 사업을 소개해야 한다.

'내 사업의 타겟이 되는 고객 세그먼트는 누구이며, 그들에게 구체적으로 어떠한 고객 가치를 제공함으로써 어떻게 수익원을 확보할 것인가?'에 대한 핵심적인 내용을 한두 문장으로 꼭 정리해보시길 바란다. 이에 대한 자세한 내용은 '1분 피칭 덱' 챕터를 통해 소개될 것이다.

비즈니스 모델을 한 장으로 정리하는 법은 앞서 소개한 '비즈니스 모델 캔버스 9블록'을 적극적으로 활용해보길 권장한다. 비즈니스 모델 캔버스를 그대로 사용할 수도 있고, 이를 기반으로 변형된 '린 캔버스'를 활용해도 된다.

린 캔버스란 《러닝 린(Running Lean)》의 저자 애쉬 모리아가 제안한 것으로, 문제 정의와 솔루션 검증에 더욱 초점을 두어 비즈니스 모델 캔버스를 변형한 것이다.

린 캔버스는 그 출발이 '문제'를 정의하는 것으로부터 시작하기 때문에 스타트업에게 더욱 유용할 수 있다. 문제 정의, 목표 고객 선정, 그들에게 제안할 가치, 그 가치를 전달할 우리 회사만의 솔루션 등으로 구성되어 실제 스타트업 컨설팅 시 많이 활용하는 툴이다.

문제	솔루션	고유의 가치 제안	경쟁 우위	고객군
가장 중요한 세 가지 문제	가장 중요한 세 가지 기능	제품을 구입해야 하는 이유와 다른 제품과의 차이점을 설명하는 알기 쉽고 설득력 있는 단일 메시지 **4**	다른 제품이 쉽게 흉내 낼 수 없는 특징 **5**	목표 고객
	핵심지표		채널	
	측정해야 하는 핵심 활동		고객 도달 경로	
1	**8**	**3**	**9**	**2**
비용구조			수익원	
고객 획득 비용, 유통 비용, 호스팅, 인건비 등 **7**			매출 모델, 생애 가치, 매출, 매출 총 이익 **6**	

애쉬 모리아의 '린 캔버스'

이어서, 비즈니스 모델 중에서도 '수익 모델'을 중점적으로 설명할 경우 한눈에 들어오도록 도식화 또는 텍스트화하는 방법을 추천한다. 먼저, 도식화하는 방법은 아래와 같다.

① 우리 회사를 중심으로 거래 관계를 맺는 상대 고객 또는 핵심 파트너십을 표시한다.

② 제공 가치(제품 또는 서비스)와 그 대가로 얻는 수익원을 정의한다.

③ 우리 회사가 고객 또는 파트너에게 제공하는 '재화(제공가치)'와 그 대가로 얻는 '화폐(수익원)'의 흐름을 그린다.

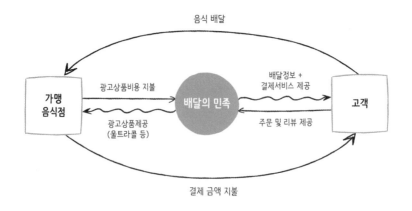

예시: 우아한 형제들 배달의 민족 수익 모델 도식화

위의 내용을 적용하여 〈배달의 민족〉의 수익 모델을 그려보면 위와 같이 표현할 수 있다. 어떠한가? 배달의 민족을 처음 알게 된 사람도 도식화된 수익 모델만 살펴보아도 사업의 흐름이 이해될 만큼 정리되어 있지 않은가? 이렇게 도식화하여 표현하게 되면 길게 말로 설명하는 것보다 훨씬 핵심적으로 간결하게 표현할 수 있다. 투자자뿐만 아니라 조직에 대해 가장 잘 이해해야 할 내부 직원들을 대상으로 한 교육 시에도 활용할 수 있다.

수익 모델을 간결하게 표현하는 또 하나의 표현은 '핵심 단어 중심의 텍스트'를 활용하는 것이다. 이 방법은 특히 IR피칭 시 활용하시길 권한다.

아래 글로벌 숙박공유 플랫폼 어비앤비(Airbnb)의 피칭 덱을 살펴보자. 에어비앤비는 수익원이 수수료 모델임을 핵심 문장으로 표현하고, 자사 플랫폼을 통한 거래 건수와 건당 평균 수수료를 곱한 총 수익을 핵심 단어 중심으로 간결하게 구조화하였다. 발표 시에는 에어비앤비처럼 심플하지만 세련미를 더해 핵심 단어 중심으로 표현하는 슬라이드가 청중의 직관적인 이해에 훨씬 도움을 준다.

Business Model
We take 10% commission on each transaction.

10.6M	$20	$200M
TRIPS W/ AB&B	AVG FEE	REVENUE
Share of Market	$70/night at 3 days	2008-2011

에어비앤비 IR피칭 덱 중 일부 (출처: PitchDeckCoach.com)

IR피칭에서의 비즈니스 모델 표현 방법에 대해 정형화된 법칙은 없으나, 비즈니스 모델 캔버스 9블록을 그대로 화면에 띄워 놓고 설명하는 것은 추천하지 않는다.

캔버스는 조직원들과 함께 우리 회사의 비즈니스 모델을 명확히 구축할 때 활용하는 방법론이며, 실제 투자 심사와 발표 현장에서 프레젠테이션 문서로 표현되는 피칭 덱에는 설명이 용이하고, 보는 사람도 이해가 쉬운 가시화된 형태로 표현해야 한다.

비즈니스 모델도 끊임없는 혁신이 필요하다!

한 번 만들기도 쉽지 않은 비즈니스 모델이지만, 비즈니스 모델에도 끊임없는 혁신이 필요하다. 사업의 성장 전략과 시장 상황에 따라 비즈니스 모델도 발맞추어 변화해야 하기 때문이다.

앞서 소개한 〈배달의 민족〉의 경우, 2011년 창업 당시 모바일 전단지의 역할을 대체하는 배달 주문 플랫폼으로 시작하여 수익 모델은 주문 건당 중개 수수료를 택하였다. 그러나 높은 수수료로 인해 자영업자들도 힘들고, 고객들은 배달 주문이 꺼려진다는 논란이 지속되자, 2015년 과감하게 주문 중개 수수료를 폐지하고 광고 상품 기반의 수익 모델로 전환하며 비즈니스 모델을 변화시켰다.

이후 더 나아가 배달을 하지 않는 맛집을 배달해주는 〈배민라이더스〉로 사업을 확장했으며, 현재는 자사의 비전을 단순히 배달앱 플랫폼을 넘어선, '푸드테크(Foodtech) 선도 기업'으로 재정의하고 자율주행 서빙 로봇, 요리 로봇, 스마트 오더 등의 기술을 개발하고 있다.

최근에는 이러한 외식업 미래기술을 집약한 '메리고키친'을 오픈하는 등 배달의 민족은 기업 가치 3조를 돌파한 유니콘 기업으로서 업계의 10년 뒤 미래를 준비하며 선도하고 있다.

이처럼 사업의 성장 전략에 따라 비즈니스 모델은 확장되며 변화하고 혁신해야 한다. 매년, 또는 분기, 반기마다 비즈니스 모델을 점검하고 사업 추진 전략에 따라 지속적인 업데이트를 시행한다면 언제 어떤 투자자 앞에서도 자신 있게 IR을 할 수 있는 조직이 될 것이다.

"살아남는 것, 돈을 버는 것"

지금까지 스타트업 IR피칭을 위한 비즈니스 모델에 대해 모든 내용을 살펴보았다. 비즈니스 모델은 IR피칭뿐만 아니라 성공적인 창업에 있어 반드시 갖추어야 할 핵심 요소이지만 결코 쉬운 개념은 아니다. 단순한 수익 모델을 넘어서 우리의 고객을 정의하고, 우리만의 가치를 만들고, 전달하여 수익을 얻는 통합적인 메커니즘이기 때문이다.

스타트업으로 시작해 중국 전자 상거래 시장의 전설이 된 알리바바그룹의 창업주 마윈은 이러한 조언을 남겼다.

"작은 회사의 전략은 두 가지이다. 살아남는 것과 돈을 버는 것."

돈을 버는 사업이 되면 살아남을 수 있다. 사업의 엑기스와 같은 '비즈니스 모델'을 명확하고 경쟁력 있게 설계함으로써 여러분의 비즈니스를 아낌없이 매력적으로 투자자들에게 어필하고, 작지만 강하게 살아남는 생명력 있는 스타트업이 되길 진심으로 소망한다.

눈에 띄고 싶은가?
브랜딩이 답이다

박진영

드리머스피치 커뮤니케이션 강사
아나스타 아나운서 아카데미 대표
서울경제TV 메인 앵커
매일경제TV 아나운서
팍스경제TV 앵커
머니투데이방송 MTN 아나운서
내외경제TV 앵커
대홍기획 AE
마포세무서, 금융감독원 등 공공기관장 스피치 멘토링
창조경제혁신센터, 기술창업센터 등 다수 IR피칭 멘토링
한국4-H본부 전국지사 프레젠테이션/리더십 교육
경기대, 명지전문대, 광운대 등 대학특강 진행

브랜딩으로 나만의 것 만들기

하늘 아래 새로운 것은 없다

하늘 아래 같은 물건은 많다. 하늘 아래 같은 물건을 파는 기업도 많다. 많아도 너무 많다. 인류가 탄생한 지 벌써 300만 년이 넘었고, 현대 문명이 발달한 지도 근 100년이다.

지금 이 지구상에는 76억 명이 넘는 사람이 동시대를 살아가고 있다. 그것도 스마트폰 하나로 지구상의 모든 것을 실시간으로 공유할 수 있는 시대에서 말이다. 없는 게 없는 풍요의 시대다. '전에 없던 것'을 만드는 일은 너무나도 어려운 일이 되었다.

그럼에도 여전히 '새로운 것'은 쏟아져 나온다. 그럼 과연 그 '새로운 것'은 전에 없던 완전히 혁신적인 것일까? 그럴 확률은 적다. 우리가 느끼는 '새로운 것'은 전에 있던 것을 '새로 브랜딩한 것'일 가능성이 크다.

원래 있던 것을 조금 바꾸어 나만의 것으로 만드는 것.

기업의 홍수 속에서 내 기업만의 정체성을 만들어주는 것.

그것이 바로 브랜딩이다.

브랜딩의 시작 - 정체성 찾아 컨셉 정하기

"쟤 저거 컨셉이야."

영화 '기생충'에 나오는 대사. 특이한 척, 4차원인 척, 괴기스러운 그림을 그리는 초등학생 남동생을 보고 고등학생 사춘기 누나가 하는 말이다. 원래 남들과 아주 다르지도 않고 그렇게 특이하지도 않지만 남들이 나를 4차원으로 봐줬으면 하는 마음에 '조금 이상하지만 천재성이 있는 아이'라는 컨셉을 잡고 그런 식으로 행동을 한다는 거다.

컨셉이라는 단어는 우리 주위에서도 종종 발견된다. 모임에서 어쩌다 보니 자꾸 총대를 메는 역할을 하게 된 사람이 "여기서 컨셉 잘못 잡았다"라는 말을 하기도 하고, 평소에 말을 많이 하던 사람이 관심 있는 사람 앞에서 조용해지는 걸 보고 "컨셉 바꿨냐"고 하기도 한다.

그렇다. 남들에게 내가 어떻게 보일지, 컨셉이 결정한다.

같은 영화에서 컨셉을 잡는 사례는 또 있다.

가난한 집 딸이자 포토샵으로 서류를 위조하는 데에나 소질이 있는 미대 지망생 기정은 부잣집 막내아들의 미술 과외를 하기 위해 제시카로 변신한다.

"제시카, 외동딸, 일리노이 시카고, 과 선배는 김진모, 그는 네 사촌." 영화를 통해 이른바 '제시카 송'으로 세계적으로 유명세를 타기도 했던 이 노래는 김기정이 제시카라는 컨셉을 유지하기 위한 일종의 주문이기도 하다.

일리노이 시카고는커녕 미대 문턱도 밟아보지 못한 김기정이 '제시카'라는 프로필을 등에 업게 되면서 그녀의 말 한 마디는 수백만 원의 가치를 갖게 된다. 기정이 그저 구글에서 미술 치료에 대해 대충 찾아서 읊어대는 말이 제시카의 말이 되는 순간, 그 말은 일리노이 대학교의 최고 엘리트가 심층적으로 분석해서 진단한 처방전이 되어버린다.

거짓말을 하자는 것이 아니다. 다만, 잘 먹히게끔 포장을 잘 하자는 것이다.

컨셉은 '내가 말하고자 하는 나의 정체성'이다. 기업 브랜드에도 컨셉이 필요하다. 내 브랜드와 동종업계 다른 브랜드를 구분 짓는 것이 바로 컨셉이다.

당연히 컨셉을 잘 잡은 브랜드는 성공할 수밖에 없다. 컨셉이 기업의 성패를 좌우한다. 기업의 정체성이 확실히 드러나야 브랜드의 색깔이 명확해지고 그것이 바로 브랜드를 차별화하는 열쇠가 된다. 즉, 명확한 컨셉이야말로 기업와 브랜드에 막강한 경쟁력이 되는 것이다.

피로 회복이라는 한결같은 컨셉으로 승부한 '박카스'

에너지 드링크의 대표 브랜드인 박카스는 1961년 출시 이후 꾸준히 '피로 회복'이라는 본질을 강조해왔고 그 '피로 회복'이라는 본질을 효과적으로 내보이기 위해 '청춘'이라는 컨셉을 오래도록 가져갔다.

박카스를 만드는 기업인 동아제약은 매출의 상당 부분을 광고비로 지출하는 것으로 유명하다. 해마다 다르지만 보통 광고비로 연 100억 이상을 쓰는 편인데 그만큼 히트한 광고도 많다.

눈이 나쁘지만 군 입대를 희망하는 젊은이가 시력 검사표를 죄다 외우고는 '꼭 가고 싶습니다!'라고 외치는 2003년 '신체 검사'편. 여자 친구의 귀가 시간을 지키겠다는 아버님과의 약속을 지키기 위해 연인 둘이 힘껏 뛰어가는 1999년 '젊은 약속'편. 사표 쓰고 싶다는 직장인을 취업 준비생이 부러워하고, 누워 있는 취업 준비생을 갓 입대한 이등병이 부러워하고, 갓 입대한 이등병을 사표 쓰고 싶어하는 직장인이 부러워하는 '대한민국에서 OOO로 산다는 것'편. '풀려라 피로', '젊음, 지킬 것은 지킨다', '젊은 날의 선택' 등 광고 카피 역시 익숙하다.

CF광고 집행에만 그치는 게 아니라 컨셉을 더 명확하게 만들어주는 프로모션도 많다. 동아제약은 박카스 출시 50주년이었던 2013년부터 매년 영화 공모전인 29초 영화제를 개최해왔다.

'남들은 모르는 나만의 피로는 OOO이다(2019)', '내 인생 가장 피로한 순간은 OOO이다(2018)'처럼 공모전 주제는 늘 '피로'다. 얼마나 한결같은 컨셉인가. 박카스 국토 대장정도 같은 맥락이다. 1998년부터 매년 이어져온 대학생 국토 대장정은 이미 대학생이 경험해봐야 하는 하나의 필수 코스이자 젊은이들의 도전의 대명사로 자리매김했다.

제주라는 컨셉으로 선두를 차지한 자연주의 화장품 '이니스프리'

아모레퍼시픽의 자연주의 화장품 브랜드 이니스프리는 제주라는 컨셉을 잡고 경쟁에서 선두를 차지한 케이스다. 화장품 브랜드야말로 무한 경쟁이다. 차고 넘치는 화장품 브랜드 중에서 자연주의 화장품 역시 셀 수 없이 많다.

그 안에서 이니스프리는 제주를 통해 자연주의 화장품 브랜드의 선두 주자로 우뚝 섰다. 타 화장품 브랜드들이 예쁜 연예인을 앞세우며 브랜딩과 마케팅을 할 때 이니스프리는 천연 재료, 특히 제주 유채꿀이나 제주 녹차, 화산송이 같은 제주의 유기농 천연 재료를 앞세우며 자연과 제주를 꾸준히 이니스프리의 이미지로 만들었다.

우리나라에서 가장 유명한 관광지이자 자연의 아름다움을 그대로 간직한 공간을 브랜드 컨셉으로 잡으면서 깨끗하고 좋은 재료의 이미지를 선점한 셈이다. 이에 언제부턴가 제주에 가면 다들 이니스프리 제주하우스 점을 한 번씩 들르는 게 관광 코스가 된 지경에 이르렀다.

처음에는 잘 이해가 가지 않았다. 보통 어느 지역의 필수 관광 코스라 하면 그 지역이 아니면 볼 수 없는 것들을 보러 가거나 그 지역이 아니면 쉽게 혹은 싸게 살 수 없는 것들을 사러 가지 않는가.

대체 어느 지역에서든 길에서 아주 흔히 볼 수 있는 로드샵을 굳이 제주에서까지 시간을 들여 왜 가는 거지? 어느 동네든 쉽게 살 수 있는 화장품을 누가 여기서 사나 생각했는데 직접 가보니 그게 아니었다.

이니스프리의 핵심 컨셉인 제주에 랜드마크처럼 큰 볼거리를 만들어놨다는 게 일단 상징적이다. 제주 녹차밭 옆에 카페를 크고 예쁘게 짓고 케이크와 음료, 브런치 종류를 팔며 관광객을 유입한다. 카페에 들어오자마자 보이는 건 제주의 천연 재료를 통해 만든 이니스프리의 화장품들과 친환경 재료를 설명하는 실험실 컨셉의 진열대다.

가벼운 마음으로 예쁜 카페에 관광을 온 사람들은 자연스럽게 '이니스프리=제주'라는 공식을 각인하게 되고, 이왕 랜드마크에 들른 김에 하나씩 화장품을 사기도 한다. 여러 천연 자연주의 화장품 중 이니스프리가 소비자에게 강하게 각인되는 과정이다.

K뷰티가 인기를 끌면서 우리나라 화장품의 중국 매출이 커지고 있는 가운데 중국인들의 제주 방문이 늘어나면서 이니스프리는 날개를 달게 되었다. 시작은 저렴한 가격의 로드샵 브랜드일 뿐이었지만, 제주를 통해 얻은 자연주의 이미지로 이니스프리는 저렴한 브랜드라기보다는 깨끗하고 친환경적인 브랜드라는 인식을 갖게 되었다.

확실한 컨셉이 브랜드의 색을 결정한다

경쟁 브랜드와 나의 브랜드를 구분 짓는 것. 내 브랜드를 눈에 명확하게 띄게 하는 것. 그것이 바로 컨셉의 힘이다. 컨셉이 확실해야 브랜드 색깔이 정해진다.

아나운서 준비를 하는 동안, 2년 반 가량 수천 대 1의 경쟁 속에 있으면서 느낀 점은 제일 잘하는 사람이 합격하는 게 아니라는 것이다. 제일 예쁜 사람이 되는 것도 아니다. 제일 눈에 띄는 사람이 합격한다.

오디션 프로그램을 즐겨 보는 편이다. 보다보면 새삼 깨닫는 부분이 많다. 어느 오디션 프로그램이든 1차 예선을 보면 정말 수많은 참가자들이 있고, 그들은 대부분 다 비슷하다. 누가 잘하고 못하고를 떠나서 이렇다 할 특징이 없으니 보는 사람이 피로하다. 수많은 사람 중에 화면에 잡히는 사람은 '눈에 띄는' 사람이다.

'눈에 띈다'는 건? 캐릭터가 있다는 것이다. 즉, 자신만의 색깔, 컨셉이 명확하다는 것이다. 컨셉이 확실한 사람. '내가 어떻게 보여지겠다'는 걸 끊임없이 고민하고 자신의 정체성을 만들어 내보이는 사람. 절대 그냥 되는 일이 아니다. 오랜 기간 꾸준히 생각하고 나를 돌아보고 주변을 살펴야 확실한 나만의 컨셉을 정할 수 있다.

어느 분야든 1등을 하는 사람, 혹은 유명한 사람을 떠올려보자. 모두 자기만의 컨셉을 가지고 있다. 쉽게 우리가 아는 연예인을 떠올려봐도 그렇다. 유재석, 전현무, 신동엽, 김구라. 모두 유명한 MC다. 그리고 모두 색깔이 다르다. 바르고 올곧은 대장 유재석, 개구쟁이 이미지의 전현무, 재치 있는 입담의 신동엽, 거침없는 막말 이미지의 김구라. 각자 다른, 하지만 명확한 컨셉을 갖고 있는 것이다.

딱 떠오르는 나만의 색, 나만의 캐릭터가 없으면 금방 잊혀진다.

기업도 마찬가지다. 직관적으로 꽂히는 나만의 컨셉이 있어야 소비자에게 오래 기억된다. 무한 경쟁 사회에서는 기억에 남아야 살아남는다.

브랜드 컨셉을 정하기 위한 셀프 질문 세 가지

브랜딩은 사실 컨셉이 전부다. 컨셉이 바로 잡혀야 확실한 브랜드의 가치가 생기고 그래야 롱런할 수 있다. 컨셉이 중요한 건 알겠는데, 문제는 제대로 된 컨셉을 잡는 게 꽤 어렵다는 것이다.

컨셉을 제대로 잡기 위해서는 먼저 '나'와 '나의 기업'을 제대로 분석하고 그 안에서 '나다움'을 확실히 정립하는 과정이 필요하다. 컨셉 정립을 위한 몇 가지 질문을 소개한다.

1. 소비자들이 내 브랜드(제품/서비스)에 어떤 인상을 갖고 어떤 느낌으로 기억하길 원하는가?

스타트업 대표들을 만나서 컨설팅을 하다보면 공통적인 특징이 보인다. 자신이 만들어 낸 제품이나 서비스가 너무 흡족하고 마음에 든 나머지 우리 것이 어떻게 좋은지 계속 기능적인 면만을 강조한다는 점이다.

제품과 서비스의 장점만을 내세워서는 제대로 된 브랜딩을 하기 어렵다. 소비자 입장에서 감성적으로 와닿지 않기 때문이다.

좋은 제품과 훌륭한 서비스는 성공을 위한 기본 조건일 뿐이다. 제품과 서비스 자체의 기능적인 가치보다 감성적인 가치로 소비자에게 다가가야 한다. 말 그대로, 내 브랜드에 소비자들이 가졌으면 좋겠다는 '인상'을 그려보는 작업이 필요하다.

브랜딩이란 소비자에게 어떤 이미지와 가치를 제공할 것인지 정하는 과정이다. 하지만 여기서 내 브랜드 이미지와 동떨어진 '인상'을 그려서는 안 된다. 앞서 영화 기생충의 사례를 들었던 것처럼, 진짜 내 모습이 아닌데 그렇게 보이고 싶어서 '컨셉'을 잡으면 오래가지 못한다. 거짓으로 척하는 건 언젠가 드러나기 때문이다. (영화 속 컨셉을 잡던 남동생도 이미 누나한테 컨셉인 걸 들키지 않았는가.) 내 브랜드의 컨셉에는 나다움이 빠져서는 안 된다.

나다움은 어떻게 찾는가? 생각보다 어렵지 않다. 기업가 정신을 날카롭게 되새기면 된다.

창업주의 '자기다움'은 기업가 정신의 핵심이다. 컨셉을 정할 때 '자기다움'은 절대 빠질 수 없는 핵이다. 컨셉 그 자체가 정체성이기 때문이다. 내 정체성이 아닌 다른 것을 가지고 기업활동을 해봤자 오래가지 못한다. '자기다운' 컨셉을 정해야 롱런할 수 있다.

소비자들이 가졌으면 하는 '인상'과 '자기다움'을 동시에 생각하면서 컨셉을 날카롭게 다듬을 필요가 있다.

2. 나는 나의 제품과 서비스를 통해 어떤 가치를 전하고 싶은가?

내가 전하고자 하는 가치가 브랜딩의 핵심이다.

우리 기업의 제품/서비스가 어떻게 좋은지 생각하는 것에서 잠시 떠나 그 제품/서비스를 통해 어떤 가치를 소비자가 가져갔으면 좋겠는지 생각해보는 작업이 필요하다. 그 가치를 발견하지 못하면 차별화 전략이 어려워진다.

기차의 본질은 빠른 운송 수단이었다. 하지만 속도로 보면 비행기가 더 빠르다. 여전히 기차가 '빠른'이라는 본질에만 초점을 맞춘다면 '더 빠른' 비행기에 밀려 도태됐을 것이다. 차별화 전략이 필요하다. 빠른 운송 수단을 포기하고 낭만적인 여행, 혹은 저렴한 화물 운송이라는 가치를 취하듯이 말이다.

극장의 본질은 영화를 보는 곳이었다. 하지만 요즘은 케이블VOD나 네플릭스 서비스의 발달로 영화관뿐 아니라 집에서도 편안하게 얼마든지 영화를 볼 수 있다. 극장이 계속해서 영화를 보는 곳이라는 본질에만 집착한다면 영화관은 벌써 사라지고도 남았을 것이다.

살아남기 위해 극장은 다른 가치를 발견했다. 즐거운 데이트, 따끈하고 맛있는 팝콘, 밖에서 누릴 수 있는 여가 문화 생활이라는 가치. 극장이 가치에 초점을 맞추면서 소비자들은 집에 네플릭스가 설치되어 있음에도 불구하고 바깥으로 나와 영화를 볼 이유를 얻게 되었다.

앞서 말했듯이 비슷한 제품과 비슷한 서비스는 아주 많다. 그중에서 내 기업의 제품과 서비스, 나의 브랜드를 소비자가 이용할 이유를 찾아줘야 한다.

기업이 추구하는 가치가 그 핵심이다. 본질을 넘어 기업이 추구하는 가치를 찾아내자.

3. 왜 내 브랜드여야 하는가? Why me?

스타트업 기업이 IR 컨설팅을 받는 이유는 투자를 받기 위해서다. 투자를 받기 위해서는 투자자가 돈을 쓸 수 있게끔 설득을 해야 한다.

상대방이 내가 원하는 대로 움직이도록 하기 위해 설득을 하려면 상대방이 움직일 수 있도록 동기부여를 해야 한다. 즉, 투자자로 하여금 돈을 쓰게 만들기 위해서는 그들이 왜 돈을 써야 하는지를 말해야만 한다. 투자자가 듣고 싶은 이야기를 해야 한다는 것이다.

그렇다면 투자자는 나에게 어떤 이야기를 듣고 싶을까?

당연히 '돈'이다. 투자자들은 내가 이만큼 투자를 했을 때 돌려받을 수 있을까? 얼마나 더 많이 돌려받을 수 있을까? 그만큼 유망하고 비전이 있는 기업일까? 수익 창출을 위해 얼마나 치열하게 고민했고 얼마나 구체적으로 계획을 세웠는가? 저 브랜드가 어떤 이유로 소비자에게 통할까? 를 생각한다.

그러니까, 내 브랜드가 왜 잘될 수밖에 없는지. 투자자에겐 그걸 말해 줘야 한다.

하지만 컨설팅을 하다보면 대부분의 스타트업 대표들이 투자자가 왜 돈을 써야 하는지를 설득하기보다는 우리 제품과 서비스가 얼마나 좋은지를 말한다. 내 기업과 브랜드의 강점만을 계속해서 열거한다.

대표 입장에서야 당연히 자식 같은 자신의 제품과 서비스가 얼마나 자랑스럽겠냐마는 듣는 사람 입장은 조금 다르다. 좋은 건 알겠는데, 그래서 내가 왜 그 기업에 투자해야 하는데? 경쟁사들도 있는데 왜 하필 그 기업에 투자를 해야 하는데, 라고 의문을 품는 그 부분을 긁어줘야 하는 것이다.

즉, 우리는 고객과 투자자 입장에서 차별화 포인트를 만들어야 한다. 그렇기 때문에 그들의 입장에서 계속해서 질문해야 한다.

왜 우리 기업이어야만 하는가?

집에서도 네플릭스로 실컷 모든 영화 다 볼 수 있는데 영화관을 왜 가야 해?

갤럭시도 있는데 왜 아이폰을 써야 해?

수많은 화장품이 이미 나와 있는데 왜 하필 이 화장품을 써야 해?

세상에 얼마나 많은 온라인 쇼핑몰이 있는데 왜 하필 이 쇼핑몰을 이용해야해?

그런 질문에 대한 답이 필요하다.

소비자가 마켓컬리를 이용할 수밖에 없는 이유

성공한 스타트업의 모범 사례로 자주 쓰이는 마켓컬리 이야기를 해보자. 마켓컬리의 본질은 식품 유통 회사다. 그리고 식품 유통 회사는 너무 많다. 기존에도 이미 많았다. 심지어 대기업 자본 위주로 말이다.

기존 유통 회사는 대부분 공급자 마인드로 운영되고 있었다. 마트에 가면 알겠지만 마트는 내가 원하는 상품을 원하는 위치에 가져다 놓기보다는 시장에 나와 있는 상품을 나름의 동선에 맞게 진열해 놓고 있을 뿐이다.

물론 고객의 니즈를 전혀 반영하지 않는 건 아니다. 그러나 고객이 원하는 가격대와 고객이 원하는 상품을 제공하기보다는 공급하기에 저렴하고 기업에서 컨트롤 가능한 상품을 그들의 기준대로 진열하고, 소비자들은 그에 맞춰서 쇼핑을 한다.

오프라인 유통 회사인 마트뿐 아니라 기존 온라인 유통 회사도 마찬가지다. 온라인 식품 유통 회사는 보통 정기 배송으로 이어지는 경우가 많은데 이도 마찬가지로 공급자에게 편리한 시스템으로 운영되곤 한다. 마켓컬리는 여기에서 아주 조금 차별화를 주었을 뿐이다.

'왜 수많은 유통 회사 중 마켓컬리를 이용해야 하는가?'

고객 중심으로 기존 유통 회사에서 해결되지 못했던 문제점을 건드렸다. 그중 가장 핵심이 되는 가치가 바로 '샛별배송'이다. 밤 11시에 주문해도 새벽에 받아볼 수 있게 하면서 마트가 문을 닫는 밤시간에도 쇼핑이 가능하도록 차별화했다.

또 하나 마켓컬리를 이용할 수밖에 없는 이유는 마트에 없는 상품이 있다는 것이다. 해외 거주 경험이 있는 소비자들이 점점 늘어나면서 외국 마트에서 팔던 식재료를 한국에서도 구하고 싶어 하는 사람 역시 많아졌다. 하지만 한국 마트에서는 찾을 수 없는 경우가 다반사였는데, 이 고객의 니즈를 마켓컬리가 해결했다.

프랑스에서는 손쉽게 구할 수 있지만 한국에서는 구경도 못하던 파이 반죽을 마켓컬리에서 구하고 그 이후로 모든 장보기를 마켓컬리에서 해결하는 지인도 있다. 성공 비결은 고객 위주의 서비스다.

공급자 마인드가 아닌 소비자 마인드로 생각하면 답이 보인다. 무엇을 팔 것인지, What에 집중하기보다는 왜 고객이 우리 브랜드를 이용해야 하는지, Why에 초점을 맞추면 어떤 점에서 차별화 전략을 세워야 하는지 보인다. 소비자의 눈으로 바라보면 의외로 많은 것들이 쉽게 풀리게 된다.

소비자의 눈으로 내 제품과 서비스를 바라보자. 투자자의 눈으로 내 브랜드를 객관적으로 점검하자. 어떤 점이 좋고 어떤 점에서 보완이 필요한지 조금 더 명확하게 보인다.

나는 무엇을 팔고 있는가? 무엇을 팔고 싶은가? 내가 고객에게 파는 가치는 무엇인가?

스스로 질문하자. 나다운 브랜딩, 먹히는 컨셉은 그렇게 만들어진다.

좋은 컨셉의 법칙

실패한 컨셉, 성공한 컨셉

옥수수수염차 하면 떠오르는 것은? V라인.

코카콜라 하면 떠오르는 것은? 북극곰, 즐거움!

신라면은? 사나이 울리는 매운 맛.

스타벅스? 글로벌 스탠다드 커피.

맥스부탄? 안 터져요.

에너자이저? 힘세고 오래가는 건전지.

하이네켄 하면? 축구.

오리온 초코파이는? 정. 말하지 않아도 알아요.

성공한 컨셉이란 이런 것이다. 브랜드를 생각할 때 누구에게나 바로 떠오르는 이미지.

그것이 기업과 브랜드의 정체성이 된다. 브랜드를 생각했을 때 한 번에 떠오르는 이미지가 없거나, 너무 올드하거나, 혹은 이런저런 이미지가 중구난방 겹친다면, 확실한 나만의 컨셉을 잡았다고 하기 어렵다.

당신의 기업이나 브랜드를 생각할 때, 소비자들의 머릿속엔 무엇이 떠오를까? 신라면, 오리온 초코파이같이 착 하면 딱 떠오르면 얼마나 좋을까. 소비자가 기억하는 컨셉. 이를 위해 알아둬야 할 컨셉의 법칙이 있다.

1. 욕심을 버리고 하나의 컨셉만을 잡는다

많은 스타트업 기업 대표들이 놓치고 있는 점이다.

내 제품이 모든 면에서 다 뛰어나기 때문에 모든 좋은 컨셉은 다 가지고 가고 싶어한다. 절대 좋은 방법이 아니다.

만약 옥수수수염차가 처음 출시되었을 때 건강에도 좋고 노화도 방지되고 살도 빠지고 맛도 있고 이런 것들을 모두 강조했다면? 결국 소비자들은 단 하나도 제대로 기억하지 못했을 것이다. 다른 군더더기를 다 빼고 딱 'V라인', 붓기를 빼준다는 효능 하나만을 강조하고 그것만을 밀었기 때문에 확실히 소비자에게 인식되었다.

제 아무리 유명한 외야수라고 해도 동시에 세 개의 야구공을 던진다면 단 하나도 제대로 잡지 못한다. 하지만 하나의 공을 던진다면 받는 사람은 훨씬 수월하고 손쉽게 공을 받는다.

컨셉도 마찬가지다. 최대한 많은 메시지를 던지려고 하다보면 소비자는 단 하나의 메시지도 제대로 받아들이지 못한다. 욕심을 버리고 가장 경쟁력있는 단 한 가지만 강조한다. 그것이 내 기업과 브랜드를 살리는 확실한 컨셉이 된다.

2. 꾸준히 일관적으로 컨셉을 가져간다

앞서 이야기했던 좋은 컨셉을 가진 브랜드들은 그 컨셉을 상당히 오랫동안 고수한 경우가 많다.

1987년에 출시된 포카리스웨트는 출시 직후부터 파란색과 흰색의 이미지를 고집했고, 1993년 이후 꾸준히 '내 몸의 가까운 물'이라는 컨셉을 가져왔다. 그리고 매해 청순한 신인 여성 모델을 기용하면서 오래된 브랜드임에도 불구하고 늘 새로운 느낌을 강조했다.

그 결과 누구나 포카리스웨트를 생각하면 특유의 푸르고 흰 깨끗한 이미지와 깨끗한 이온음료라는 이미지를 떠올릴 수 있게 되었다.

현대카드는 문화라는 컨셉으로 브랜딩에 성공했다.

2007년부터 지금까지 꾸준히 열어온 현대카드 슈퍼콘서트가 현대카드 문화 마케팅의 대표 사례다. 비욘세, 휘트니 휴스턴, 마룬 파이브, 폴 매카트니 등 세계적인 스타들이 현대카드를 통해 내한했다.

슈퍼스타의 팬들은 이들을 만나게 해준 현대카드에 고마움을 갖게 됐고 현대카드는 문화를 이끄는 트렌드세터의 이미지를 가져갔다. 음악, 디자인, 여행을 각각 전문으로 한 현대카드 뮤직 라이브러리, 디자인 라이브러리, 트래블 라이브러리를 비롯해 이태원에 있는 현대 미술 전시공간 현대카드 스토리지도 유명하다.

문화 공간과 공연을 내세운 문화 마케팅을 10년 넘게 진행하는 동안 '현대카드=culture=세련됨=트렌디함'의 이미지가 쌓였다. 당연히 현대카드의 브랜드 평판도 높아졌다. 현재 현대카드는 카드업계에서 늘 브랜드 평판 1,2위를 달리며 업계에서 가장 독보적인 브랜드로 거듭나고 있다.

만약 포카리스웨트가 새로운 브랜드 이미지를 위해 흰색과 파란색 대신 빨간색을 사용했다면? 현대카드가 문화 마케팅을 2~3년만 하고 다른 마케팅으로 전환했다면? 지금같이 확고한 브랜드 이미지를 갖지 못했을 것이다.

내 기업, 브랜드에 맞는 컨셉을 정했다면 중간에 바꾸지 말고 그대로 계속해서 일관되게 밀고 나가는 것이 중요하다.

중간중간 마케팅이나 프로모션은 바뀔지언정, 기업의 정체성이 되는 '컨셉'은 한결같아야 한다.

소비자와 투자자에게는 이미 수많은 브랜드가 있다. 브랜드의 홍수 속에서 내 브랜드가 확실히 먹히려면 일관된 컨셉이 필수적이다. 확실히 정했으면, 바꾸지 말자.

3. 스토리가 있다

이야기의 힘은 아주 크다. 학창 시절 우리를 재우던 국사 선생님의 강의와 스타강사 설민석 강의의 가장 큰 차이점은 바로 스토리텔링이다.

1388년 위화도 회군, 1623년 인조반정, 1636년 병자호란.

연도와 사건을 달달 외워서 시험을 보는 것과, 역사적 사건을 순서대로 풀면서 당시 인물과 구체적인 사례를 들어 옛날 이야기하듯 들려주는 것에는 엄청난 차이가 있다. 아무리 수업시간에 교과서를 열심히 외워도 시험 볼 때가 되면 가물가물한 임진왜란 사건을 영화 '명량'이나 드라마 '불멸의 이순신'을 통해 접하면 오랫동안 기억에 남는 것처럼 말이다.

컨셉도 마찬가지다. 보통 단어로 정의되는 컨셉은 추상적이기 마련이다.

신규 커플 매칭 앱을 개발하면서 '운명'이라는 컨셉을 정했다고 치자. 소비자나 투자자 입장에서는 그런가보다 할 뿐, 딱히 피부에 와 닿지 않는다. 그럴 때는 구체적으로 이야기를 풀 필요가 있다.

커플 앱으로 한창 대화를 즐겁게 하고 있었는데 일어날 때 알고 보니 같은 카페 다른 자리에 앉아 있던 남녀라든지. 쓸쓸하게 혼자 영화를 보고 나와 커플 앱을 켰는데 마침 나와 같은 영화를 혼자 본 이성과 대화하게 된다던지. '운명'이라는 단어를 이야기를 통해 풀면 앱 서비스와 컨셉이 더 밀접하게 만나게 된다.

'아버님 댁에 보일러 놔드려야겠어요'라는 광고 카피로 유명한 경동 보일러는 효(孝)라는 컨셉을 이야기로 풀어낸 케이스다.

광고는 눈 쌓인 추운 시골집에 노부부가 옷을 잔뜩 껴입고 아랫목에서 겨우 몸을 녹이는 걸 15초 동안 보여주는 게 전부다.

그 풍경 뒤로 '여보, 아버님 댁에 보일러 놔드려야겠어요'라는 며느리의 한마디가 들린다. 1991년 집행됐던 이 광고는 감성 광고의 시초로 불리운다. 이후 이 카피는 전 국민의 유행어로 자리 잡고, 경동 보일러는 보일러의 대명사가 된다.

'말하지 않아도 알아요' 카피로 유명한 오리온 초코파이 역시 '정'이라는 컨셉으로 오랫동안 스토리텔링을 했다. 초코파이는 20년 넘게 광고에 한국인 특유의 정이 담긴 이야기를 풀어왔는데 이 이야기는 1990년대부터 본격적으로 시작된다.

선생님의 생일 축하 파티에, 고마운 역무원 아저씨에게, 할머니 댁에 방문할 때, 삼촌이 군대에 갈 때, 어린아이의 시선에서 좋은 날 정다운 마음을 전하는 매개체로 초코파이가 계속해서 등장한다. 우리의 익숙한 일상에 초코파이를 배치함으로써 '초코파이=정'이라는 공식을 온 국민에게 새긴 것이다.

정 이야기는 2000년대에 와서도 이어진다. 유치원 학예회에서 가사를 잊어 당황하는 친구에게 객석에서 입모양으로 가사를 알려주는 유치원 친구의 이야기. 기차 밖 자전거를 타는 이들에게 따뜻하게 손을 흔들어주는 소녀 이야기. 한국인의 정이 무엇인지 직접적으로 설명하는 이야기까지. 시중에 있는 수많은 초콜릿 과자 속에서 초코파이가 대한민국 대표 과자가 될 수 있었던 이유이다.

이렇게 이야기로 푸는 컨셉은 소비자와 투자자에게 더 쉽고 깊게 스며든다. 투자받기 위한 스타트업 IR피칭을 할 때 오프닝 부분에서 재미있는 스토리를 풀면 투자자의 관심을 효과적으로 받을 수 있다.

이야기는 내가 정한 컨셉을 효과적으로 강조할 수 있는 힘이다.

컨셉이 있는 피칭

내가 A화장품 회사 영업팀의 신입사원을 뽑는 인사 담당자라고 생각해 보자. 여기에 두 지원자가 있다.

"저는 토익 점수가 990점입니다. 대학교 2학년 학기를 마치고 미국으로 1년간 해외 연수를 다녀오기도 했고 그곳에서 다양한 친구들을 만나면서 글로벌 감각을 많이 키우기도 했습니다. 대학시절 다양한 대외 활동을 했습니다. 공모전에 참여해 두 번이나 우수상을 수상하기도 했습니다. 3년간 보육원에서 봉사 활동도 꾸준히 했습니다. 특히 좋은 영업 사원이 되기 위해 경영학 수업과 마케팅 수업을 열심히 들었고, 그 결과 A+라는 좋은 성적을 받을 수 있었습니다. 무슨 일을 해도 열심히 적극적으로 하는 성격 덕분에 교우 관계도 상당히 좋습니다. 대학교 재학 중에 컴퓨터 활용 능력 자격증과 한자 2급 자격증을 취득하기도 했습니다."

"제 친구들은 저를 'A덕후'라고 부릅니다. 지난 1년 동안 학교 앞 A화장품 매장에서 판매 아르바이트를 했는데요. 워낙 A화장품을 좋아했던 터라 일하면서 모든 제품의 샘플을 직접 사용해보고 괜찮은 것은 제가 사서 쓰기도 하면서 모든 제품 라인의 특징을 파악했습니다. 그러면서 매장에 방문하는 손님들에게 제가 사용했던 실제 후기를 들려주며 각자에게 맞는 제품을 추천했는데요. 그 결과 제가 응대했던 손님들은 원래 사려고 했던 것보다 더 많은 화장품을 사 가는 일도 많았고 재방문율도 높았습니다. 제가 일하는 달이면 매출이 다른 때보다 훌쩍 뛴다고 사장님이 특별 인센티브를 주시기도 했습니다. 저는 대학생활 내내 A화장품의 제품을 어떻게 하면 더 효과적으로 소개할 수 있을까 오랫동안 고민했습니다."

어떤 지원자를 신입사원으로 뽑고 싶은가?

당연히 두 번째 지원자이다.

첫 번째 지원자는 누가 봐도 손색 없는 스펙을 가진 지원자이다. 하지만 딱히 기억에 남는 하나의 이력을 꼽기는 힘들다. 좋아 보이는 이야기를 쭉 나열했을 뿐 이 사람을 한 번에 관통하는 컨셉이 없다. '왜' 회사에서 나를 뽑아야 하는지에 대한 명분이 부족하다.

반면 두 번째 지원자는 A화장품의 신입사원을 뽑는 자리에서 'A덕후'라는 컨셉을 정해 왜 'A덕후'라고 불리는지 구체적으로 스토리텔링을 한다. 일관적으로 회사와 본인이 관련이 있음을 내보이며 내가 얼마나 A회사의 제품을 많이 알고 사용해왔는지 강조한다.

투자를 받기 위한 스타트업 피칭도 마찬가지다. 컨셉이 확실한 피칭이 잘 들리고 기억에 잘 남는다.

확실한 컨셉을 딱 하나 정하고, 일관적으로 컨셉을 유지하며, 왜 내가 창업을 했는지, 이 일이 소비자에게 어떤 영향을 줄 수 있는지 구체적으로 스토리텔링을 한다. 스타트업 피칭을 공감가는 이야기로 풀어낸다면 투자자의 집중력을 높일 수 있다.

내 기업과 내 창업아이템이 왜 필요한지 투자자들이 공감하면 투자를 받을 확률이 높아진다. 투자를 받기 위해서 좋은 컨셉이 필수이다. 나아가 초기에 잘 정한 컨셉 하나가 기업의 미래까지 책임질 수 있다.

광고대행사에서 기획자가 컨셉을 잡는 대략적인 과정

① 담당할 제품군과 관련한 시장 조사를 한다. (현재 트렌드 분석 포함)
② 시장 조사 후 타겟을 설정한다.
③ 정해진 타겟, 즉 해당 소비자를 철저히 분석한다. (해당 연령/성별/집단의 소비 취향 특성 등)

④ 경쟁사 제품을 모두 조사하고 경쟁사 제품의 컨셉을 분석한다.

⑤ 담당할 제품의 특징을 파악하고 경쟁사와의 차별점을 분석한다.

⑥ 시장 안에서 어떤 위치에 담당 제품이 해당하는지 파악한다.

⑦ 시장과 경쟁사와 담당 제품을 분석한 결과를 토대로 컨셉을 정한다.

시장 조사와 경쟁사 조사, 타겟 조사까지 모두 사실을 근거로 철저하게 분석한다.

컨셉이 정해질 때까지 가장 중요한 건 '결론까지 도출하는 과정이 논리적인가?'이다.

촘촘한 논리에서 탄생한 컨셉은 강하고 오래간다.

논리적으로 만들어낸 컨셉을 풀어낼 때는 스토리텔링을 통해 감성적으로 접근하는 게 좋다.

인식을 바꾸는 마케팅 전략이 성패를 결정한다

브랜드를 알리는 마케팅, 어떻게 인식될 것인가?

앞서 알아본 브랜딩은 뾰족한 컨셉으로 내 브랜드와 다른 브랜드를 차별화하는 전략이다. 그러니까 브랜딩이 기업과 브랜드의 나다움, 대체 불가능함을 보여주는 정체성에 대해 말하는 전략이라면, 마케팅은 브랜드의 정체성을 '소비자에게 어떻게 인식시킬지'에 대한 전략이다.

마케팅 전략을 세우기 위해서는 조금 더 거시적으로 소비자와 시장의 입장에서, 그리고 경쟁사의 입장에서 내 기업과 브랜드를 바라봐야 한다.

2006년 한국을 뒤흔들었던 명품 시계 브랜드가 있었다. 바로 빈센트 앤 코. 100년 동안 유럽 왕실을 대상으로만 판매하던 스위스산 명품 시계라는 이야기에 단숨에 주목을 받았다.

유럽 왕족만 쓰던 명품 브랜드답게 한국에서 가장 럭셔리한 동네 청담동에서 아주 고급스럽게 런칭파티를 열었다. 당시 가장 뛰어난 패션감각을 자랑하던 탑스타 연예인들에게 무료로 시계를 협찬하면서 입소문은 더 빠르게 퍼졌다. 패션 잡지마다 너도나도 빈센트 앤 코를 애정하는 연예인들의 이야기를 실었다.

가격은 싼 모델은 500만 원부터 다이아가 박힌 모델은 무려 1억 원대. 휘황찬란한 배경답게 몸값도 어마어마했다. 문제는 이 시계가 사실 경기도 시흥시에 있는 한 공장에서 만들어진 원가 5만 원 10만 원짜리의 가짜 명품이었다는 것이다. 빈센트앤코 시계를 차고 이 시계를 좋아한다고 인터뷰한 연예인들이 한순간에 웃음거리가 되어버렸다. 이 사건으로 빈센트앤코 사장은 징역 4년을 선고받았다.

심각한 사기 사건이었지만, 우리는 여기서 하나의 교훈을 얻을 수 있다. 경기도 시흥에서 만든 10만 원짜리 시계가 스위스산 1억 원짜리 명품으로 둔갑하는 힘. 이것이 바로 마케팅의 힘, 인식의 힘이다. (물론 사기를 쳐서는 절대로 안 된다.)

사회적 착각을 통해 보는 마케팅의 중요성

EBS 다큐프라임의 '인간의 두 얼굴-아름다운 세상' 편에서 흥미로운 두 개의 실험을 했다.

평범한 33세 남성을 명동 한복판에 세워놓고 행인에게 남성에 대한 평가를 하게끔 하는 것이다. 남성은 쇼윈도 앞에 이틀간 말없이 서 있는다.

첫째 날과 둘째 날 달라진 것은 옷차림.

첫날, 남성이 빨간 체크무늬 셔츠에 청바지를 대충 입고 운동화를 신고 서 있다. 머리도 전혀 손질 안 한 더벅머리이다. 그를 본 행인에게 어떤 일을 할 것같이 보이냐고 물었더니 기계수리공이나 만두 가게에서 일할 것 같아 보인다는 의견이 돌아온다. 일 년 수익은 1200만 원, 잘 줘도 3000만 원 정도일 것이라고 대답한다. 남성으로서의 매력은 0점, 많이 줘봤자 2점. 외적으로 전혀 매력이 없고 심지어 길에서 데이트 신청을 한다고 하면 도망을 가겠다는 사람도 있다.

다음 날, 같은 남성이 말끔한 슈트에 넥타이를 매고 멋진 구두에 시계까지 차고 쇼윈도 앞에 다시 섰다. 전날과 다르게 머리도 깔끔하게 손질했다. 대답이 달라진다.

직업은 변호사, 의사 혹은 대기업 직원. 일 년 수익은 억대 정도. 부티가 나고 갑부집 아들인 것 같다, 집안이 빵빵할 것 같다는 이야기가 나온다. 말을 잘하고 논리적일 것 같다, 지적인 것 같다는 평가가 이어진다. 매력지수는 무려 9.5, 9.7, 10점까지 나온다. 성격까지 다르게 본다. 활달해 보인다, 자신감이 있어 보인다, 자상해 보인다 등등. 옷차림만 바꿔었는데, 완전히 인식이 달라진다. 껍데기에 둘러싸여 차별적인 행동을 보이는 행위. 사회적 착각이다.

국내 콩쿨 우승자인 두 바이올리니스트가 고속터미널 로비에서 바이올린 연주를 한다. 두 연주자 모두 실력자이지만 30분이 넘도록 행인들은 아무도 관심을 주지 않는다. 다시 1시간 후 같은 자리에서 같은 연주를 한다. 하지만 이번에는 마케팅이 들어간다. 해외에서 유학한 천재 바이올리니스트라는 이름을 내걸고 '조 듀오의 송년 음악회'라는 이름을 붙인다. 옷차림도 연주회처럼 멋지게 갖춘다.

반응이 완전히 다르다. 하나둘 행인들이 모여들더니 사진 촬영을 하는가 하면 연주가 끝나고 박수까지 받는다. 없는 이름이지만 조 듀오를 들어본 것 같다는 사람도 있고, 연주는 아주 훌륭하다는 평이 나온다.

사회적 착각을 이용해서 남을 속이자는 것이 아니다. 보이는 것이 그만큼 중요하다는 이야기이다.

내 제품이 이렇게 뛰어나고 획기적인데! 이건 굳이 마케팅을 하지 않아도 다들 알고 인정해줄 거야. 이렇게 생각하는 스타트업 대표들도 적지 않다.

하지만 절대로 그렇지 않다. 모든 것은 '인식'에 달려있다. 좋은 품질은 기본 전제가 되는 것이고, 잘 팔기 위해서는 제대로 알려야 한다. 좋은 제품이 있다는 걸 소비자가 알아야 쓰지 않겠는가. 그 제품을 알리는 행위가 마케팅이다.

33세 남성의 본질은 그대로였지만 어떻게 포장했는지에 따라 인식은 천지 차이로 달라졌다. 같은 연주자의 같은 연주였지만 어떻게 알리는지에 따라 역시 인식은 크게 바뀌었다.

품질만큼 인식이 중요하다. 수많은 기업이 있고 수많은 브랜드가 있다. 그중에 나의 브랜드를 효과적으로 알리기 위해서는 잘된 브랜딩을 기반으로 한 잘된 마케팅이 필요하다.

어디에 어떻게 마케팅 할 것인가?

마케팅 전략이란?

샤넬에서 파는 가방의 가격은 보통 500만 원에서 800만 원대이다.

고작 가방 하나를 그렇게 비싸게 주고 산다고?

모르는 소리, 없어서 못 판다. 샤넬 가방을 800만 원 넘게 주고 사는 이유는 가방의 원가가 그만큼 비싸서일까? 아니면 다른 브랜드보다 튼튼해서일까? 아니다. 소비자들은 샤넬에서 단순히 가방만을 사는 것이 아니다. 가방이 주는 가치를 산다. 고객은 샤넬 가방을 가진 자신이 충분히 부유하고 안목이 좋다는 인식을 스스로에게 그리고 남들에게 주기 위해서 고가를 지불한다. 가방 그 이상의 가치에 지불하는 값. 작은 가방을 800만 원을 주고 사게 하는 힘, 바로 마케팅의 힘이다.

명품 브랜드에도 보이지 않는 서열이 있다. 돈을 싸 들고 가도 원하는 제품을 살 수 없다는 콧대 높은 에르메스가 있고, 바로 아래에 우리가 잘 알고 있는 샤넬과 디올, 루이비통 정도가 위치해 있다. 구찌, 프라다, 발렌시아가는 그보다는 조금 더 보편적인 명품이라고 인식하고 있다.

이런 인식의 차이는 어디에서 나올까? 이 차이를 만들어내는 것이 바로 마케팅 전략이다.

일단 가격 정책에서 인식의 차이가 난다. 에르메스의 가방은 보통 1000만 원이 넘는 경우가 많다. 제아무리 샤넬 백이 비싸도 에르메스에 비하면 반값이다. 디올 백도 400만 원을 호가한다. 반면 구찌나 프라다, 발렌시아가는 매장에서는 200만 원대, 아울렛에서는 잘 구하면 100만 원 이하에도 살 수 있다.

얼마나 흔하게 볼 수 있는가, 희소성도 중요하다. 에르메스는 백화점에도 아주 소수만 입점이 되어있고, 매장이나 백화점에 가도 원하는 제품을 마음대로 살 수 없다. 제품 구매 이력이 쌓여야 그 귀한 가방을 겨우 만날까 말까다. 파리 에르메스 본사는 응대 예약 자체를 잡기도 힘들다고 한다.

샤넬과 루이비통, 디올도 마찬가지다. 본점을 비롯한 아주 소수의 백화점에서만 볼 수 있다. 하지만 구찌, 프라다, 발렌시아가 같은 경우는 비교적 쉽게 아울렛에서도 구매할 수 있다. 이월 상품으로 비교적 저렴하게 살 수 있는 진입 장벽이 낮은 명품으로, 에르메스, 샤넬보다 고급스러움이 아무래도 덜한 인식을 주게 된다. 타겟을 구체적으로 설정하고 어느 정도의 가격으로 어디에서 판매할 것인지 정하는 것. 모두 마케팅 전략이다.

마케팅 채널 선택하기

"어디에 마케팅을 해야 할까요?"

스타트업 기업 대상으로 브랜딩/마케팅 강의를 나가게 되면 가장 많이 들어오는 질문이다.

효과적인 마케팅 채널은 기업과 브랜드의 성격에 따라, 제품과 서비스의 특성에 따라 달라진다.

일단 우리 기업의 목적이 뭔지를 먼저 파악하고 그 목적에 따라 채널을 선택해야 한다. 또한 해당 마케팅 채널 내에서 소비자들이 어떤 성향을 가지고 있는지 파악하는 것도 필수다.

예전에는 TV, 라디오, 신문, 잡지로 대표되는 4대 매체가 가장 파급력이 강했다. 그러나 스마트폰이 탄생하면서 판도가 바뀌었다. 이제는 기존의 전통 매체보다 온라인 채널이 각광받고 있다. TV 시청률은 점점 떨어지고 유튜브 시청은 늘어나고 있는 것도 자연스러운 현상이다.

지하철을 타면 모두가 스마트폰에 눈을 고정하고 있는 이 시대에 온라인 마케팅은 선택이 아닌 필수다.

온라인에도 여러 채널이 있다. 블로그, 페이스북, 인스타그램, 유튜브, 카페까지. 제각각 성격도 이용자도 다르다. 앞서 마케팅은 '인식'이라 했다. 소비자에게 최대한 브랜드를 노출시키는 것이 관건이다.

블로그

노출에 있어 가장 기본적이고도 효과적인 채널은 블로그다.

아직까지 포털사이트에서 검색이 많이 이루어지고 있는 만큼 브랜드를 알리기 위해서는 기본적으로 블로그를 꾸준히 하는 것이 중요하다. 키워드를 잘 활용해서 유입량을 늘려야 하는데, 어쩌다 한 번 포스팅하기보다는 꾸준히 자주 올려야 눈에 잘 띄는 곳에 노출이 될 확률이 크다. 블로그는 준 홈페이지처럼 사용되면서 편한 말투로 소비자에게 다가갈 수 있으며 기록을 저장하고 다시 꺼내보기가 수월한 채널이다.

페이스북

기업들이 가장 많이 활용하는 SNS는 페이스북이다.

페이스북 '페이지' 기능은 기업의 홈페이지와 비슷한 역할을 하고, 언제든지 소비자와 소통을 할 수 있다는 장점이 있다. 공유가 쉽기 때문에 확산이 잘 되는 편이다. 누군가가 '좋아요'를 누르면 그의 친구에게까지 '좋아요'를 누른 게시물이 노출된다. 단기간 파급력이 센 편이다. 페이스북 광고도 활성화되어 있어 기업에서 꾸준히 활용하기 좋은 채널이다.

인스타그램

요즘 뜨는 채널 중 하나가 인스타그램이다.

페이스북이 조금 더 공식적인 느낌이었다면 인스타그램은 보다 사적인 친밀감을 준다. 파급력은 페이스북보다 떨어지지만 후기성 바이럴 마케팅에는 페이스북보다 최적이다. 개인이 직접 제품/서비스를 사용하고 올리는 포스팅이, 정작 마케팅과의 거리를 멀어 보이게 만들어 오히려 소비자로 하여금 구매를 유도한다는 점이 인스타그램의 특징이다. 팔로워가 많은 소수 인플루언서들의 한 마디 한 마디가 영향력이 크다.

유튜브

쉽지 않지만 점점 중요해지는 채널, 바로 유튜브다.

요즘 10대들은 무언가를 검색할 때 포털사이트를 켜는 대신 유튜브 앱을 연다고 한다. TV시청률은 점점 줄고 있고 유튜브 시청 시간은 기하급수적으로 늘어나는 시대에 유튜브 채널 활용은 필수다.

동영상을 통해 홍보를 하는 만큼 조금 더 상세하게 내가 원하는 것을 이야기하고 보여줄 수 있다는 장점이 있다. 다만 촬영과 편집 등에 필요한 시간과 장비를 구축하는 비용 등 여러모로 준비과정이 비교적 까다로운 편이다. 그렇지만 놓치기에는 매우 아까운 대세 채널이다.

그 외 채널

그 외에 지역별 카페, 맘카페 등 각 포털사이트의 카페를 타겟에 맞게 잘 활용하면 적절한 마케팅 효과를 볼 수 있다. 온라인뿐 아니라 오프라인에서도 여러 채널을 이용할 수 있다. 대기업에서 종종 신제품을 런칭할 때 만드는 팝업스토어도 오프라인 채널 중 하나다.

대규모 박람회나 전시회에 적극 참여하는 것도 내 브랜드를 알리는 데 도움이 된다. 제품이나 서비스의 성격에 따라 이벤트나 판촉 프로모션 등을 해볼 수도 있다.

이러한 여러 채널 중 내 브랜드에 맞는 하나의 채널에만 집중할 수도 있고 다양한 채널을 동시에 운영할 수도 있다. 방향성을 정확히 잡고 지속적으로 내 브랜드를 알릴 수 있는 좋은 콘텐츠를 고민하고 제공한다면 어떤 채널을 통해서든 마케팅을 성공적으로 할 수 있다. 꾸준히만 하면 말이다.

모든 분야에서 그렇지만 성공적인 마케팅을 위해서도 가장 중요한 것은 꾸준함이다. 어떤 채널을 활용하든 당장 눈에 보이는 성과가 나오지 않더라도 지치지 않고 한결같이 꾸준하게 한다면 결과는 좋을 수밖에 없다.

단기간에 많은 콘텐츠와 정보를 쏟아붓는 것보다 하나씩 하나씩 적게라도 오랫동안 올리는 것이 중요하다. 오랫동안, 지치지 않고, 꾸준하게 여러 채널을 통해서 내 기업의 컨셉을 일관적으로 알리고 나아가면 된다. 정도(正道)다. 꾸준함을 당할 자는 없다.

존 고든의《에너지 버스》라는 책에 나오는 일화이다. 린든 존슨 대통령이 미국 항공 우주국 나사(NASA)에 방문했을 때, 일을 매우 즐겁게 하는 청소부와 마주쳤다. 바닥을 닦으면서 신나게 일하고 있는 그를 보며 존슨 대통령은 이렇게 자기 일에 긍지를 갖고 일하는 청소부를 처음 본다며 칭찬을 했다. 그 때 청소부가 이렇게 말했다고 한다.

"저는 단순한 청소부가 아닙니다. 인간이 달에 가는 일을 돕고 있습니다."

내가 하는 일에 가치를 부여하는 것. 그리고 그 가치를 널리 공유하는 것. 그것이 바로 브랜딩이고 마케팅이다. 내 일, 내 기업에 가치가 입혀진다면 기업의 구성원의 마음가짐이 바뀐다. 나사의 청소부처럼 말이다.

내 기업과 더불어 기업의 가치가 널리 알려진다면 기업을 바라보는 고객의 시선이 달라진다. 그 시선 하나하나가 모여 내 기업을 성공으로 이끌 것이다.

이제 막 시작이라 브랜딩이 뒷전일 수도 있다. 하지만 사업의 시작과 동시에 브랜딩을 시작한다면 당신의 기업은 더 빠른 성공을 만나게 될 것이다.

스타트업의 8할은
팀워크다

조민정

드리머스피치 커뮤니케이션 강사
(현) 프리랜서 스피치 강사
前 미주 MBC 아나운서
前 미주 라디오코리아 앵커
前 W스피치 커뮤니케이션 시청점 팀장
2016년 최우수 전임강사
페이스북 코리아 등 대기업 프레젠테이션 강의 진행
숙명여자대학교, 동국대학교, 호서대 외 대학특강 진행
오봉그룹 대표 외 다수 기업 CEO 1:1 스피치 컨설팅
로스쿨, 의전 면접 1:1 다수 코칭
글로벌 해커톤 '정션' IR 컨설팅 진행
창조경제혁신센터, 기술창업센터 외 다수 IR피칭 컨설팅

스타트업의 성패는 팀워크에 달려있다

한 뛰어난 축구선수가 경기장을 전력 질주한다. 그는 있는 힘을 다해 공을 몰고 골대로 향한다. 팀원들이 아무리 패스를 외쳐도 그는 막무가내다. 결국 그는 다른 팀에게 공을 빼앗기고 이를 지켜보던 감독이 그를 부른다.

감독은 그에게 멀리 있는 골대까지 있는 힘껏 뛰어가라고 명령한다. 그는 열심히 골대를 향해 뛰어간다. 그때 감독이 선수가 달리는 방향으로 공을 찬다. 선수는 공을 의식하며 뛰다가 다시 감독에게 돌아온다. 감독은 선수에게 한 번 더 골대까지 전속력으로 달려가라고 말한다. 선수는 다시 전력을 다해 골대까지 뛰어간다. 감독은 다시 그 선수가 달리는 방향으로 공을 찬다.

전력 질주를 하고 돌아온 선수에게 감독이 묻는다. "무엇을 느꼈는가?" 선수는 "전력을 다하면 공을 쫓아갈 수 있다"라고 대답한다.

감독은 고개를 저으며 말한다.

"네가 아무리 빨리 뛰어도 공은 사람보다 빠르다. 그러니 공을 패스하라."

사람이 뛰어난 재능을 가지고 있어도 주어진 일들을 혼자 대응하기 어려운 법이다. 그래서 팀이 존재한다. 혼자 모든 권한을 다 쥐고 있으려면 팀을 꾸릴 이유도, 함께 필드를 뛸 이유도 없다

100개 이상의 스타트업을 운영해 온 빌 그로스는 '스타트업 성공의 가

장 중요한 요소'라는 주제로 테드(TED) 강연장에 올랐다. 그는 스타트업의 성공요소로 다음의 5가지를 언급했다.

아이디어, 팀과 실행력, 수익구조, 자금조달, 그리고 타이밍.

그는 총 200개의 스타트업 기업들을 연구했고 그중 가장 크게 성공한 스타트업(에어비앤비, 인스타그램, 우버, 유튜브, 링크드인) 기업 5개를 골라 발표했다. 타이밍이 42%로 1위, 팀과 실행력이 32%로 2위에 올랐다. 그 이후로 아이디어(28%, 3위), 비즈니스 모델(24%, 4위), 자금조달(14%, 5위) 순이었다.

그는 자신이 초기 스타트업 세계에 뛰어들었을 때 가장 중요한 요소로 아이디어를 꼽았다고 고백한다. 그러나 타이밍 다음으로 중요한 스타트업의 성공요소가 '팀과 실행력'이라는 것은 시사하는 바가 있다.

이 챕터를 통해 독자들이 어떻게 스타트업을 최강팀으로 만들어 갈 것인지 힌트를 얻길 바란다.

4차 산업혁명과 변화하는 조직

최근 합정동에 위치한 작은 스타트업 회식에 초대를 받았다. 어려 보이는 직원들 덕에 대학교 동아리 모임에 초대받은 기분이었다. 대표의 나이는 29세, 평균 직원 연령이 28세인 이 회사의 뒤풀이 분위기는 무척이나 신선했다. 게다가 5시쯤 시작한 회식은 8시도 되기 전에 끝이 났다.

이후 나는 회식 자리에 초대한 친구에게 '젊은 팀원들과 재미있게 일을 하니 매일 놀러 나오는 기분이겠다'라고 부러움을 토로했다. 그 친구도 밝게 웃으며 '모두가 정해진 출근 시간이 있어도 더 일찍 나온다'고 이야기했다.

그녀의 말을 들었을 때 '이 회사는 잘되겠구나'라는 생각을 했다. 언급된 회사는 신생 기업이지만 2년 만에 꽤 규모를 갖춘 회사였고, 외국인 투자자들에게 투자를 받을 예정이며 매출 또한 꾸준히 오르고 있다는 후문이다. 세상은 빠른 속도로 변하고 있다. 소비자들에게 정보와 제품, 유통 등의 서비스를 독점하며 생산성을 키워왔던 기업 중심의 사회는 인터넷의 등장으로 개개인이 정보와 제품을 유통할 수 있는 개인 중심의 사회로 변화하기 시작했다.

4차 산업혁명은 기업에서 개인으로의 권력 이동을 의미한다. 스마트폰이 생기면서 정보와 제품을 소비하는 방법 또한 변화하기 시작했다. 사람들이 온라인상에서 연결되어 모이고 정보를 공유하며 소통하는 시대가 온 것이다.

과거 오프라인에서 온라인으로 정보와 유통이 옮겨질 때 사람들은 모두가 서로를 속일 것이라고 걱정했다. 예상과 달리 인터넷을 통해 왜곡된 정보나 은폐된 뉴스의 정체가 밝혀지며 사회는 더욱 투명해졌다.

지금까지 광고와 유통에 필요 없는 비용을 지불해온 것을 알게 된 세대들은 스스로 온라인에서 정보를 찾고 판단하며 구매 의사결정을 내린다. 4차 산업혁명의 시대를 살아가며 주도하게 될 이들에게는 서로에 대한 신뢰를 기반으로 한 소통하는 조직과 문화가 익숙해진 것이다.

현재 스타트업들은 문화적 아노미 속에서 수평적인 조직을 만들어 가기 위해 수많은 시행착오를 해오고 있다. 동시에 이제 취업 시장에 뛰어들고 있는 90년생들은 기존의 위계적 조직 문화를 온몸으로 거부하고 있다. 새로운 세대들과 어떻게 새로운 판로를 짤 것인지를 복합적으로 고민해야 하는 것이 현재 스타트업에게는 중대 사안이 된 것이다.

토스의 이승건 대표는 밀레니얼 세대를 위한 새로운 형태의 기업 문화를 구축하는 것이야말로 기업의 장기적인 생존 포인트가 될 것이라고 강조한 바 있다.

90년생이 우리 팀이 된다

'개념상실자'를 '인재'로 만드는 힘

영어를 전공하던 학부생 시절 미국인 교수님들과의 수업 분위기는 무척 자유로웠다. 수업 도중에 일이 있어 잠시 전화를 받으러 나가는 것은 물론 간식을 먹으며 듣는 일도 자연스러웠다.

일반 대학원에 갔을 때 내가 가장 많이 들은 말은 '개념이 없네'였다. 수업을 듣다가 호기심이 생겨 솔직한 질문을 하거나 발언을 했을 때 돌아오는 낯선 반응들에 나는 상처를 받았다. 그때 '나는 조직과 어울리지 않는 사람이구나'라고 생각했다.

한때 '정말로 사회 부적응자가 되는 게 아닐까?' 하고 진지하게 걱정을 한 적도 있다.

　이후 팀이 독립적으로 운영되는 한 회사에 입사하게 되었다. 각 팀이 다른 색깔을 가진 곳에서 일을 했는데 다행히도 내가 만난 팀이 내 옷처럼 편안했다. 개개인을 동등한 전문가로 인정하고 서로에게 따뜻한 관심을 보낼 수 있는 팀을 만났던 것은 행운이었다. 특히 그때 진심으로 관심을 기울이며 나의 성장을 원했던 상사는 나를 짧은 시간 안에 실력을 갖춘 강사로서 성장시켰다. 그 이후 나는 1년 만에 회사에서 최우수 강사로 평가받아 연봉협상 시 최고 대우를 받기도 했다.

　'개념 없는 어린애'와 '유능한 인재'는 결국 환경이 만든다는 것을 알게 되었다. 요즘 20대는 종잡을 수 없다는 이야기가 자주 들린다. 90년생이 한국의 전통적인 위계조직 안에서 신입으로 들어온 경우, 많은 선배들이 '딥빡'(깊게 빡친다의 의미)의 경험을 토로한다.

　"다음부터 실수하지 말자"라고 했더니 "부담 주지 마세요"라고 말했다고 한다. "평생 직장도 아닌데 왜 평생 다닐 것처럼 일해요?", "가족적인 분위기 내가 원하지 않는데요"라고 말하는 후배 이야기를 들려주기도 한다. 자주 아프다며 결근을 하던 90년생 직원이 무단결근을 한 날, 간신히 통화가 되어 "며칠 쉬다가 출근하라"고 말하자 "어디가 아프냐고 먼저 물어봐 주는 것이 도리 아닌가요?"라며 항의를 받았다고도 한다.

　이런 이야기들은 기존 직장 생활에 익숙한 선배들에게는 도시 괴담 수준의 이야기들이다. 우리가 사회에서 흔히 일컫는 90년생, 즉 밀레니얼 세대는 1980년대 초반부터 2000년대에 태어난 이들을 지칭한다.

　《90년생이 온다》에서 서술된 이들의 가장 큰 특징은 바로 사상이나 가치관이 기존 직장인들과 600% 다르다는 것이다.

90년생들은 SNS으로 인해 전 세계의 정보들에 상시 노출되어 있으며 그로 인한 다양한 사회 경험을 직간접적으로 축적해왔다. 이전 시대의 젊은이들보다는 더 글로벌한 사고의 스펙트럼을 가지고 있으며 정보를 습득하고 선택하는 속도나 수준도 월등히 높다.

다만 직접 체득한 경험은 오프라인 경험보다 온라인 경험에 편중되어 있기 때문에 오프라인상의 대인관계에 대한 긴장이 더 큰 편이기도 하다. 미국, 호주, 유럽은 거침없이 다녀와도 치킨 시킬 때 전화하는 것은 두려워하는 것이 밀레니얼 세대이다. 이들은 또한 사회 구조의 희생양(그들 세대말로는 '호구')이 되길 원하지 않는다. 사회는 이제 기업이 다가오는 세대들에게 충성심이나 헌신을 바랄 수 없게 되었다고 평가한다.

흥미로운 것은 합리적인 것을 좋아하고 개인 중심적 사고가 강한 그들의 성향이 우리가 이미 알고 있는 유명 글로벌 스타트업이 지향하는 가치관이나 경영 철학과 공통되는 부분이 꽤 많다는 것이다.

대다수 스타트업은 뛰어난 개개인이 공동으로 일을 해서 수익을 만든다. 밀레니얼 세대를 비롯한 뛰어난 개인들은 처음부터 존재할 수도 있지만 대부분 회사와 함께 더 성장을 이루게 된다. 이 같은 성장과 긍정적인 변화는 이미 해외 다양한 스타트업의 사례를 통해 확인할 수 있다.

잘나가는 팀의 비밀

사회 초년생으로 일했을 때 자주 목격하는 장면이 있었다. 회사에는 방송 경력 20년이 넘는 책임 PD들이 몇 명 있었는데, 프로그램의 방향성에 대해 제안을 하면 방송 관련 경력이 전혀 없던 대표가 막판에 모든 것을 뒤엎는 장면이었다. 이런 일은 사실 비일비재했다. 꽤 괜찮은 아이디어들이었음에도 불구하고 대표는 일언지하에 아이디어를 거절했다.

자신의 말이 진리라는 식의 태도는 직원들을 지치게 했다. 이후 몇 차례 이직을 하면서도 언제나 최종 결정권은 CEO에게 있는 모습을 목격했다. 조직원들 또한 입사 초반에는 열정적으로 아이디어를 냈지만 이 같은 일이 반복되자 '미팅을 해봐야 뭐하나 답은 정해져 있는데'라는 분위기가 만연했다.

《이기적 직원들이 만드는 최고의 회사》라는 책을 쓴 유호현씨는 에어비앤비에서 엔지니어로 일하며 발견한 조직 차이를 위계조직과 역할조직이라는 개념으로 구분했다.

예를 들어 브랜드 로고를 만드는 데 최종 디자인을 사장이 고르는 회사가 있고 디자이너가 채택하는 회사가 있다. 전자는 수직적 위계 조직이고 후자는 수평적 문화를 가진 역할조직이다. 모두가 리더이고 전문가인 팀 문화를 가진 역할 조직 안에는 부장과 대리라는 직급이 없다. 최종 결정자는 그 분야의 전문가가 된다. 자연스레 보고가 진행되는 동안 지체될 업무도 없으며 조직 내 디자이너에게는 역할에 따른 책임감과 자부심이 생긴다.

이 같은 실리콘벨리의 팀 문화 사례를 이야기하면 어떤 CEO들은 그곳은 IT 천재들만 모이는 특수한 조직이기 때문에 가능하다고 말한다. 우리 기업에도 중대한 결정을 맡길 수 있을 만큼의 전문성을 가진 인재가 있다면 언제라도 그런 권한을 줄 것이라고 덧붙인다.

사마천은 말했다. "의심나는 사람은 쓰지 말고, 일단 쓰면 의심치 말라"고. 처음부터 사람을 믿지 못하는 CEO는 아무리 날고 기는 인재가 들어와도 그들을 믿지 못한다.

〈토스〉는 세계 100대 핀테크 기업에서 28위에 올라 이제는 어느덧 대기업 반열에 오른 모바일 금융 스타트업이다. 토스는 초기 '금융문화를 바꾸자'라는 기업의 미션과 더불어 '밀레니얼 세대를 위한 기업문화 혁신'이라는 목표가 있었다.

그들은 '인간은 누구나 일하기를 좋아한다'라는 인간관을 가지고, 직원들에게 우리가 하는 일이 왜 중요한지를 충분히 이해시키려 노력했다. 동시에 주인의식을 갖고 일할 것을 강조했다. 말로만 하는 것이 아니었다. 회사의 모든 정보를 전 직원들과 공유해 실제로도 주인의식을 가질 수 있도록 했다.

현재 보유 현금 수준과 1인당 카드 사용 내역까지, 그들은 개인 연봉 정보 같은 민감 정보를 제외하고는 모든 정보를 공유한다. 사람을 신뢰하는 문화가 회사 전반에 있다 보니 사람들은 그 믿음에 부응할 수밖에 없는 것이다. 토스가 채택한 기업운영 방식은 애자일(Agile)이었다. 〈스포티파이〉, 〈네덜란드 ING은행〉, 〈네플릭스〉 등이 애자일 방식을 채택하고 있다.

오디디이 코리아 조승빈 코치는 애자일은 팀의 미션을 예측(계획수립), 실험(탐색), 적응해보는 것이라고 정의한다. 덧붙여 이와 같은 형식은 사실 조금씩 변형이 되었을 뿐 과거부터 있었던 경영 모델이라고 설명한다.

그는 애자일이라는 경영 방식이 중요한 것은 바로 애자일을 채택한 기업의 인간관이라고 강조한다. "우리 조직이 실수로부터 무언가를 배운다는 믿음이 없으면 애자일 사이클은 돌아갈 수 없다"라고 말한다.

사람에 대한 신뢰를 바탕으로 한 역할 위임은 어쩌면 유능한 90년생 그리고 스타트업의 인재들이 CEO에게 바라는 바일 수 있다. 그들만의 무대를 만들어 준다면 스스로의 삶에 주인공이 되고 싶어 하는 그들은 기꺼이 열정적으로 성과를 내는 인재가 되어줄 것이다.

무례한 것이 아니라 솔직한 것, 네플릭스 경영철학

네플릭스는 1998년 비디오, DVD 유통 서비스 업체로 출발했다. 현재는 인터넷 스트리밍 서비스 및 콘텐츠를 제작하며 콘텐츠 기업으로 자리잡은 거대 기업이다. OTT(Over the top : 인터넷으로 TV프로그램을 볼 수 있는 서비스) 분야 선두를 달리고 있는 네플릭스는 그 운영 방식 또한 이목을 끈다.

네플릭스는 직원들에게 최고 수준의 자율과 책임을 보장하지만 평범한 성과를 내는 직원에게는 퇴직금을 쥐어주며 퇴사를 권유하기로 유명하다. 네플릭스 기업의 이념은 이러하다.

"우리는 가족이 아니라 프로 스포츠 팀이다. 똑똑하게 고용하고, 승진시키고, 해고하면서 팀을 정상급 선수들만으로 채우도록 한다."

"사무실에 얼마나 오래 있는지는 중요하지 않다."

"규칙에 집중할수록 훌륭한 직원들은 점점 사라진다."

"네플릭스에 가장 이로운 방향으로 행동하라."

넥플릭스가 제시하는 경영의 철학은 차갑게 느껴질 만큼 쿨하다. 같은 맥락에서 '네플릭스답다'라고 생각되는 또 하나의 방식은 바로 '솔직함'을 중요시하는 문화에 있다.

네플릭스가 공개한 자유와 책임 문화 가이드(Netflix Culture Deck)는 귀한 문서로 인정받으며 180만 뷰를 넘어서기도 했다. 그 안에서 강조하는 우선적 가치는 다름 아닌 '솔직한 소통'이었다.

이와 관련된 한 가지 일화를 소개한다. 네플릭스는 2004년까지만 해도 1년에 며칠이라는 휴가일 규정이 있었다. 그러던 어느 날 한 직원이 이런 지적을 했다. "우리는 밤이나 주말에도 온라인으로 일을 하고, 이메일을 처리한다. 그런데 주당 근무 시간은 체크하지 않으면서 왜 휴가 시간은 체크하는가?" 네플릭스는 이 제안을 쿨하게 받아들였고 휴가일 규정이 사라졌다.

이 사례를 접하며 90년생과 선배와의 갈등에 관한 한 일화도 생각났다. 시간을 딱 맞춰 출근하는 90년생 후배에게 '10분 정도 출근을 일찍하라'는 상사의 말에 후배는 이렇게 반문했다. "출근시간보다 10분을 일찍 출근하면 퇴근시간 10분 전에 게이트에서 대기하고 있어도 괜찮은가요?" 자유롭게 자신의 생각을 이야기하고 이해가 되지 않는 부분에 대해 이해를 얻기 위해 발언하는 솔직함은 90년생들과 실리콘밸리 직원들에게 있는 공통점이기도 하다.

90년생들이 자신들의 잇속만 챙기는 것 같은 공격적인 발언들을 하면 쿨한 척 공감하고 다 들어 주란 말이 아니다. 진심으로 함께 일하는 동료라고 여기며 같은 눈높이에서 그들의 맥락을 이해하려는 시도가 있어야 한다는 것이다.

네플릭스가 지향하는 바 또한 직원들을 통제하는 것이 아니라 맥락을 함께 이해하는 것이다. 다가올 인재들에게 상명하복의 결정이나 허가와 절차를 강요하면 그들은 쉽게 조직을 떠나게 되어있다. 맥락을 함께하는 것은 팀이 가진 전략과 핵심 목표, 역할을 설정하고 함께 의사 결정을 하는 것을 말한다. 다가올 90년생 팀원들을 만나기 위해서는 그들이 회사와 함께 성장하고 싶어 한다는 것을 믿고 통제의 기술을 익히기보다 팀원들과 솔직하고 투명하게 커뮤니케이션 할 수 있는 기술을 준비해야 할 것이다.

'토닥토닥'은 생산성을 높인다

요즘 90년생들에게 사랑받는 베스트셀러 도서 목록을 보면 '자존감 높이기'나 '우울증 치료'에 관한 이야기가 많다. '곰돌이 푸, 행복한 일은 매일 있어', '무례한 사람에게 웃으며 대처하는 법', '죽고 싶지만 떡볶이는 먹고 싶어' 등이 대표적이다. 상사들에게 폭탄 같은 발언을 한다고 혹평을 받는 세대에게 주목 받는 책이라니 의아하다. 어쩌면 그들의 속내에는 굉장히 상처를 잘 받는 아이들이 더디게 성장하고 있는 것 일 수도 있다.

대학원생 시절, 온라인 속 관계에 대해 공부를 하며 알게 된 사실이 하나 있다. 온라인 공간이 익숙한 사람일수록 오프라인 커뮤니케이션에 대한 스트레스가 훨씬 크다는 것이다. 온라인 공간은 대화 시 비언어적인 부분들을 최소화한다.

반면 오프라인에서 사람들과 관계를 맺을 때는 온라인 만남보다 신경 써야 할 것들이 몇 배는 많아진다. 그들은 오프라인에서 사람들을 대하는 시간이 길어지면 길어질수록 극도의 피로감을 느끼게 된다. 설상가상으로 오프라인 관계에서는 갈등이 발생하면 다양한 비언어적 정보들이 강하게 받아들여져 더 크게 상처를 받게 된다.

90년생들은 다른 어떤 세대보다 온라인 공간에 머무는 시간이 긴 세대이기도 하다. 《경영은 관계다 그래티튜드 경영》의 저자 이병구 씨는 회사를 다니며 고통스러워하는 요즘 세대들은 물리적인 것을 훨씬 뛰어넘는 '정서적 고통'을 호소한다고 말한다. 이는 우리 뇌에 공감 능력이 내재해 있기 때문이다.

실제로 부모가 무서운 얼굴을 하고 아기를 바라보면 웃던 아이가 몇 분 지나지 않아 울게 된다. 이는 아기에게 공감 능력이 존재하기 때문이다. 직장 상사의 표정이 화난 듯하면 직원들도 냉랭함을 느끼는 것 또한 이러한 공감 능력 때문이다.

조직의 부정적인 문화와 소통이 되지 않는 답답함, 그리고 그것으로 인한 불안한 기운이 감돌면 직원들은 본인들도 모르게 정서적인 고통을 겪게 된다. 이미 구글은 이와 같은 정서적 지원이 직원들의 생산성과 연결되어 있음을 빠르게 파악했고, 이 부분을 해결하기 위해 한발 앞서 준비했다. 구글이 4년 동안 180개 팀을 대상으로 한 '아리스토텔레스' 프로젝트는 구글 내 팀 간 생산성 차이를 해결하기 위해 진행되었다.

엔지니어, 통계 전문가, 심리학자, 사회학자 등 전문가가 모인 조직은 팀 내 생산성을 높이는 5가지 요인을 발견했다. 요인 중 가장 영향력이 컸던 것은 '심리적 안전', '신뢰성', '조직 구조와 투명성', '일의 의미'와 '일의 영향력' 순이었다.

5가지의 요소 중 팀의 생산성을 높여주는 가장 강력한 요인이 '심리적 안전'이라는 부분은 꽤 놀라운 사실이다. '심리적 안전'은 팀원들이 어떤 말을 해도 비난받지 않을 것이라는 믿음으로 정의되었는데, 그 수준이 높을수록 팀의 역량은 더 커졌다.

'심리적 안전'을 더 세분화하면 '발언권'과 '사회적 감수성(공감)'으로 나눌 수 있다. 그중 '공감 형성'이 팀의 생산성에 영향을 미친다는 연구결과는 구글의 경영 철학에도 영향을 주었다. 이후 구글은 더 많은 시간동안 팀원들이 함께 대화할 수 있는 공간을 만들기 위해 노력하고 있다.

직원의 '실수'를 수익으로 만드는 법

2017년 여름, 나는 입사한 지 2년 만에 팀장으로 초고속 승진을 했다. 강의만 하다가 준비 없이 하게 된 승진이었다. 직원 스케줄 관리부터 급여, 매출관리까지 하려니 능력에 한계가 생겼다.

그러던 어느 날 아침 한 강사님께 전화가 왔다.

"팀장님 여기 강의가 없다는데요."

등골이 오싹해졌다. 스케줄 조정에 착오가 생겨 강의가 사라진 강원도 산골로 강사님을 보내버린 것이다. 차비만 해도 왕복 5만 원이 넘게 나오는 곳이었다. 강사료 지급을 안 할 수도 없고 그렇다고 할 수도 없는 애매한 상황이었다.

회사 임원에게 용기를 내어 솔직하게 상황을 전달했다. 임원이 내게 준 피드백은 딱 한마디였다.

"확실히 본인이 실수했네. 스스로 책임지세요."

이 말을 듣는 순간 마음이 확 차가워지는 것을 느꼈다. 회사에 손해를 끼쳐 미안했던 마음은 사라지고 방대해진 업무량을 떠맡기고 책임지지 않는 회사를 원망하는 마음이 커졌다. 그날을 기점으로 회사에 대한 충성도가 확 떨어졌고 일의 능률도 오르지 않아 무척 괴로웠다.

이렇게 크고 작은 실수는 어떤 사원이든 할 수 있고 또 일어난다. 그 상황에서 가장 당황스러운 사람은 실수를 한 본인이다. 그때 사람을 몰아붙이기만 하고 책임을 묻는 것은 결코 현명한 의사소통의 방법이 아니다. 특히나 개인주의가 심화되고 자신의 이익을 최우선시하는 밀레니얼 세대에게 이와 같은 방식으로 소통을 하게 되면 기업은 치솟는 이직률을 감당하기 어려울 것이다. 그렇다고 회사가 실수한 회사 직원에게 무조건 잘했다고 할 수도 없는 노릇이다.

회사와 직원 모두에게 실수를 이득으로 만드는 생산적인 방법이란 과연 있을까? 사람 중심의 기업으로 유명한 에어비앤비(Airbnb)는 직원이 실수를 했을 경우 그 실수의 원인을 5WHY로 파악해 모두에게 공유하도록 하는 독특한 시스템을 갖고 있다.

에어비앤비에서 소프트웨어 엔지니어로 일하는 유호현 엔지니어는 실수로 하루 만에 2만 달러(한화로 약 2300만 원)를 모르는 사람들의 계좌에 전송해 버렸다고 한다. 너무 많은 사람들에게 뿌려진 돈이라 일일이 찾아올 수도 없었다. 그는 다음 날 매니저에게 자신의 실수를 이야기할 생각을 하니 눈앞이 캄캄해졌다. 하지만 너무나 큰일이었기 때문에 솔직히 말하지 않을 수도 없었다.

보고를 받은 관리자는 그에게 '포스트모템(Postmortem)'을 작성하자고 제안했다. '포스트모템'은 '사후부검'이라는 뜻으로 우리나라에서 흔히 쓰는 시말서와 비슷한 개념이라고 볼 수 있다. 그러나 포스트모템의 목적은 직원이 잘못했다는 것을 시인하고 반성하는 태도를 확인하려는 것이 아니라 실수가 발생한 원인을 정확히 찾는 것이 목적인 작업이었다.

'왜 실수가 발생했나?', '실수 발생 전 왜 알아차리지 못했는가?', '어떤 부분 때문에 실수를 미리 인지하지 못했는가?' 등 정확하게 실수의 원인을 찾으려고 애를 쓰는 것이다. 문제에 대한 해결책을 '부주의한 직원의 정신 개조'나 '책임을 지고 퇴사!'가 아니라 회사의 시스템 보완으로 제시하는 것은 실수를 직원의 애사심을 키울 수 있는 기회로 만들고 오히려 다른 직원들이 같은 실수를 재발하지 않도록 하는 스마트한 솔루션이라고 볼 수 있다.

그가 작성한 포스트모템은 전 직원들과 공유되었다. 직원들에게 비웃음을 사거나 비난받을 것이라고 예상하던 그에게 의외의 피드백이 돌아왔다. '더 큰 사고로 가는 걸 막아줘서 고맙다'라는 반응이 대부분이었다.

그 이후 그는 실수를 인정하고 책임지려 했다는 이유로 승진을 했다. 단기적인 손해보다 장기적인 손해를 막으려는 회사의 지혜가 돋보인다. 사람이 하는 일에는 실수가 생기기 마련이다. 그 부분을 인정하고 더 확실한 시스템을 만들기 위해 노력하는 회사, 그리고 실수가 비난거리가 되지 않도록 격려해주고 지지해주는 동료들은 존경받아 마땅하다.

제품의 성공보다 팀원의 화합이 중요하다

"나는 당신의 편이다. 당신이 누구보다 성과를 잘 내는 사람이 되고 싶어 한다는 것을 나는 안다. 나는 당신이 더 일을 잘할 수 있도록 돕고 싶다."《어떻게 최고를 이끌어낼 것인가》에서 팀어원은 이렇게 말했다.

한 분야에서 10년 이상 일한 사람을 전문가라고 말한다. 그리고 그 업계를 어느 정도 잘 아는 사람이라고 인정할 수 있다.

20년 차 국내 유수의 스타트업에서 홍보를 해온 활동명 '꼬날'은 한 유튜브 채널에서 인터뷰를 하며 그간 함께 일해온 CEO들에 대해 이야기했다. 배틀 그라운드로 유명한 블루홀의 창업가 장병규 대표는 '어떻게 하면 직원이 더 일을 잘할 수 있을까?'를 고민했던 사람이라고 그녀는 회상한다.

이후 기업이 합병되면서 함께 일하게 된 노정석 대표와의 대화는 놀라웠다. 대표는 그녀에게 "당신이 회사에서 하는 일이 단순히 홍보만은 아닌 것 같다. 같이 회사에서 하는 일에 대해 정리를 해보자"라고 제안한 것이다. 그날 그녀는 자신이 하는 일에 대한 새로운 정의를 얻었다. 자신의 일에 대한 정의가 새롭게 정립되자 그녀는 자신이 회사에서 어떤 일을 해야 하는지에 대한 고민을 할 시간도 없이 바빴다고 한다.

팀으로 일을 하게 되는 스타트업의 특성상 관리자가 한 명 한 명과 하는 대화는 굉장히 큰 영향력을 갖는다. 그리고 그 커진 영향력은 부정적일 수도 긍정적일 수도 있다.

스타트업 기업을 다니고 있는 동생이 얼마 전 고민 상담 요청을 했다. 동생이 대표의 기대만큼 퍼포먼스를 보이지 못했던 것이다. 이럴 때 대부분 대표들은 선택을 해야 한다. 기대만큼 일을 하지 못하는 직원을 키워갈 것인가, 이별할 것인가. 해외 유수 스타트업의 경우 회사가 가진 철학에 따라 차갑게 퇴사를 권하는 곳이 있는가 하면 끝까지 끌고 가는 경우가 있다.

동생이 다니는 회사의 경우 대표는 어떤 조치를 취했을까? 사실상 최악의 방법을 선택했다. 대표가 말한 불만을 제 3자를 통해 듣도록 한 것이다. 알아서 직원을 떠나게 하려는 방법이었을 수 있지만 꽤 비겁한 방법이었다. 게다가 직원을 해고한 것은 아니니 충성도가 사라진 직원을 끌고 가는 회사 입장에서도 손해가 아닐 수 없다.

나는 대표가 왜 그런 행동을 했을까 의아했다. 생각해보니 대표도 90년생이었다. 물론 모든 밀레니얼 세대의 대표가 그럴 것이라고 일반화하긴 어렵지만 대인 관계 경험이 많지 않았기 때문이라고 생각하게 되는 건 어쩔 수 없다.

특히 기술을 기반으로 한 공대 출신 스타트업 대표들은 대인 커뮤니케이션이 서툰 경우가 많다. 적어도 몇 가지 커뮤니케이션의 기본을 익힌다면 사람 대 사람으로 상처를 주는 일도, 회사의 손해를 만드는 일도 다 막을 수 있을 것이다.

1. 부정적인 메시지는 직접 전달하자

누군가가 전달하려는 메시지는 제 3자를 통하게 되면 그 영향력이 더 커진다. 그래서 관계를 돈독하게 만들고 싶을 때 칭찬은 제 3자를 통해 듣게 하라고 팁을 주기도 한다. 반면 부정적 메시지를 제 3자를 통해 듣게 되면 그 부정적인 영향력도 커질 수밖에 없다.

대표가 제 3자와 다른 직원에 대한 피드백을 공개적으로 공유했다면 직원의 입장에서는 상처를 받을 수밖에 없다. '심리적 안전'을 지켜주어야 하는 대표가 스스로 이를 무너뜨려버린 것이다.

사실 이런 일은 생각보다 많이 일어나고 있다. 이런 상황에 "대표가 직접 전달을 하는 것이 아무래도 위계가 떨어져 보이지 않나요?"라고 말한다면 나는 "불편한 상황을 그냥 피하고 싶으신 건 아닌가요?"라고 되묻고 싶다. 당연히 불편한 상황인 것은 어쩔 수 없다. 하지만 불편한 내용일수록 왜곡되기 쉽고, 제 3자 효과로 부정성이 더 커진다. 따라서 책임자는 직접 대화를 하려고 노력해야 한다. 스스로 책임을 질 때 대표도 회사도 성장한다.

동생은 그동안 회사를 위해 즐겁게 일해왔지만, 더 이상 열정을 다해 일하고 싶은 마음이 사라져 버렸다고 했다. 회사를 미워하게 된 것이다. 다행인 일은 대표가 그 이후 동생과 일대일 면담을 진행했다는 것이다.

나는 그 동생에게 "대표가 그래도 이후에 너와 면담을 진행했던 것은 네가 어떻게 하면 일을 더 잘할 수 있도록 도울까? 하는 마음이었을 거야"라고 말해주었다. 이 말은 들은 동생은 "정말일까요?"라며 조금은 마음이 편안해진 듯 보였다.

유명 글로벌 직접 판매 회사에서 사업을 하고 있는 한 리더는 총 3팀의 파트너들과 함께 사업을 키워가고 있었다. 그중 유독 한 팀이 2년이 지나도록 성과가 나지 않고 있었다. 성장이 부진했던 팀의 파트너는 도대체 어떻게 하면 우리 팀이 더 성장할 수 있을지 피드백을 듣고 싶다고 요청을 해왔다.

처음에는 절대로 부정적인 피드백을 하지 말아야 한다는 생각에 그저 '잘하고 있다'고 몇 차례 이야기했다. 하지만 파트너는 계속해서 '자신이 고쳐야 할 점'을 말해 달라고 요청했다. 결국 그 리더는 파트너에게 최대한 친절한 말투로 요목조목 몇 가지 부분들에 대해 고쳐야 할 점을 전달했다. 그리고 파트너 팀은 얼마 가지 않아 해체되었다.

우리가 흔히 말하는 '건설적 비판'이 결코 긍정적 결과를 내지 않는다. 최근 인터넷에 꼰대 용어 해석에 관한 글이 올라온 적이 있다. '기분 나쁘게 듣진 말고'는 '이제부터 기분 나쁜 말을 시작할 거야'라고 해석된다.

많은 사람들이 부정적 피드백의 저변에는 그 사람을 위한 진심이 없다는 것을 모두가 공감하고 있는 것이다. 또한 아무리 진심이더라도 파트너들의 사기를 꺾어버리는 결과로 이어진다면 해서는 안 될 일이다.

《어떻게 최고를 이끌어낼 것인가》의 저자 팀 어윈은 인간이 모두 부정 편향을 가진 뇌를 갖고 있다는 사실을 인정하라고 말한다. 상대에게 아무리 좋은 의도로 말을 해도 부정적으로 메시지를 받아들이게 되는 것이 뇌의 본능이라는 것이다.

말하는 이가 상대에게 순수한 애정이 있다는 것을 듣는 이가 느껴야 진정으로 마음에 가 닿는다. 그것이 가능해지려면 진심으로 상대를 사랑해야 한다. 진심으로 상대를 자랑스러워하는 마음, 상대가 잘될 것이라는 믿음을 가져야 하는 것이다.

반대로 상대의 말을 들을 때에는 그 사람이 나에게 긍정적인 의도로 말했을 것이라고 받아들이는 훈련을 하는 것을 권한다. 팀원과 끝까지 동행하기로 결정했다면 그가 성장하는 데 무슨 도움이 필요할지를 함께 찾아주려고 고민하는 모습이 CEO가 보여주어야 할 가장 합리적인 행동이다.

제품의 실패보다 팀원 간의 호흡이 맞지 않을 때 많은 스타트업이 해체된다. 특히 초기 스타트업은 같은 목표를 가진 팀원이 모여 열정과 감성을 쏟아붓는다. 그 때문에 열정이 부딪혀 예민해지는 상황이 생길 수 있다. 해외의 스타트업 '유레카 킹' 창업자는 아이디어를 줄 사람보다 성향이 잘 맞고 관계 유지가 잘될 것 같은 팀원을 택하라고 말했다. 어쩌면 당연한 이야기이다.

기업의 철학은 무엇인가?

모든 사업은 창업자 한 사람의 아이디어로 시작되는 경우가 대부분이다. 이런 단계를 전문 용어로 '부스트스트랩' 단계라고 한다. 이 시기는 채용이 시작되는 단계는 아니지만 초기 사업을 함께 시작할 창업 멤버가 생기는 경우가 있다. 맨땅에 헤딩을 해야 하는 시기이기 때문에 적어도 1-3년 동안 모든 열정을 다 쏟아부어야 한다.

이 시기에 같이하기 좋은 사람들은 서로에 대한 신뢰가 깊은 사람들이다. 그래서 초기 멤버들 중에는 오래된 친구인 경우가 많다. 점차 회사가 커지면서 일의 양이 늘고 그에 따른 채용이 시작되는 단계가 되면 기업은 스스로 자신들의 기업 철학을 다시 한 번 확고히 할 필요가 있다.

에어비앤비(Airbnb)의 경우 무려 5개월 채용 과정을 거친다. 기업 철학이 '사람 중심의 기업'이다 보니 사람 한 사람을 들이는 것에 신중한 것이다. 다만 신중한 과정만큼 들어온 직원들이 성과를 내지 못해도 쉽게 퇴사시키지 않는다. 또한 사람 중심 기업의 철학만큼 공동체 문화와 소속감을 중요시 여겨 자유롭게 일하고 소통하며 관계를 맺는 것에 초점을 맞추고 있다.

픽사(Pixar)는 창의력이 기업 가치 중 가장 중요한 부분이기 때문에 이상해 보이는 사람도 뽑는다. 일을 진행할 때도 창의력 발휘를 우선시한다. 그만큼 프로젝트 진행 시 누구 한 명을 리더로 지목해 책임 묻는 일을 하지 않는다. 실수가 발생해도 비난하지 않는 분위기를 만들어 최대한 성과를 낼 수 있는 '심리적 안전'을 지켜주고 있는 셈이다.

반대로 네플릭스(Netflix)의 경우 퍼포먼스가 나지 않으면 높은 수준의 퇴직금을 챙겨주고 사람을 내보낸다. 냉정해 보이지만 최고 수준의 인재들과 함께 일한다는 직원들의 자부심을 지키려는 기업의 철학이기도 한다. 이 두 경우 모두 철저하게 기업 문화를 이해하고 일관된 입장을 취했기 때문에 기업의 입장에서도 직원의 입장에서도 상처를 덜 받게 된다.

조지 도리어트는 말했다.

"사업 아이디어가 A급이고 창업팀이 B급인 것보다, 아이디어는 B급이고 창업팀이 A급인 것이 낫다."

기업의 일관된 경영 철학은 A급 창업팀이 존재할 수 있도록 정서적 안정감을 준다. 부디 더 많은 대한민국의 스타트업이 현명한 소통을 통해 더 높은 생산성을 낼 수 있는 팀워크를 가진 기업으로 성장하길 바란다.

2장

투자받는 스타트업
IR피칭의 비밀

끌어당김의 시작,
사업 계획서

김민지

드리머스피치 커뮤니케이션 강사
김민지스토리&스피치 대표
연세대학교 경제학 석사, 이화여대 경영학부 졸업
금융감독원 공보실, MBC전주 기획제작부
하나대투증권 IB본부 커뮤니케이션
2011 소셜벤처 창업대회 고용노동부장관상, SK성장상
2011 전국창업경진대회 중소기업청장상
2019 대한민국 마케팅 대상 (금융감독원)
산업뉴스, 주간동아 창업가 인터뷰 콘텐츠 담당 기자
머니투데이 교육법인 '기업가 정신' 창업 컨설턴트
벤처중소기업부, 경기도일자리재단, 서울창업허브, 서울창업디딤터 등 컨설팅
포브스 선정 글로벌 스타트업 IR피칭 및 CEO커뮤니케이션 컨설팅
삼성전자, CJ그룹, 네이버, 아모레퍼시픽, 오뚜기 등 신사업제안 컨설팅 프로젝트 협업

방향 설정과 아이디어 구체화

사업 계획서의 목적은 투자자들과의 다음 미팅을 이끌어내는 데 있다. 투자자로부터 미팅 요청을 받을 수 있을 정도의 매력을 발산하고, 아이디어의 실현을 통한 투자금 회수 가능성 등을 자신있게 보여주는 문서다.

정부 지원 사업의 경우에는 사회적 가치 창출, 사회적 성과 등 정책적 시너지를 설득하는 문서다. 각 지원 사업마다 사업 계획서 양식과 지향점이 다르기에 각각의 제출처에 맞게 달라질 필요가 있다. 특히 정부 부처나 기관이라면 배출하고자 하는 스타트업의 비전과 스토리가 어떠한 방향일지 간파하는 것도 중요하다.

하지만 그 전 단계에서 근본적으로 사업 계획서에 담아낼 사업의 핵심과 본질은 항상 준비해야 한다. 창업자는 그 본질을 매일 정리하고 다듬어 업데이트 해가야 한다. 창업자에게 창업계획서, 사업 계획서는 매일 쓰는 일기와 같다.

그렇다면 사업 초기 단계이자 사업 계획서 작성 이전에 아이디어를 구체화하고 검증하기 위한 린 컨버스와 비즈니스 모델 컨버스부터 배워보자.

린 컨버스 : 초기 아이디어 구체화를 위한 컨버스

문제	아이디어	핵심가치	관계	고객
해결해야 할 문제, 혹은 시장에서 고객이 겪고 있는 문제	문제를 해결할 수 있는 아이디어	아이디어와 액션을 바탕으로 고객이 우리 상품을 선택할 만한 가치가 무엇인가	연결된 고객과의 관계를 어떻게 형성할 것인가	내 가치, 또는 내 물건을 구매하는 사람의 페르소나 (가상의 인물 설정)를 선정할 때 그들의 특징은 무엇인가
	액션 액션아이디어를 바탕으로 실행에 옮길 to-do list		채널 마케팅, 커뮤니케이션 등 고객에게 어떻게 가치를 전달할 것인가	

비용구조	수익원
가치를 만들어내기 위한 action을 하는 데 수반 되는 비용을 조달하는 방법	원고객을 통해 어떻게 수익을 창출할까

실리콘밸리의 벤처 기업가 에릭 리스가 재정립한 '린 스타트업(Lean startup)'은 고객이 우리의 상품을 선택할 최소한의 핵심 가치를 찾는 과정에서 쓰인다. 아이템에 최소한의 핵심 가치만을 담아 시장에 출시한 뒤 시장 반응을 면밀히 분석하여 보완해나가 사업 성공 확률을 높이는 방법이다.

시장이 급변하면서 과거처럼 시장 조사와 고객 분석을 마친 뒤 상품을 만들어 출시하게 되면 이미 트렌드에 뒤처진다. 그렇기 때문에 우리의 시장과 고객이 겪고 있는 문제를 파악하고 이 문제를 해결할 아이디어와 핵심 가치만을 담아 상품(Minimum Valuable Product, MVP)을 먼저 내놓는다. 이후 시장의 반응을 살피며 고객의 피드백에 따라 고객이 원하는 새로운 기능을 발전시켜 추가할 수 있고, 그렇지 않으면 과감히 버리는 방식이다.

그만큼 린 컨버스는 간단 명료하다. 아이디어를 시장화하는 첫 단계에 도움이 된다. 아이템과 시장 사이의 연결 지점(Product-market fit)을 명확히 잡아주기 때문이다.

가운데 기점은 'UVP'(우리만의 독특한 가치 제안 지점)이자 'MVP(최소한의 가치 지점)'가 되는데, 이 지점을 확실히 규명하여 틈새 시장을 찾아낸다. 린 컨버스만 제대로 완성해도 사업 계획서 작성의 틀이 잡히고 효율적인 피칭 덱 준비가 가능하다.

더욱이 한 장의 심플함 덕분에 린 컨버스는 수정을 반복하기 수월하다. 사업을 위한 가설을 검증하는 작업은 물론, 시장의 변화를 반영한 리뉴얼 작업에도 유용하다.

물론 한계점도 있다. 심플함이 강점인 만큼 완벽성에 있어 약점이 있다. 새로운 아이디어가 성장함에 따라 시장을 깊이 파고 들어가는 핵심 질문들이 빠져있다.

그렇기 때문에 린 컨버스가 완성되면 비즈니스 모델 캔버스를 통해 아이디어를 발전시켜 나가는 것이 필요하다.

비즈니스 모델 컨버스 : 아이템을 '비즈니스'로 만들기 위한 컨버스

아이디어 구체화를 마쳤다면 이제 수익 창출 과정을 보여주는 '비즈니스 모델'을 위한 비즈니스 모델 컨버스로 나아가자.

핵심 파트너	핵심활동	가치	관계	고객
비즈니스모델을 원활히 작동시켜 줄 수 있는 '공급자 - 파트너' 간 네트워크	비즈니스를 원활히 수행하기 위해 가장 중요한 활동	특정 고객군이 필요로 하는 가치이자 우리의 상품/서비스가 창출하는 가치	연결된 고객과의 관계를 어떻게 형성할 것인가	내 가치, 또는 내 물건을 구매하는 사람의 페르소나를 선정할 때 그들의 특징
	핵심자원 비즈니스에 가장 필요한 자원		채널 마케팅, 커뮤니케이션 등 고객에게 가치를 전하는 법	
비용구조 비즈니스 모델을 운영하는 과정에서 발생하는 모든 비용. 자금조달을 포함		수익흐름 각 고객군으로부터 창출하는 순수익 (수입-비용)		

비즈니스 모델 컨버스는 알렉산더 오스터왈더가 비즈니스 모델 9가지 핵심 요소로 재구성한 컨버스다. 보통 신사업을 시작할 때 해커톤이나 거대한 브레인스토밍을 체계화할 때 쓰인다.

비즈니스 모델 컨버스는 가치 제안 중심축의 왼편에 기업이 어떤 자원과 활동, 파트너와 비용 구조를 통해 가치를 창출해내는가를 보여준다. 오른편은 린 컨버스와 마찬가지로 기업의 가치가 어떻게 고객에게 전달되고 수익 창출로 이어지는지 보여준다.

모든 요소는 유기적으로 연결되어 가치 제안이 바뀌면 컨버스 내 다른 요소도 바뀌게 된다. 각 영역이 나누어져 있더라도 전체가 하나로 연결되어 있기 때문에 컨버스를 한눈에 보며 새로운 인사이트와 보완점을 발견할 수 있다. 이를 바탕으로 수시로 발전이 이루어진다.

비즈니스 모델 컨버스 역시 한 번의 작성으로 끝이 아닌, 매일 업데이트될 수 있다. 상단에 업데이트 날짜와 버전을 적어 수시로 발전시켜 나가자.

① 고객 (Customers)

우리의 상품·서비스를 소비하는 진짜 고객, 즉 최우선 거점 고객이 누구인지부터 파악한다. 고객을 구체화하고 그의 동선 지도를 그려볼 때 그가 겪고 있는 문제와 솔루션 규명으로 나아갈 수 있기 때문이다. 또한 스타트업은 창업 초기 자원의 '선택과 집중'이 필요하다. 따라서 고객 가치 전달을 효율적, 효과적으로 이끌어내기 위해 최우선 거점 고객을 찾아야 한다.

막막하게 느껴진다면 STP(세분화 Segmentation, 타게팅 Targeting, 포지셔닝 Positioning) 전략을 통해 고객을 구체화할 수 있다. 시장의 소비자 집단을 세분화하고, 세분화를 통해 나뉜 시장 고객군 중 어디에 집중할 것인지 '타게팅' 한다. 선택과 집중을 통해 경쟁우위를 확보하기 위함이다. 나아가 포지셔닝으로 우리의 고객에게 우리의 아이템(상품·서비스)과 이미지를 어떻게 인식되도록 할 것인지 설계한다.

② 가치 제안 (Value Proposition)

우리가 고객에게 줄 가치이자 '차별화 포인트'는 무엇일까? 기꺼이 돈을 지불하고 이 상품·서비스를 사게 만드는 교환 가치라고 볼 수 있다. 상품·서비스로 누리는 기능적 가치는 물론 눈에 보이지 않는 사회적 가치, 감정적 가치를 포함한다.

③ 유통 채널 (Channels)

고객과 상품·서비스가 만나는 접점으로, 기업의 가치를 고객에게 전달하기 위한 유통 단계를 구체화한다. 고객의 인식, 평가, 구매, 사후관리 등 구매의 전후 단계를 모두 포함하여 유통 단계를 효율화하고 비용 절감을 이끌어낼지 생각해볼 수 있다.

④ 고객 관계 (Customer Relationships)

고객과의 관계를 구축하고 유지하기 위한 요소로, 마케팅 등이 포함될 것이다.

⑤ 수익원 (Revenue Steams)

스타트업에서 가장 중요한 부분으로 자체적인 수익 창출, 이를 통한 사업의 지속 가능성이다. '사업성이 있는가'는 곧 '수익성이 있는가'를 의미하기도 한다. 지원 및 투자를 받기 위해서는 주 수입원이 확실히 있음을 증명해야 한다. 일부 서비스나 어플리케이션을 보면 '광고 수익'이나 '기업의 후원(스폰서십)' 등을 이 수익원 영역에 기재하는 경우가 있는데, 이는 부가적인 지원 요소일 뿐 자체적인 주 수입원이 아님을 주의하자.

⑥ 핵심자원 (Key Resources)

비즈니스에 필요한 핵심적인 기술, 인적자원, 지식재산 등의 자원이 포함된다.

⑦ 핵심활동 (Key Activities)

가치 제안에 필요한 핵심적인 활동은 무엇인가 정리한다. 기획, 개발부터 고객 확보, 인재 확보 등 비즈니스에 필요한 핵심 활동이다.

⑧ 핵심 파트너 (Key Partnerships)

사업을 위한 외부 이해 관계자로, 협력사, 납품업체, 유통·물류업체, 연구소 등 모든 이해 관계자를 포함한다.

⑨ 비용

사업 운영을 위한 모든 비용으로, 고정비, 변동비, 외주 가능성 등을 살펴 비용 구조를 파악한다.

사업 계획서의 첫 장으로 투자자를 붙잡아라

미국 벤처캐피탈 'GROWTHINK'는 사업 계획서의 첫 인상과 같은 핵심 요약본에서 투자자를 'Hook' 해야 한다고 말한다. 초기에 투자자의 시선을 잡지 못한다면 다른 장표들은 보일 수 있는 기회조차 없을 수 있기 때문이다.

실제로 모든 투자자에게는 이미 셀 수 없이 많은 사업 계획서가 쇄도하고 있다. 그렇기 때문에 첫 페이지에서부터 투자자를 세게 붙잡을 무언가가 있어야 한다는 것이다. 요약본은 투자자가 사업 계획서를 들여다보고 싶게끔 자극하고 동기를 부여하는 것이 필요하다. 동시에 간결하고 명확하게 우리의 사업과 정체성을 요약해 보여주어야 한다. 간결할수록 좋다.

특히,

- 당신은 누구이고

- 어떤 사업을

- 왜 하려 하는지

- 남들과 어떻게 다른지(경쟁력)

가 한눈에 보여야 한다.

또한 투자자 관점에서 '문제 – 솔루션 – 사업성'을 한눈에 이해할 수 있도록 하자.

정부지원 사업 계획서의 경우 사회적 가치의 관점에서 보자. 사회적 문제를 해결하는 관점에서 접근하며 핵심은 '고용 창출'과 '해외 수출' 등 정부의 핵심 성과 지표와 연결될수록 좋다. 특히 고용 창출 계획을 필수로 작성해야 한다. 또한 핵심 내용을 시각적으로 한눈에 볼 수 있게 이미지화, 도표화, 그래프화 하는 것이 좋다.

첫 장을 넘기는 순간, 매력적인 스토리텔링이 시작된다

사업 계획서에 무엇을 담아낼 것인가?

순서나 방법은 정해져 있지 않다. 핵심 내용을 중심으로 사업의 매력적인 스토리텔링이 이루어지면 된다.

주의할 점은 '사업 계획서'라는 이름일지라도 '계획'이나 '구상'만을 담아선 안 된다. 실제로 지금까지 실행하고 검증해온 바를 객관적으로 담아내야 신뢰감 있는 '증명'이 이루어진다. 하나라도 실행했거나 실제 시행해본 성과, 수치, 소비자의 생생한 피드백을 담자. 아무리 좋은 아이디어라도 실제 근거로 증명하지 못한다면 소설에 불과해 보일 수 있다.

회사 소개: Why You?

우선 회사에 대해 알려준다. 회사의 약력, 조직도, 주요 개발진 이력 등을 통해 왜 우리 팀이 그 사업을 수행해야만 하고, 왜 지금이어야 하는가를 알린다.

이를 위해서는 지금까지의 성과를 기록한 트랙 레코드를 싣는다. 자금조달, 상품 출시, 성취해온 프로젝트, 확보한 파트너십 등을 포함한다.

또 'Why You?'에 대한 답이 있어야 한다. 즉 우리 팀만이 가진 차별화된 경쟁우위를 증명한다. 뛰어난 기술과 경영진, 파트너십 등을 담는다. 또한 조직도와 주요 개발진 이력, 특허 보유 현황을 담는다. 특히 인원과 인력은 회사의 경비와도 직결되기 때문에 조직도를 시각적으로 표현하여 회사의 현황을 파악할 수 있도록 한다. 특히 출원을 신청한 것과 완료되어 보유 중인 것을 구분해 적는다.

주요 개발진 이력은 대표 이사와 최고 기술 책임자(CTO)의 경우 학력부터 과거 경력, 유사사업 이력 등을 기술한다. 기술 집약적 사업의 경우 CTO 밑의 주요 연구개발 인력, 주요 연구 이력, 박사, 석사 여부를 표기한다.

문제의식: 문제가 명확할수록 사업의 필요성에 집중한다

회사가 해결하려는 문제를 명확히 할수록 사업의 필요성에 집중할 수 있다. 문제의식이 명확하면 명확할수록 좋다. 고객이 아직 모르는 불편함이더라도 그 불편을 알려줄 수 있다.

ex) 에어비앤비 사업 계획서의 문제의식

Price is an important concern for customers booking travel online. (가격은 온라인으로 여행을 예약하는 고객들에게 부담 요인이다.)

Hotel leaves you disconnected from the city and its culture. (호텔은 여행지의 문화로부터 여행자를 분리하고 있다.)

No easy way exists to book room with a local or become a host. (현지 숙소를 예약하거나 혹은 현지 호스트가 될 수 있는 길은 쉽지 않다.)

아이템: 문제의 해답, '시장성 있는' 해결책

문제가 잘 정의되었다면 그 문제를 가장 잘 풀 수 있는 해결책, 특히 '시장성 있는' 해결책을 제시한다. 그리고 그 해결책이 바로 우리의 아이템이라는 것을 증명해야 한다. 기술적 우수성, 신규 고객의 성장 추이, 사용자의 방문율 등 정량적인 지표와 고객의 사용 만족도 등 정성적인 지표를 내용으로 보여준다. 내용이 장황해지는 것을 막기 위해 자세한 지표는 별도 부록에 따로 첨부하는 게 좋다.

사업 모델: 부가가치 창출의 지속 가능성을 구조로 보여줄 것

이제 아이템의 시장성과 사업의 지속 가능성을 증명하기 위해 사업 모델을 한눈에 보여줘야 한다. 초기 창업자가 어려워하는 부분이 사업 모델 수립이다. 특히 초기 창업가는 '우리 기술은 세계 최초이고 최고이니 출시와 동시에 자연히 성장할 것'이란 기대를 하고 사업 모델 입증을 소홀히 하는 실수를 범할 수 있다.

하지만 지속 가능할 때 비로소 사업이다. 정교한 사업 모델과 전략을 통해 부가가치 창출, 곧 매출과 수익 창출이 안정적으로 이어져야 한다. 앞 장에서 아이템과 기술에 대한 완성도 높은 논증을 했다면, 이제 이를 통해 어떻게 매출을 창출해 낼지 제시하라.

시장: 시장을 입증하는 방법

실제 시장을 증명한다. 투자자들에게 시장성은 매우 중요한 지표다. 아무리 좋은 아이디어와 사업계획을 이행할 팀까지 갖췄다 하더라도 시장의 확장성이 없다면 투자로 연결되기 어렵다.

사업 계획서를 발표하다보면 '매출 추정의 근거가 뭐죠?' '어떤 구조에 기반해서 가격 산정을 하신 거죠?' 등의 질문을 받게 된다. 이러한 심사자나 투자자의 질문에 대비하여 미리 TAM(전체 시장), SAM(유효 시장), SOM(생존 시장) 등의 지표와 시각 자료를 준비하라.

TAM (Total Available Market/Total Addressable Market | 전체 시장) : 우리 아이템과 연관된 인접 시장 규모. 시장점유율 100%에 도달했을 때 달성 가능한 전체 시장 규모

SAM (Served Available Market | 유효 시장) : 우리가 정한 가격에 우리 제품을 구매할 실제 수요자를 기준으로 한 시장 규모

SOM (Serviceable & Obtainable Market | 수익 시장) : 스타트업이 초기에 핵심적으로 타게팅하는, 확보 가능한 시장 규모. Survival Market, 생존 시장이라고도 표현한다.

객관적 근거를 통해 시장을 산정하는 지표를 준비한다. 소비자가 기꺼이 돈을 지불하고 이 상품·서비스를 구매할 것인지, 이 상품·서비스에 대한 니즈를 구체적으로 보여주고, 시장의 규모와 성장성에 대해 신뢰할 수 있는 근거를 들어 보여준다.

시장 규모와 시장의 트렌드에 대해서는 객관적인 자료를 인용해야 하

는데, 특히 신뢰할 수 있는 연구 기관 두 곳 정도의 연구를 인용하면 신뢰성이 높아진다.

특히 우리의 아이템과 직결되는 시장을 선택과 집중으로 좁혀 보여주어야 한다. 예를 들어 'VR 기술을 활용한 키즈 콘텐츠' 아이템을 출시한다고 해보자. 키즈 산업 시장 전체를 근거로 대거나 VR 콘텐츠 시장 전체를 근거로 댄다면 당연히 초점이 맞지 않는다. 만약 그 시장이 현존하지 않거나 관련 시장 규모를 찾기가 어렵다면, 가장 근접한 경쟁자로 꼽히는 회사의 상품·서비스의 매출 규모, 소비자 현황 등을 찾아본다.

주의할 점은 이 시장 리포트나 연구물을 보여주는 목적이 아닌, 우리 사업의 성공을 뒷받침하는 논증의 목적이 있음을 항상 명심해야 한다. 동시에 부정적인 트렌드 역시 무시해선 안 된다. 오히려 부정적인 트렌드와 그에 대한 대안, 보완책 등을 함께 제시함으로써 투자자의 우려를 해소하는 것이 필요하다. 이때 사업 계획서의 신뢰도가 높아진다.

고객: 고객은 물론, 고객이 우리에게 오기까지의 동선을 파악하라

최우선 거점 고객을 인구지리학적으로 세분화하여 정확히 디테일하게 규정한다. 고객의 성별, 연령대, 거주 지역, 활동 지역, 소득 정도, 직업군 등 특징과 규모를 보여준다. 나아가 그 고객군의 니즈를 규명하고 우리 사업이 어떻게 그 니즈를 충족시킬 것인지를 보여준다. 특히 비슷한 상품을 구매했던 과거 소비 패턴과 앞으로의 소비 예측치 등 구체적인 데이터를 활용하여 증명하는 것이 좋다.

그렇다면 고객의 구매 결정을 이끄는 핵심 요인은 무엇인가.

가격? 품질? 컨셉? 그 요인을 규정하여 우리 상품의 구매 결정으로 이어지는 근거로 보여줄 수 있다. 단순히 최종 고객만을 고려하는 것이 아닌, 실질적으로 구매를 결정하는 의사결정권자, 이를 테면 중간단계의 고객과 그의 의사결정에 대해서 분석하는 것이 필요하다.

예를 들어 중년층과 노년층 소비자를 타겟팅 한 안마기라 할지라도 실질적으로 구매결정을 내리는 주 고객군이 그들의 자녀인 청년층 혹은 장년층일 수 있다. 그리고 그 구매에서 중요한 가치는 '선물'이 될 것이다. 그렇다면 고객 분석부터 마케팅 전략까지 다양한 인사이트와 접근법을 제시할 수 있다.

이처럼 실제 구매 결정권자가 구매결정을 내리기까지 어떠한 동선을 따라 이동하고, 그 과정에서 어떤 가치 제안에 설득되는지, 그리고 어떠한 경쟁사 아이템들 간에 구매를 고민하는지, 구매결정을 위해 누구와 상의하고 구매자와 최종고객은 누구인지 분석하여 한눈에 보여줄 수 있어야 한다.

경쟁력·경쟁자 분석: 시장 너머의 경쟁자, 나아가 후발 주자까지

단순히 타사의 상품이 기술적으로 우리 회사의 상품보다 좋지 않다고 해서 우리 사업의 성공을 보장할 수 있는 건 아니다. 시장에 경쟁자가 없다고 해서 마냥 좋은 것도 아니다. 경쟁자가 없다는 건 시장이 충분하지 않다는 뜻이 될 수도 있기 때문이다.

경쟁 부분은 객관적으로 회사의 현재 위치를 공유해 주는 게 바람직하다. 경쟁자의 강점과 약점 분석을 통해 시장에서 우리만의 경쟁력과 차별화 요인을 보여주어야 한다. 특히 경쟁자의 약점을 다룰 때에는 주관적인 것이 아닌, 객관적인 근거 자료를 보여주는 것이 필요하다.

간혹 일부 스타트업 예비 창업자가 경쟁자 분석에 있어 '우리가 최초'며 '경쟁자가 없다'고 말하는 경우가 있다. 하지만 투자자의 관점에서 보면 경쟁자는 동일한 니즈를 충족시킬 모든 아이템이 된다.

예를 들어, '무선 안마기'의 경쟁자를 같은 상품군인 '무선 안마기'로만 국한할 수 없다. 부모님을 위한 '선물', '효도', '효심'이라는 가치와 니즈를 충족시킬 모든 아이템이 다 경쟁자가 된다. 만약 경쟁자가 없다고 주장한다면 아직 자신의 아이템과 시장을 제대로 파악하지 못하였음을 증명하는 격이다. 그만큼 사업에 대한 고민의 수준이 얕음을 보여주는 것이다. 곧 사업 계획서의 신뢰가 깎일 수 있다.

직간접적인 모든 경쟁자를 포함해야 한다. 직접적인 경쟁자는 동일한 상품군으로 동일한 시장을 타게팅하는 이들이고, 간접적인 경쟁자는 다른 상품군으로 같은 니즈를 타게팅하는 이들이다.

진정한 선발 주자라면 나아가 우리의 진입 장벽도 보여줄 수 있어야 한다. 지금 당장은 경쟁자가 없다고 자신하더라도 시장성이 있다면 언제든 후발 주자는 등장하기 마련이다. 후발 주자는 더욱 우월한 아이템과 비즈니스 모델로 선발 주자를 추월하고 만다. 그렇기 때문에 현재의 관점에서 경쟁자 분석에 그칠 것이 아니라 우리의 비즈니스 모델과 가치 제안이 향후 후발 주자의 진입을 어떻게 어렵게 할 것인지까지 다루어야 진짜 경쟁력 분석이다.

실행 계획: 회사의 비전을 실행하기 위한 구체적인 계획

실행 계획은 회사의 계획을 현실로 만드는 과정을 단계별 계획으로 세우는 것이다. 투자자들은 비전이나 이상만 보고 투자하지 않는다. 실제 실행 계획을 통해서 우리 경영진이 그 누구보다 비전을 실행해낼 수 있는 팀이라는 것을 증명해야 한다.

구체적인 단기 계획과 중요한 장기 계획을 함께 보여준다. 장기 계획은 장기적 비전을 실행하는 과정과 일치할 것이다. 사업 실행 과정의 중요한 목표들과 각각의 실행 목표 날짜를 표기해 보여줄 수 있다.

회사를 빠르게 성장시키겠다는 적극적인 실행 계획을 제시하되 '실현 가능한' 계획을 제시해야 한다. 단, '실현 가능성'만 추구한 나머지 성장 계획을 보수적으로 제시해서는 투자자를 끌어당길 수 없다.

투자자는 그들의 투자에 대해 몇 배의 수익을 회수할 수 있을 것인가의 관점에서 접근하기 때문이다. 스타트업이 생존을 위해 투자를 받듯이 투자자들도 생존을 위해 투자한다는 것을 명심하자.

재무 계획: 상승곡선을 직관적으로 보여줄 수 있는가

3년간 재무제표 및 손익계산서를 항목별로 최대한 단순화하여 1페이지로 요약하여 표현한다. 가능하다면 향후 5개년 추정 손익계산서를 작성해본다. 매년 어느 정도의 비용과 매출로 순이익을 남길 수 있을지 구체적으로 수치화한다. 가장 중요한 항목일 수 있다. 특히 그래프상에서 상승 곡선이 나와야 한다. 재무 계획과 투자금 유치 후 자금 사용 목적, 사용 계획에 대해 구체적으로 제시하고 이윤 창출 흐름을 구체적으로 보여준다. 기술 개발, 마케팅, 인건비, 사무실 임대료, 기타 사용 등 구체적인 비용을 포함해야 한다.

팀: 우리가 이 아이디어를 실현할 어벤저스입니다

사업의 성패를 위해 팀보다 더 중요한 것은 없다. 결국 아이디어 사업을 실현시킬 역량은 '팀'과 '사람'에 달렸기 때문이다.

우리가 이 사업을 성공시킬 팀인지 증명해야 한다. 이를 위해 신뢰를 높일 수 있는 팀원들의 유사한 실무 경력, 연구, 사업적 성과 등으로 뒷받침하자.

피칭의 정석
〈에어비앤비〉 사례로 보는 사업 계획서

에어비앤비: Simple is the Best!

2009년 세콰이어 캐피탈로부터 60만 달러를 투자받은 에어비앤비의 당시 사업 계획서는 지금도 피칭의 정석으로 회자된다. 사업 계획서에 담아내야 할 기본과 핵심을 매우 간결하고 직관적으로 보여준다. 저작권 문제로 이 책에 그대로 싣지 못하였지만 각 페이지의 핵심 내용을 전해드린다. 독자들께서는 꼭 '에어비앤피 사업 계획서'를 찾아보시며 모티브를 얻으시길 바란다.

◎ 에어비앤비란?

'Book rooms with locals, rather than hotels'라는 한 문장의 첫 페이지가 사업의 핵심을 나타낸다.

◎ 문제

Problem이라는 제목으로 에어비앤비가 해결해야 할 과제를 명확히 짚었다.

- 고객의 여행 비용 부담
- 호텔에서는 현지 생활과 문화를 접할 수 없음
- 현지 숙박시설의 접근성 부족

◎ 해결책

문제에 대한 해결책 역시 3가지로 문제점과 일관되게 연결했다.

- 여행자에게 비용 부담을 덜어 줌
- 현지 숙박시설 제공 호스트에게 수익을 창출
- 여행자와 호스트를 연결해 현지 문화를 공유

◎ **시장 규모**

경쟁 사이즈와 총 시장 규모(Total Addressable Market) 등 객관적인 수치를 제시하여 시장의 성장가능성을 증명한다.

◎ **상품**

상품의 핵심 기능을 3단계로 간결하게 표현해 이해를 돕는다.

◎ **비즈니스 모델**

'10%의 수수료를 받는다'는 문장과 평균 이용 요금, 수익을 함께 제시하여 비즈니스 모델과 수익 모델의 이해를 한눈에 돕는다.

◎ **채택 전략**

어떻게 초기 고객의 채택을 받아 고객을 확보할 것인지 전략을 소개했다.

◎ **경쟁 및 경쟁우위성**

가로 세로 축에 따라 4개의 영역을 나눈다. 현 시장 경쟁자들을 한눈에 포지셔닝하여 경쟁자들의 위치를 보여주고, 그 사이에서 에어비앤비만의 입지와 경쟁우위성을 시각화했다.

◎ 팀 구성

팀원들의 사진과 각자의 특화된 역할, 전문성, 경쟁력을 보여준다.

◎ 언론의 평가 / 사용자 후기

실제 언론에 보도된 내용과 사용자들의 피드백을 이미지와 함께 생생하게 보여준다.

◎ 재무 흐름

투자와 매출을 통해 1년 내로 달성할 수 있는 순이익 목표를 한 페이지 안에 직관적으로 보여준다.

15장 이내의 사업 계획서에는 결코 모든 것을 담아낼 수 없다.

결국 사업 계획서는 창업가를 직접 만나 자세한 이야기를 나누고 싶도록 만드는 기획안이다. 매력적인 설득으로 투자자를 다음 단계로 이끌기를 기원한다.

1분 안에 투자자의 마음을
사로잡는 피칭 전략

최 란

드리머스피치 커뮤니케이션 강사
'안녕하세요도 못했던 내가 말로 인정받기 시작했다' 공저 (2019)
現 이기는PT 전문 프레젠터
現 메가스터디 대입 자소서·면접 컨설턴트
前 청운대학교 교양학부 외래교수
前 케이블·관공서 아나운서
삼성, CJ, 웅진, 아모레퍼시픽, 아시아나 등 기업 교육
서울대, 카이스트, 중앙대, 경기대 등 대학 특강
CEO, 정치인, 의료인, 법조인, 교육자 등 개인 코칭

IR피칭 이해하기

본격적인 피칭의 세계로 들어가기 전에, 피칭이란 정확히 무엇을 말하는지, 왜 스피치나 프레젠테이션 대신 피칭이란 낯선 용어를 사용하는지 알아보겠다.

피칭(Pitching)은 자신의 아이디어와 비즈니스 플랜을 소개하는 행위를 뜻하는 말이다. 흔히 투자를 위한 피칭을 'IR피칭'이라 부르는데, 여기에서 IR은 Investor Relations의 줄임말이다. PR(Public Relations)이 일반인을 대상으로 이루어지는 기업 활동 전반에 대한 홍보를 의미한다면, IR은 투자자를 대상으로 하는 홍보를 뜻한다.

즉 IR피칭의 첫 번째 핵심은 '투자자'다. 그러나 대다수의 스타트업 대표들은 투자자가 아닌 자신의 입장에서 생각하고 고민하며 피칭을 준비한다. 이 제품 혹은 서비스가 얼마나 훌륭한지 자신이 생각하는 장점들을 나열하다 피칭을 마치는 것이다. 피칭을 시작하기 전에, 1을 투자해서 10 혹은 그 이상을 얻고 싶어 하는 투자자의 마음으로 질문을 던져보자.

효과적인 피칭을 위한 관점의 변화 ①

'내가' 뭘 자랑하면 좋을까? (대표의 관점) ⇒ '그들이' 뭘 궁금해할까? (투자자의 관점)

피칭(Pitching)은 본래 야구 용어에서 시작되었다. 투수가 타자를 향해 공을 던지는 일을 '피칭'이라 하는데, 투수는 정확하게 공을 던져 스트라이크(Strike)가 나올 수 있도록 해야 한다. 스타트업 대표들도 마찬가지다. 마운드에 등판하는 투수의 마음가짐으로 피칭 무대에 올라야 한다. 내 사업 아이템을 투자자들의 마음에 확실하게 꽂히도록 전달해, 투자 유치라는 스트라이크를 받아야 하는 것이다.

IR피칭의 두 번째 핵심은 '투자 유치'다. 피칭은 '투자 유치'라는 명확한 목표를 가지고 있다는 점에서, 자신의 의견을 조리 있게 말하는 스피치(Speech)나 다양한 시각 자료를 활용해 정보를 전달하는 프레젠테이션(Presentation)과 구별된다. 그렇기 때문에 정확한 정보 전달, 유려한 발표, 화려한 시각 자료가 피칭의 전부는 아니다. 투자자가 우리의 비즈니스 가치를 제대로 캐칭(Catching)하게 만드는 IR피칭만의 전략이 필요한 것이다.

효과적인 피칭을 위한 관점의 변화 ②

어떻게 하면 발표를 잘할 수 있을까? (행위 중심) ⇒ 어떻게 하면 그들이 투자할까? (목적 중심)

'투자자'라는 청중의 특징, '투자 유치'라는 피칭의 목적을 염두에 두고, IR피칭을 위한 전략적 준비를 시작해보자.

1분 피칭, 왜 준비해야 할까?

데모데이에서의 피칭은 대부분 5분 분량이다. 스타트업 대표들은 7~10장 정도의 피칭 덱(Pitching deck) 안에 모든 내용을 밀도 있게 담아내려 수없이 고민하고 전문가들의 컨설팅도 받는다. 또한 이렇게 준비한 내용을 무대 위에서 좀 더 임팩트 있게 전달하기 위해 음성이나 비언어 연출도 연습한다. 그러나 상대적으로 1분 피칭을 준비하는 데에는 이 정도의 열과 성을 보이지 않는다. 피칭을 준비하는 스타트업 대표들뿐 아니라 대부분의 사람들이 긴 시간 이야기하는 것에는 준비가 필요하지만, 짧은 이야기는 대충 떠오르는 대로 해도 된다고 여긴다.

정말 그럴까? 5분 피칭과는 별개로 1분 피칭을 준비해야 하는 이유에 대해 알아보자.

짧게 이야기하는 것이 더 어렵다

스피치 교육을 할 때면, 1분, 3분, 7분 등 시간을 정해놓고 실습을 진행하곤 한다. 대부분의 교육생들이 "7분 동안 어떻게 혼자서 떠들어요?"라며 긴 시간 스피치에 대한 부담감을 토로한다. 하지만, 막상 무대에 서면 그 시간을 넘기기 일쑤다.

7분을 채우는 것보다 어려워하는 것은 오히려 "지금 하신 이야기를 3분짜리 스피치로 줄여 보시겠어요?"라는 미션이다. 하고자 하는 이야기의 서론밖에 풀지 못했는데 시간이 다 흘러가 버리거나 핵심내용을 전달 못하고 중언부언하다 끝나 버리는 경우가 부지기수다.

이처럼 짧은 시간 내에 심플하고 임팩트 있게 메시지를 전달하는 일은 생각처럼 쉽지 않다. 짧은 말과 글로 내 생각을 표현하는 일이 수월한 것이라면, 카피라이터들이 머리를 쥐어짜거나 시인들이 고독한 고민에 빠질 일도 없을 것이다.

스스로를 '시 팔아 먹고사는 시팔이'라고 소개하는 하상욱 씨는 기발하고 짤막한 글귀로 많은 사람들의 공감을 얻고 있다. 아래 세 편의 시를 읽으며 시의 제목을 유추해보자. 자유롭게 자기 나름의 제목을 지어보는 것도 좋다.

'내 건데 왜
눈치를 줘.'

'싫다는데
자꾸 붙네.'

'그런 건 우리에게
아무런 의미 없어.'

이 문구들만 봤을 때에는 '이게 무슨 시야?'라는 의문이 들겠지만, 제목을 알고 나면 사람들의 반응은 완전히 달라진다. 첫 번째 작품의 제목은

'휴가 사용', 두 번째 작품의 제목은 '살', 세 번째 작품의 제목은 '친한 친구 약속 시간'이다.

어떠한가? 제목을 보는 순간 픽 하고 웃음이 새어나왔을 것이다.

일상생활 속에서 우리가 느끼는 감정을 토대로 그는 무릎을 탁 치게 만드는 기가 막힌 이야기를 만들어 낸다. 자꾸 불어나는 살에 대해 불평불만을 늘어놓는 일은 누구나 할 수 있다. 하지만 단 여덟 글자로 사람들의 공감을 이끌어내는 것은 아무나 할 수 없는 엄청난 능력이다.

사업 소개도 마찬가지다. 나에게 사업을 소개할 만한 충분한 시간적 여유가 주어진다면, 머릿속에 떠오르는 대로 차근차근 내 이야기를 풀어놓으면 된다. 그러나 투자자들은 대개 시간이 없다. 수없이 많은 사람들을 만나고 다수의 업무 전화와 메일에 시달리는 그들을 붙잡고 장시간 동안 내 비즈니스에 대해 설명해봤자 그들은 듣지 않는다.

할리우드 영화감독들 사이에서 유래한 '엘리베이터 피치(Elevator pitch)'라는 말이 있다. 엘리베이터에 올라탄 순간부터 내릴 때까지의 짧은 시간에 투자자의 마음을 사로잡아야 한다는 뜻이다. 약 30초에서 1분 정도의 시간 안에 핵심을 명확하게 전달해, 투자자들이 내 사업을 이해하고 호기심을 가질 수 있도록 하는 것이다. 이러한 엘리베이터 피치는 애프터 미팅과 투자 유치의 첫걸음이 된다.

바쁜 투자자들이 귀를 기울이게 만들 1분 피칭을 미리 준비해두자. 그들의 시간을 존중해주는 만큼 내 비즈니스도 존중받을 수 있을 것이다.

당신이 만나는 모든 사람이 고객/투자자이다

"여러분의 고객은 누구입니까?"

영업을 하는 분들을 대상으로 커뮤니케이션 교육을 할 때면, 종종 하는 질문이다. 상담 약속을 잡고 만나는 상대, 계약서에 사인을 한 사람만이 나의 고객이 아니다. 내가 만나는 모든 사람들, 그들의 지인, 심지어는 카페 옆 테이블에 앉아있는 누군가도 나의 고객이 될 수 있다.

실제로 높은 성과를 내는 세일즈맨들을 보면 언제나 고객을 만날 준비가 되어있다. 말끔한 옷차림, 편안한 미소, 전문적인 상품 지식으로 무장한 그들은 언제, 어디서, 누구를 만나든 두렵지 않다. 그리고 이를 바탕으로 자신의 고객 리스트를 추가하고 관리해 나간다.

하물며 한 회사를 이끄는 대표는 어떠하겠는가. 스타트업 대표들은 매 순간 자신의 사업을 소개할 준비가 되어있어야 한다. VC 심사역과의 미팅이나 크고 작은 모임들, 데모데이처럼 사업 아이디어를 발표하는 자리 등 비즈니스를 소개할 시간은 무척이나 많다. 그리고 때로는 예상하지 못한 순간에 좋은 기회가 찾아오기도 한다. 임팩트 있는 1분 피칭을 준비해 두지 않는다면 중언부언하다 소중한 기회를 놓칠 수도 있다.

대다수의 스타트업 대표들이 '내 사업이기 때문에 내가 가장 잘 안다'고 믿는다. '내 회사 소개하는 것쯤이야' 하는 안일한 생각을 할지도 모르겠다. 하지만 많이 아는 것과 제대로 표현하는 것은 전혀 다른 문제다.

흔히 아나운서라는 직업을 이야기할 때 '누구나 할 수 있지만 아무나 할 수 없는 일'이라고 표현한다. 말을 하는 사람이라면 누구나 아나운서의 역할을 할 수 있지만, 패널들의 이야기를 간략하게 정리하고 쉽게 바꾸어 대중의 언어로 전달하는 일은 아무나 할 수 없기 때문이다. 그만큼 내가 알고 있는 것을 쉽고 명확하게 설명하는 행위는 쉬운 일이 아니다.

어렵고 복잡한 기술 설명, 화려한 수식어, 장황한 소개로 피칭 시간을 채우고 있지는 않은지 점검해보자. 투자자들은 당신 사업 분야의 전문가가 아니며, 당신만큼 그 아이템에 애정도 확신도 없다. 또한 긴 시간 풀어놓는 어려운 이야기를 인내할 만큼 한가하지도 않다.

우리 회사의 기술을 누구나 이해할 수 있는 말로 설명할 수 있는가?

화려한 수식어 대신, 누구나 공감할 만한 이야기로 회사의 가치를 전할 수 있는가?

장황한 설명이 아닌, 짧은 이야기만으로 상대의 관심을 끌 수 있는가?

그는 당신의 사업에 반하지 않았다

면접을 준비하는 취업준비생들의 마음을 생각해보자. 나는 이 꿈이, 이 회사가, 이 직무가 간절하다. 모든 이들이 간절한 마음으로 자신의 진심을 어필하지만, 면접관에게는 수천 명의 지원자와 다를 게 없는 한 명의 취업준비생일 뿐이다.

"저는 성실하고 맡은 바 책임을 다하고, 사람들과도 좋은 관계를 유지하며……."

엇비슷한 스펙을 가진 지원자들 사이에서 이런 말을 나열해서는 절대 면접관의 마음을 사로잡을 수 없다. 면접장의 낭중지추(囊中之錐)가 되기 위해서는 남들과 다르게 보일 만한 '차별화 전략'이 필요하다.

면접관들이 고개를 들고 나를 쳐다보게 할 만한, 두 귀를 쫑긋 세우게

할 만한 이야기가 먼저 나와야 한다. 그래서 취업준비생들은 다른 지원자와 차별화되는 자신만의 경험과 강점을 보여주기 위한 스토리텔링에 많은 노력을 기울인다. 특히 특색 있는 1분 PR을 통해 지원자 개인의 명확한 컨셉을 만드는 데 공을 들인다. 투자를 받고자 하는 스타트업 대표들도 마찬가지다. 모든 대표들은 '더 나은 세상을 만들어보겠다'는 포부를 가지고 신제품 또는 서비스를 개발한다. 그리고 투자 유치에 대한 간절한 마음으로 자신의 비즈니스를 소개한다.

나에게는 시간과 정성을 잔뜩 쏟은 '완벽한 아이템'이 투자자들에게는 어디선가 보고 들은 '뻔한 아이템'일 수도 있다는 중요한 사실을 종종 잊은 것처럼 보인다. 매일 유사한 아이템들과 비슷한 사업계획을 듣는 투자자들에게 당신의 아이디어는 별로 새롭지 않을 수 있다. 그렇기 때문에 '전략적인 준비'가 필요한 것이다.

2015년 시작한 〈마켓컬리〉는 4년 사이 매출이 무려 50배나 뛰면서, 2019년 대표적인 예비 유니콘 기업으로 꼽힌다. 김슬아 대표는 사회 초년생 시절 심한 아토피를 앓다가 유기농 음식을 통해 회복한 경험을 토대로 창업을 결심하게 되었다고 말한다. 건강한 음식에 대한 관심은 자연히 식품 유통에 대한 관심으로 이어졌고, '산지에서 소비자까지 가장 신선하게 전달하는 것'을 목적으로 식재료 배송업체인 〈마켓컬리〉를 창업했다. 〈마켓컬리〉가 고객을 사로잡은 힘은 '샛별배송'에 있다. '샛별배송'은 전날 밤 11시에 주문한 상품을 다음 날 새벽에 받아볼 수 있는 서비스이다.

이커머스 업체들은 수도 없이 많다. 만약 〈마켓컬리〉가 '신선한 식재료를 빠르게 배송해 드립니다'라는 컨셉으로 고객과 투자자들에게 다가갔다면, 우후죽순처럼 생겼다가 사라지는 하나의 스타트업이 되었을 수도 있다. 하지만 〈마켓컬리〉는 달랐다. 바쁜 현대인들이 신선한 식재료를 아침에 받아볼 수 있는 '샛별배송'을 자신만의 무기로 삼았다.

또 다른 식재료 배송업체인 〈헬로네이처〉도 자신만의 컨셉으로 열심히 성장 중이다. 〈헬로네이처〉의 오정후 대표는 '개인 취향 존중'을 강조하며, 친환경, 비건, 저염식 등 틈새 시장을 노리고 있다.

재사용 용기를 활용하는 친환경 배송서비스 '더 그린박스'는 환경을 중시하는 고객들로부터 좋은 반응을 얻고 있으며, 식이요법 전문 기업인 〈닥터키친〉과 협업해 팝업스토어를 진행하며 건강과 미용에 관심이 많은 이들의 관심을 끌고 있다. 이처럼 피 튀는 경쟁 속에서 살아남기 위해서는 한마디로 설명할 수 있는 우리만의 컨셉이 필요하다.

우리는 경쟁 업체와 무엇이 다른가? (Why me?)

아직 나의 사업에 반하지 않은 투자자의 관심을 끌 수 있는 가장 좋은 방법은 '우리는 이것이 달라요!'를 보여주는 것이다. 짧은 시간 내에 그들의 관심을 끌 만한 1분 피칭을 준비해보자. 그들은 나만큼 내 비즈니스에 관심이 없으니까!

우리의 뇌는 경제적으로 일하기를 원한다

흔히 어떤 일에 집중하고 난 후에, "머리 썼더니 당 떨어졌어"라는 표현을 사용한다. 실제로 머리를 쓰는 것은 엄청난 에너지를 필요로 하는 일이다. 우리 몸에서 뇌가 차지하는 비중은 약 2% 정도에 불과하지만 에너지 소모량은 자그마치 20%나 된다고 한다. 수많은 몸의 기관들이 쉬지 않고 열일하고 있다는 점을 감안할 때, 작은 뇌가 전체 에너지의 20%를 사용한다는 것은 놀라운 일이다.

이처럼 에너지 소모가 많은 뇌는 되도록 적게 일하고 높은 효율을 내고자 한다. 그래서 세상의 수많은 정보들을 다 처리하지 않고, 보고 싶은 것만 보고 듣고 싶은 것만 들을 수 있도록 선택 과정을 거친다. 이를 선택적 지각(Selective Perception)이라 한다. 다수의 사람이 모여 있어도 내가 좋아하는 상대의 움직임에 집중할 수 있는 것, 시끄러운 장소에서도 나와 관련된 이야기만 쏙쏙 골라 들을 수 있는 것이 모두 이 '선택적 지각' 덕분이다.

이와 관련한 유명한 실험이 있다. 화면에는 흰 옷과 검정 옷을 입은 사람들이 무리지어 등장한다. 그리고 피실험자들에게는 흰 옷을 입은 사람들이 공을 몇 번 패스하는지 세어 보라는 미션이 주어진다. 그들은 자연스럽게 흰 옷을 입은 사람들이 주고받는 공에 집중한다. 그러나 그 사이 사람들을 가로질러 지나가는 고릴라의 모습은 보지 못한다. 공의 움직임에 주의를 기울이느라 한가운데에 서서 가슴을 두드리는 고릴라의 등장을 인식하지 못하는 것이다. 이처럼 사람들은 내 관심 밖에 있는 자극들에 별다른 주의를 기울이지 않는다. 더구나 타인의 말을 듣기 시작했다 하더라도 집중력은 그리 오래가지 못한다.

《간결한 소통의 기술, 브리프》라는 책에서는 누군가를 설득하고 싶다면 짧고 굵게 이야기하라고 강조한다. 이 책에 따르면, 사람이 1분 동안 말할 수 있는 단어의 양은 150개 정도인 데 반해, 1분 동안 머리로 생각할 수 있는 단어의 양은 750개나 된다고 한다. 그래서 사람들은 숨어있는 600 단어를 가지고 딴생각을 할 수밖에 없다는 것이다. 첫마디가 흥미롭지 않다면 투자자들은 내 이야기에 결코 집중하지 않는다.

일반적으로 우리는 평소와 다른 자극이 주어질 때 주의를 기울이게 된다. 예를 들어, 검정 옷을 입은 사람이 가득한 곳에 누군가가 빨간 옷을 입고 들어온다면 우리는 그에게 집중한다. 또한 조용한 카페에서 툭 하고 책이 떨어진다면 모든 사람들이 소리가 나는 쪽으로 고개를 돌리게 될 것이다. 투자자들이 내 말에 집중하게 만들기 위해서는 우리만의, 무언가 다른 자극이 필요하다.

첫 문장에서 우리의 아이덴티티를 명확히 전달할 수 있는가?

다른 사업 아이템들과 차별화되는 우리만의 전략을 분명하게 보여줄 수 있는가?

짧은 시간 안에 우리 사업의 핵심을 효과적으로 정리할 수 있는가?

간결하게 메시지를 전달하는 방법

그렇다면, 간결하고 명확한 메시지 전달을 위해 무엇을 신경 써야 할

까? 단시간에 내 생각을 효과적으로 표현할 수 있는 스피치 스킬에 대해
살펴보자.

어휘 선택에 신중하라

구조주의 언어학자인 소쉬르는 기호가 '기표'와 '기의'라는 두 가지 요
소로 구성되어 있다고 설명했다. 예를 들어, '꿈'이라는 기호를 우리는
'ㄲ + ㅜ + ㅁ'이라는 기표로 동일하게 표기한다. 그러나 이를 보고 떠올
리는 의미(기의)는 사람마다 다르다. 어떤 이는 잠을 자는 사이에 꾸었던
꿈을, 어떤 이는 자신이 실현하고 싶은 희망을 떠올린다.

동일하게 후자의 의미로 해석했다 하더라도, 꿈을 향한 강한 열정을 느
낄 수도 있고 이루지 못한 꿈에 대한 미련이 생각날 수도 있다. 이처럼 동
일한 언어문화권 내에서 같은 기표를 가지고 소통하더라도 서로 전혀 다
른 기의로 해석할 가능성이 있다. 그리고 때로는 이로 인해 소통의 문제
가 발생하기도 한다.

행사를 준비하는 중에, 과장님에게 "식수 좀 확인해 주세요!"라는 지시
를 받았다. '식수'하면 무엇이 떠오르는가? 대부분의 사람들이 '먹을 용도
의 물'을 떠올릴 것이다. 나는 과장님의 지시에 맞춰 행사에 참여하는 사
람들이 마실 물의 개수를 성실히 확인했다. 그런데 행사를 앞두고 과장님
이 대뜸 화를 낸다.

"제가 식수 확인해 달라고 얘기하지 않았나요? 왜 지금까지 체크가 안
된 거죠?"라고 말하는 과장님의 '식수'의 의미는 '마시는 물'이 아닌, '식

사를 하는 사람의 수'였던 것이다. 만약 내가 산림청에 근무 중이거나 식목일 행사를 앞두고 있었다면 '식수'는 '나무를 심는 일'이 되었을지도 모르겠다.

이처럼 동일한 단어를 사용한다 할지라도, 청자가 전혀 다른 의미로 해석하면서 오해가 발생할 수 있다. 그렇기 때문에 명확한 의사소통을 위해서는 어휘 하나하나를 선택할 때에도 신중해야 한다. 긴 부연설명을 할 수 없는 1분 피칭에서는 더더욱 그렇다. 내가 말하는 의미를 상대도 동일하게 받아들일 수 있는지 고민하면서 피칭을 준비해야 한다.

특히 스타트업 대표들이 주의해야 할 부분은 업계의 전문 용어 사용이다. 피칭을 컨설팅하다 보면, 전문 용어를 지나치게 자주 사용해 이해가 어렵거나 집중력이 떨어지는 경우가 많다.

전문 용어 사용이 전문성을 돋보이게 해준다고 생각하는 이들도 있다. 하지만 효과적인 스피치를 위해서는 상황과 청중에 따라 어휘 선택이 달라져야 한다. 예를 들어, 수술실에서 의료진들끼리 이야기할 때에는 전문 용어를 활용하는 것이 간편하고 정확한 소통을 도울 것이다. 하지만 일반 대중을 상대로 건강 관련 특강을 할 때에는 일상의 언어로 풀어서 쉽게 전달해야 한다. 그렇지 않으면 아무리 유용한 내용이라 할지라도 청중의 하품을 부르는 외계어가 될 수밖에 없는 것이다.

투자자들 역시 우리 업계의 전문가가 아니라는 것을 명심하라. 그들은 투자의 전문가일 뿐이다. 어렵고 복잡한 이야기에 그들은 움직이지 않는다. 투자자들이 쉽게 이해하고 설득될 수 있는 표현을 고민해야 한다.

아인슈타인은 '당신이 알고 있는 것을 여섯 살짜리 아이에게 설명할 수 없다면, 제대로 안다고 할 수 없다'고 말했다. 나의 비즈니스를 아이에게 설명한다 생각하고 쉬운 말로 풀어내는 연습을 진행하는 것. 그것이 효과적인 1분 피칭의 시작이 될 것이다.

짧고 명확한 문장을 사용하라

"요즘같이 더운 여름에는 한 번 입고 나간 옷은 다시 입지 않게 되는데, 매번 세탁소에 옷을 맡기고 또다시 찾으러 가는 게 번거롭다고 많은 사람들이 느낄 것 같아서, 어플 하나로 간편하게 세탁을 맡길 수 있는 찾아가는 세탁서비스인 OOO을 시작하게 되었습니다."

위 지문을 소리 내어 읽어보자. 어떤 느낌이 드는가? 끝날 듯 끝나지 않는 문장이 답답하게 느껴지고 구구절절한 설명처럼 보일 것이다. 그런데 컨설팅을 하다보면, 이처럼 문장을 길게 구사하는 습관을 가진 사람들을 자주 찾아볼 수 있다.

긴 문장으로 말하는 것은 여러 문제를 야기하는데, 첫 번째로 주술 관계가 흔들리면서 불분명한 문장이 되는 경우가 많다. 주어와 술어의 간격이 멀어질수록 주술 관계를 맞추기 힘들어지는 것은 당연지사다. 문장을 짧게 구사해야 비문을 피할 수 있으며, 듣는 사람이 이해하기도 쉬워진다.

두 번째로 긴 문장은 청자가 들어올 틈을 없앤다. 즉 나 혼자 떠드는 스피치가 되어버리는 것이다. 유명 강사들의 강의를 분석해보면, 그들은 모두 짧고 명쾌한 문장을 구사한다는 것을 알 수 있다.

스타 역사 강사인 설민석 강사의 강의 일부를 살펴보겠다.

"헌법의 1조 1항을 보겠습니다. 너무 유명한 말이죠? 이 말이 어디서 비롯된 것인지 아시나요? 약 100년 전 안창호 선생님으로부터 비롯된 말입니다."

이처럼 그의 강의는 짧은 문장들로 구성되어 있다. 그렇기 때문에 문장과 문장 사이에 틈이 발생하고, 이때 청중들은 대답을 하거나 생각을 하면서 적극적으로 강의에 참여하게 된다. 만약 "헌법 1조 1항은 너무 유명한 말인데, 이 말이 어디서 시작되었냐면 약 100년 전 안창호 선생님으로부터 비롯된 말입니다"라고 이야기했다면, 청중의 집중력은 떨어질 수밖에 없을 것이다.

마지막으로, 긴 문장은 화자의 카리스마를 떨어뜨린다. 긴 문장으로 이야기할 때보다 짧은 문장으로 이야기할 때 화자는 훨씬 자신 있어 보인다. 짧고 명료한 문장으로 이야기한다는 것은 그만큼 내 이야기에 확신이 있다는 증거가 되기 때문이다.

"요즘 날씨가 무척 덥죠? 이런 여름에는 한 번 입고 나간 옷은 다시 입지 않게 되는데요. 매번 세탁소에 옷을 맡기고 또 찾으러 가는 일. 누구나 번거롭게 느끼실 겁니다. 그래서 생각했습니다. 어플 하나로 간편하게 세탁을 맡길 수 있다면 얼마나 좋을까. 찾아가는 세탁서비스, OOO을 소개합니다!"

다시 한 번 소리 내어 읽어보자. 분명 같은 내용이지만, 긴 문장으로 이야기할 때보다 말하기가 편할 것이다. 물론, 청중 입장에서도 의미가 보다 명확하게 들리고 집중이 잘되는 발표가 될 것이라 확신한다.

이처럼 피칭을 준비할 때에는 되도록 문장을 짧게 쪼개 이야기하는 습관을 들일 것을 권한다. 이러한 습관이 같은 내용도 훨씬 분명하게, 효과적으로 전달하는 데 큰 도움을 줄 것이다.

무조건, 요점이 먼저다

낚시성 제목에 기사를 클릭했다가 '이게 뭐야?' 하고 실망한 경험, 한번쯤은 있을 것이다. 물론 이렇게 클릭만 유도하고 알맹이는 없는 낚시성 제목은 사라져야 하지만, 그럼에도 불구하고 '왜 이런 제목을 쓰는지'는 생각해볼 필요가 있다. 넘쳐나는 기사들 중에서 제목이 눈에 띄어야 사람들의 클릭을 받을 수 있기 때문이다.

스트레이트 기사들은 제목으로 독자들의 호기심을 자극한 후, 핵심 내용을 압축해 보여주고 부연설명을 덧붙인다. 그다음 단락은 더 세부적인 내용, 다음은 더욱 디테일한 내용의 순서로 되어 있다.

이러한 구성방법을 '역(逆) 피라미드 구성'이라 한다. 가장 중요한 내용부터 시작해서 점차 덜 중요한 내용으로 차례대로 써 나가며, 첫 문장만 읽어도 기사가 어떤 내용인지 파악할 수 있도록 하는 것이다. 기사가 이렇게 구성되어 있는 덕분에, 독자들은 전체를 다 읽지 않고도 기사의 핵심을 빠르게 파악할 수 있다. 기사를 편집하는 입장에서도 가장 덜 중요한 뒷부분의 내용부터 지워나가면 되기 때문에 유용하다. 이러한 '두괄식

말하기'는 비즈니스 스피치에서 매우 중요한 요소다. 두괄식으로 이야기
하지 않는 경우 어떤 문제가 발생하는지 다음 사례를 살펴보자.

A : 이번 계약 진행은 어떻게 됐나요?

B : 아, 며칠 전에 업체 사람을 만났었거든요. 처음에는 분위기도 좋고 얘기가
정말 잘됐어요. 그쪽에서도 저희가 준비해 간 조건들을 만족스러워하는 것 같았
는데요. 3조까지는 괜찮았는데, 4조 2항. 그 운송할 때 배상 책임 부분이 잘 안 맞
아서요. 이거 말고 또 뭐가 있었지? 아무튼 몇 개 조항이 의견 일치가 안 되어서
내일 다시 한 번 미팅을 하기로 했거든요. 그래서 내부적으로 검토를 하고 있는데
요…

A : 하… 그럼 아직 아니라는 거죠?

B : 그렇긴 한데… 내일 미팅 후에는 어느 정도 윤곽이 잡히지 않을까 싶어요.

A : 알겠어요. 결정되면 얘기해 주세요.

불필요한 부분까지 구구절절 설명하면서 상대를 지치게 하고 있다. 비
즈니스 상황에서 커뮤니케이션을 할 때에는 언제나 핵심부터 이야기하는
습관을 들여야 한다.

A : 이번 계약 진행은 어떻게 됐나요?

B : 지난 번 미팅 때 몇 가지 조항이 의견 일치가 안 되어서 내일 다시 만날 듯합
니다. 결정되면 보고 드리겠습니다.

A : 문제가 있었던 건가요?

B : 다른 부분은 어느 정도 조율이 되었고, 4조 2항에 대한 의견이 안 맞아서 내부적으로 검토 중에 있습니다.

A : 그래요. 어느 정도 수정이 가능한 부분인 거죠?

B : 네, 내일 미팅 후에는 어느 정도 윤곽이 잡힐 테니 정리해서 말씀드리겠습니다.

A : 네, 고마워요!

같은 내용이지만 두괄식으로 이야기할 때 포인트가 훨씬 깔끔하게 전달되는 것을 느낄 수 있을 것이다. 듣는 이가 '이 사람이 무슨 말을 하려고 하지?' 생각하며 불안한 추측을 하게 만들어서는 안 된다. 핵심 내용을 먼저 던져서, 상대방이 이야기의 큰 틀을 잡은 후 내 말을 이해하며 따라올 수 있도록 해야 한다.

이처럼 간결한 전달을 위해서는 요점부터 말하는 습관을 들이는 것이 필요하다. 일반적인 대화에서는 기승전결을 살려 이야기해야 재미도 있고 몰입도 잘된다. 예상치 못한 반전도 흥미롭다. 하지만 비즈니스 상황에서의 대화는 무조건 두괄식이어야 한다.

1분 피칭을 준비할 때에도 마찬가지다. 가장 중요한 내용, 즉 우리 사업의 핵심을 첫 문장에 두어야 한다. 이러한 역 피라미드 구성은 투자자가 우리 사업을 쉽게 이해하는 데 도움을 주며, 시간이 부족할 때에는 뒷부분을 생략해도 내용 전달에 무리가 없기 때문에 발표자에게도 효과적이다.

임팩트 있는 표현을 만드는 세 가지 방법

짧은 시간 내에 강력하게 메시지를 전달하기 위해서는 표현 기법에 대한 고민도 필요하다. 똑같은 선물도 검정 비닐 봉지에 대충 담느냐, 예쁘게 포장하느냐에 따라 받는 사람에게는 완전히 다른 선물이 될 수 있다. 마찬가지로 동일한 비즈니스를 소개한다 해도, 어떤 표현 방식을 활용하느냐에 따라 다른 느낌을 줄 수 있다.

임팩트 있는 표현을 만드는 첫 번째 방법은 '대조'다. 대조는 내 아이템의 강점을 더욱 돋보이게 소개하는 데 효과적인 방법이다.

홈쇼핑에서 콜 수가 빠르게 증가하는 몇 가지 순간이 있다. '마감 임박! 블랙은 곧 품절될 것 같습니다', '이 구성 마지막입니다!' 이런 희소성의 가치를 강조할 때 사람들의 구매 욕구는 올라간다.

이와 더불어 'Before & After'가 나오는 순간에도 콜 수가 급격히 많아진다고 한다. 칙칙했던 피부가 화장품 사용으로 뽀얗게 변하는 모습을 볼 때, 지저분했던 주방이 세제 하나로 깨끗하게 닦이는 장면을 볼 때 사람들은 지갑을 열게 되는 것이다. 쇼호스트가 상품의 강점을 열심히 브리핑하는 것보다 이러한 대조를 활용해 보여주는 것이 소비자에게는 더욱 와닿는 설명이 된다.

대조는 피칭에서도 우리 비즈니스의 강점을 소개하는 좋은 방법이 될 수 있다. 이전의 불편함이 우리의 사업으로 인해 어떻게 해결될 수 있는지 대조를 활용해 설명해 보자. 혹은 지금까지 시중에 나와 있는 상품 혹은 서비스에 비해 우리의 아이템은 무엇이 업그레이드 되었는지 보여주어도 좋다. 우리의 강점만 나열하는 것보다 투자자나 고객들의 마음에 훨씬 와 닿는 피칭이 될 것이다.

두 번째 방법은 어려운 기술을 쉽게 표현할 수 있도록 돕는 '비유'다.

필름회사 코닥에 근무하던 스티븐 새슨은 회사에 견학을 오는 유치원생들에게 '어떻게 하면 필름을 쉽게 설명할 수 있을지' 고민했다. 사전을 찾아보면, 필름은 '투명 물질인 셀룰로이드나 폴리에스테르 따위에 감광제를 칠한 물건'이라고 정의되어 있다. 필름을 알고 있는 사람도 이해하기 어려운 말이다. 스티븐 새슨은 고민 끝에 '필름은 그릇이다'라는 비유를 활용해 유치원생들에게 설명해주었다. "음식을 담아두었다가 다시 꺼내 먹을 수 있도록 하는 그릇처럼, 필름은 지금 이 장면을 담아두었다가 다시 볼 수 있도록 도와주는 그릇이야"라고 표현한 것이다. 아이들에게 필름은 생소하지만 그릇은 친근한 대상이기 때문에 쉽게 이해할 수 있는 설명이 되었다.

피칭을 할 때에도 비유는 효과적인 표현법이 될 수 있다. 신 기술이나 복잡한 기술을 활용하는 스타트업의 경우, 피칭에서 기술 설명에 어려움을 겪는다. 그들에게는 익숙한 기술이지만 투자자들에게는 생소하고 어렵게 느껴지는 경우가 많기 때문이다. 이때 낯선 기술을 친숙한 대상이나 이미 시장에 출시된 유사한 제품에 빗대어 표현하면 좋다.

마지막 방법은 '숫자'를 활용하는 것이다.

일반적으로 사람들은 구체적인 수치가 언급될 때 훨씬 신뢰감을 느낀다. "요즘 치매를 겪는 사람들 진짜, 엄청 많습니다"처럼 부사 사용은 추상적인 느낌을 준다. 이보다는 "요즘 12분당 한 명꼴로 치매 환자가 발생하고 있습니다"처럼 숫자를 활용해 이야기할 때 말에 힘이 실린다.

피칭 시 시장의 크기나 회사의 성장, 아이템의 강점 등을 이야기할 때에 숫자를 활용해보자. 나의 말에 신뢰를 더할 수 있을 것이다. 단, 숫자를 활용할 때 좀 더 직관적으로 와 닿는 표현을 만들기 위해 노력해야 한다.

예를 들어 "미세먼지가 매우 나쁨일 때 1시간 동안 야외활동을 하는 경우, 58µg(마이크로그램) 정도의 미세먼지를 마시게 됩니다"라고 이야기한다면, 숫자를 사용했음에도 고개를 갸우뚱하게 된다. 마이크로그램이라는 단위가 생소하기 때문이다. 이보다는 "미세먼지가 매우 나쁨일 때 1시간 동안 야외활동을 하는 것은 좁은 방에서 1시간 반 동안 담배 연기를 마시는 것과 같습니다"라고 말하는 것이 충격의 강도가 높아진다. 이처럼 숫자 자체를 활용하는 것도 중요하지만, 사람들에게 더욱 와 닿는 이야기가 되도록 해석을 덧붙여주는 것이 좋다.

나 중심에서 듣는 이 중심으로

15분짜리 프레젠테이션을 준비한다면서 100장 가까이 되는 PPT 장표를 들고 오는 교육생들이 있다. 장표가 많은 이유를 물으면 그들은 "다들 이렇게 준비하니까요", "장표가 적으면 성의 없어 보이잖아요", "이번 프로젝트, 자료 조사도 열심히 하고 얼마나 힘들게 준비했는데요. 보여줘야죠" 등의 대답을 한다.

그들의 발표는 결국 '나' 중심이다. 오랜 시간 열심히 준비한 장표 하나하나가 다 귀하고, 하나라도 빠지면 큰일 날 것 같다. 그러나 프레젠테이션을 컨설팅하는 입장에서 보면 버려야 하는 장표 투성이다. 중복되는 내용도 많고 불필요하게 첨부된 데이터도 많다. 논리적 흐름에 어긋나는 추가적인 설명들도 덜어내야 깔끔해진다.

'그들이 무엇을 궁금해할까', '무슨 내용을 듣고 싶을까' 청자의 입장에서 고민하는 것이 간결한 스피치를 만드는 첫걸음이다.

일반적으로 청자가 듣고 싶어 하는 내용은 세 가지 질문에 대한 답이다. 이는 피칭에서도 일맥상통한다.

왜 필요한가? : 이 제품 또는 서비스가 세상에 어떤 도움을 줄 수 있는가

왜 우리인가? : 비슷한 제품 또는 서비스들과 차별화되는 우리만의 강점은 무엇인가

왜 지금인가? : 이 제품 또는 서비스가 시장성이 있는가

이 세가지 질문에 대한 명확한 답을 내릴 수 있다면, 어렵지 않게 투자자의 마음을 움직일 수 있을 것이다. 반대로 제대로 답할 수 없는 질문이 있다면, 그것이 내 사업의 빈틈일 수 있다.

효과적인 1분 피칭 덱 플로우

이제 1분 피칭의 흐름을 잡아볼 차례다. 앞서 살펴본 '간결하게 메시지

를 전달하는 방법'을 떠올리며, 나의 비즈니스를 효과적으로 전달할 1분 피칭을 준비해보자.

우리에게 주어진 시간은 단 60초(혹은 그 이하)다. 짧은 시간 내에 내가 하고 싶은 이야기를 모두 담을 수 없기 때문에, 무엇을 덜어내고 무엇을 남길 것인가에 대한 고민이 필수적이다. 물론 1분 피칭 덱에 정답은 없지만, 비즈니스의 핵심을 전달하는 데 유용한 플로우는 존재한다. 아래 5가지 단계에 맞춰 내 사업을 정리해보자.

Step 1. 관심 유도 오프닝

투자자들이 내 사업에 호기심을 가질 수 있도록 관심을 유도하는 단계다. 앞서 이야기했듯, 비즈니스상에서 이루어지는 커뮤니케이션은 두괄식으로 구성되어야 효과적이다. 그렇기 때문에 인사 후에는 우리 사업을 한 문장으로 정리해 보여주는 것이 좋다. 나이키의 'Just do it'처럼 우리의 아이덴티티를 표현하는 슬로건을 만드는 것도 투자자의 관심을 끄는 하나의 방법이 될 수 있다.

"안녕하세요! 세상에서 가장 넓은 옷장, 옷장 공유 서비스 OOO의 대표 홍길동입니다."

Step 2. 사업 추진배경, 문제점

스타트업은 일상생활 속 문제를 발견하는 데서 시작된다. 실제로, 카셰어링 기업 〈쏘카〉는 주차장에 모셔놓고 있다가도 정작 필요한 때에는 아내와 서로 끌고 나가겠다고 실랑이를 하게 되는 자동차에 대한 불편함에서 시작되었다. 또한 대표적인 부동산 스타트업인 〈직방〉은 제한된 정보 내에서 자신에게 맞는 방을 구하기 어려웠던 경험을 토대로 만들어진 서비스이다.

이처럼 일상 속 크고 작은 문제들은 사업을 추진하는 배경이 된다. '창업은 기존에 없던 것을 새롭게 창조해내는 것이 아니라 기존에 존재하던 것을 조금 더 빠르고 편리하게 만들어 내는 것'이라는 〈배달의 민족〉 김봉진 대표의 말 역시 이를 뒷받침한다. 상대를 생각하게 만드는 질문이나 공감할 만한 에피소드를 활용해, 현재 우리의 상황에 어떤 문제가 있는지를 보여주어라.

"오늘 아침에도 어김없이, 이런 고민 하지 않으셨나요? '오늘 뭐 입지?' 옷장에 옷은 가득한데, 정작 입을 만한 옷은 없는 신기한 경험을 우리는 매일 반복합니다. 이 옷은 지겹고, 이 옷은 유행이 지난 것 같고, 또 이 옷은 새로 산 가방과 어울리지 않습니다."

Step 3. 우리만의 솔루션

문제점을 제시했다면, 이제 우리의 해결 방법을 보여줄 차례다. 우리만의 사업 아이디어를 소개하는 순서라고 생각하면 된다. 이 단계에서는 우리의 상품이나 서비스가 무엇인지, 그리고 이를 통해 어떤 가치를 창출해낼 수 있는지를 이야기한다. 제품이나 서비스를 이해하기 수월하도록 직접 보여주는 등 시각화 전략을 활용하면 효과적이다. 더불어 한 번 더 회사 이름을 언급하며 투자자들에게 확실히 각인시키는 것도 좋다.

"그래서 저희는 생각했습니다. 차도, 공간도 셰어 하는 때인데, 옷장은 공유하면 안 되나? 옷 한 벌 값도 안 되는 가격으로 한 달 내내 다른 옷을 빌려 입을 수 있는 곳, 내 옷장 안에 입지 않는 옷들로 수익을 낼 수 있는 곳. OOO이 여러분의 옷장 앞 고민을 덜어드리겠습니다!"

Step 4. 경쟁력과 비전 제시

피칭에서는 늘 '투자자'라는 청중의 특징과 '투자 유치'의 목적을 염두에 두어야 한다고 말했다. 그렇기 때문에 아이디어 자체가 얼마나 훌륭한지 설명하는 것도 중요하지만, 이 사업이 시장에서 얼마나 경쟁력이 있고 비전이 있는지를 보여주는 과정도 빠져서는 안 된다.

많은 고객들이 이러한 제품 혹은 서비스를 원하고 있음(시장성)을 보여주어도 좋고, 경쟁사와 비교할 때 무엇이 탁월한지(차별화 전략)를 강조해도 좋다. 더불어 창업 이후 고객의 반응이나 매출 향상 등을 보여주며 우리 사업의 비전(성장성)을 제시해도 효과적이다. 이 단계에서는 구체적인 데이터, 즉 숫자를 사용하면 신뢰가 더해진다.

"작년 8월 서비스를 시작한 OOO은 매월 20%의 성장을 지속해오고 있습니다. 또한 고객과의 신뢰를 바탕으로 꾸준히 회원 수가 증가했고, 현재는 2만 5천 명의 회원들이 자신의 옷장을 공유하고 있습니다."

이제 논리적인 설득의 기회는 끝이 났다. 피칭의 마무리는 감성을 자극할 수 있는 멘트를 넣어주면 좋다. 감성적인 이야기가 더욱 오랫동안 마음에 여운을 남기기 때문이다. 우리 회사가 고객 혹은 사회에 안겨줄 수 있는 이상적인 미래 모습을 제시하는 것은 좋은 클로징이 될 수 있다.

피칭에 임하는 대표들은 '기술 자체'보다 '그 기술로 인해 파생되는 가치'가 투자자들을 움직인다는 것을 반드시 기억해야 한다. 실제로 우리는 상품 자체의 스펙보다는 그 상품이 나에게 주는 가치를 생각하며 구매를 한다. 장난감을 살 때에는 내 자녀가 즐겁게 노는 모습을 떠올리고, 코트를 살 때에는 연말 모임에서 빛나는 내 모습을 상상하며 지갑을 열게 되는 것이다. 이처럼 피칭을 마무리하는 단계에서는 우리의 제품 혹은 서비스가 어떤 가치를 안겨줄 수 있는지를 확실하게 보여주어야 한다.

"옷장 앞에서 보내는 시간, 부담스러운 쇼핑 비용. OOO과 함께라면 줄일 수 있습니다. 이제, 더 소중한 것에 투자하세요!"

이제, 앞의 사례를 토대로 '나의 이야기'를 채울 차례다. 각각의 단계에 어떤 이야기를 담을 것인지 고민해보자. 5단계에 맞춰 기본적인 1분 피칭을 준비해 둔다면, 언제 어디서 누구를 만나든 만능열쇠를 손에 쥔 듯 든든한 느낌을 받을 것이다. 이를 기본으로 하되, 상황에 맞춰 내용을 더하고 빼며 응용하는 훈련까지 한다면 더할 나위 없겠다. 대표님들의 아이디어가 세상 속에서 반짝이길 바라며, 대표님들의 멋진 피칭을 응원한다!

5분 피칭의 핵심은
나만의 진정성 있는 스토리

김민정

이미지엠스피치 대표
김포대학교 외래교수
대한프레젠테이션 협회 2급 강사
前 CBS 아나운서
현대자동차 2018 투싼 런칭쇼 프레젠테이션 전략
한국수력원자력 인재개발원 교수과정 프레젠테이션 전략
LG 판토스 프레젠테이션 전략, CJ 인재원 이미지 전략
충북 강소 기업 분석 경진대회 프레젠테이션 컨설팅
고양 중장년 창업 지원센터, 재창업 패키지 IR피칭 컨설팅
농수산 창업 콘테스트 IR피칭 컨설팅

진정성 있는 스토리를 무기로 투자에 성공한다

스타트업은 투자 유치 단계에 들어가게 되면 수많은 투자자들에게 자신의 사업을 이야기해야 한다. 다양한 장소에서 여러 모습으로 피칭이 이루어지는데 데모데이(Demoday) 같은 큰 규모의 무대에서 진행되기도 하고, 투자자들과 파트너들이 함께하는 회의장에서 이루어지기도 한다. 또한 카페 같은 곳이나 엘리베이터 같은 아주 짧은 시간 동안 이야기를 나누기도 한다.

이렇게 다양한 장소에서 투자자에게 피칭을 하다보면 하루에 수십 명 혹은 그 이상의 투자자들에게 발표를 하게 된다. 반대로 투자자들 또한 다양한 스타트업의 창업가들로부터 사업 아이템을 들어야 한다.

5분이라는 짧은 시간 동안 투자자들이 나의 스타트업에 매료되고 수억에서부터 수십억 원 이상의 큰 금액을 투자받길 원한다면 일단 사업 계획서에서 쓰는 기승전결식의 기획부터 버리자.

IR피칭은 '스토리텔링'이다. 내 비즈니스 모델을 하나의 드라마와 영화 속 이야기처럼 명확하게 이해하고 받아들일 수 있도록 생생하게 전달해 줘야 한다.

'2019 스파크랩 데모데이'를 참관하면서 느낀 점은 투자자들의 호평을 받고 사람들에게 주목받는 피칭에는 '나만의 진정성 있는 스토리'가 있었다는 점이었다.

서울대학교 연구실 창업 벤처기업으로 3차원 혈관 구조를 체외에서 모사하고 이를 활용하는 인체 장기칩 플랫폼을 제공하는 '큐리오칩스', 좋아하는 캐릭터와 연예인 또는 다양한 디자인을 통해 나만의 스마트폰 키보드를 꾸밀 수 있는 앱을 운영하는 '플레이키보드', 시급제 근로자의 계약서 작성과 출퇴근 인증을 GPS기반으로 확인하고 기록하는 근로 시간 인증 앱인 '알바워치', SNS 인플루언서의 영향력을 측정해주는 플랫폼인 '피처링' 등 헬스, 커머스, 바이오, 클라우드 서비스 등 14개의 다양한 분야의 팀 발표들이 스파크랩에서 이루어졌다.

이들의 공통점은 창업자가 직접 체험한 문제를 시장으로 가지고 나온 팀이 대부분이라는 것이다.

그중 필자에게 가장 인상 깊이 남았던 팀은 맨 마지막 유종의 미를 거둔 스탠딩 톨의 대표 강선영씨의 피칭이었다.

"안녕하세요. 저는 지난 10년 동안 척추 측만증 환자였습니다. 척추 측만증 환자 수는 전 세계 3억 5000만 명 정도로 매우 흔한 질환이고 매년 3% 이상씩 증가하고 있습니다. 척추 측만증 치료는 보조기로 하는 것이 대부분입니다. 제가 직접 느꼈던 불편함으로 기존의 딱딱하고 입기 힘든 보조기가 아닌 밴드의 장점을 차용해 치료 효과를 극대화하는 제품을 만들었습니다. 스탠딩 톨이란 당당하게 서다라는 뜻입니다. 저는 제가 직접 척추 측만증을 치료했듯이 전 세계의 모든 척추 측만증 환자들이 당당하게 서는 날까지 돕도록 하겠습니다."

발표하는 내내 담담하게 자신의 이야기를 써 내려가는 모습이 많은 이들에게 감동과 울림을 주었다. 강선영 대표를 향한 관객들의 기립박수는 그 확신에 찬 피칭에 대한 찬사였다.

스파크랩의 이한주 공동대표 또한 '창업자가 어떤 부분에 대해 불편함을 몸소 겪고 그 문제를 해결하기 위해 노력하는가의 여부가 창업에 있어서 대단히 중요한 동력'이라고 말했다. 그만큼 나만의 진정성 있는 스토리가 사람들의 마음을 울리고 동요를 이끄는 것이다.

사람의 마음을 이끄는 스토리텔링

스타트업 투자 유치 경쟁이 점점 심해지는 만큼 더 크고 확실하고 새로운 핵무기급 장비가 필요하다.

그것은 바로 스토리다!

마음을 터치하는 스토리텔링은 사람들의 이목을 사로잡는다. 투자자들은 투자에 관해 결정을 내릴 때 논리와 이성으로 판단하기도 하지만, 감정적인 요소로 결정하기도 한다.

실제로 사람의 마음을 가장 움직이는 것은 '자신의 이야기'와 '경험'이 실감 나게 공감을 일으킬 때이다. 여기 입찰 프레젠테이션을 하는 한 프레젠터의 사례를 보자.

"제가 서울로 취업한 지 얼마 되지 않았을 때였습니다. 지방에서 올라와 회사를 다니면서 부모님이 전화할 때 늘 하는 첫마디가 있었습니다. 무슨 말이었을까요? 바로 '밥은 잘 챙겨 먹었니?'입니다. 혼자 취업해서 서울로 간 자식이 회사에서 잘 적응하는지, 어려움은 없는지도 궁금하셨겠죠. 하지만 밥은 거르지 않았는지, 영양가 있는 식사를 했는지가 가장 많이 걱정되셨을 겁니다. 저희 회사는 화려한 외식이 아닌 엄마의 이러한 마음을 담은 정성스러운 집밥 한 끼를 만들겠습니다."

이 이야기를 들어보면 이 회사에서 만드는 외식 식품이 얼마나 영양가가 있는지, 맛이 어떠한지, 가격이 얼마나 합리적인지에 대한 이야기는 전혀 다루지 않았다.

하지만 사람들에게 자식을 서울에 보내고 걱정하는 부모님의 걱정 가득한 마음을 주로 이야기했다. 결국 자신의 이야기를 넣은 스토리텔링은 많은 이들의 마음을 이끌게 되었다.

여기 또 다른 문제 해결책을 제시하는 스토리텔링이 있다.

"혹시 몇 해 전 인천 영종대교 100중 추돌사고를 기억하십니까?(실제로 당시의 뉴스영상을 짧게 동영상으로 보여준다) 영종대교 상부 도로의 짙은 안개로 인해서 승용차 100여 대가 충돌하는 사고가 발생한 사건입니다. 당시 2명의 사망자와 65명이 다친 아주 큰 사고였는데요. 이 사고가 이렇게 많은 사상자를 낸 이유는 바로 안전거리를 확보하지 못한 2차 사고 때문입니다. 그래서 저희 회사는 주야간 사용이 가능한 안전 삼각대를 만들어 누구라도 손쉽게 1초 만에 설치하고 사고로부터 안전하게 지켜줄 수 있는 제품을 만들었습니다. 나와 내 가족이 겪을 수 있는 교통사고, 우리 삼각대로 안전을 지켜내세요."

이 사례는 내가 겪을 수도 있을 법한 문제에 공감하고 심각성을 느끼게 했다. 그리고 해결책을 제시하는 부분을 보여준 것이다.

'교통사고'라는 돌발상황이 발생했을 때 당황하지 않고 대처할 수 있다는 이야기를 통해서 많은 이들에게 공감을 살 수 있었다.

스토리텔링은 대단하거나 특별한 이야기를 하는 것이 아니다. 결국은 바로 나의 이야기, 주변 사람들이 겪은 이야기, 또 보통 사람들이 공감할 수 있는 이야기다.

요즘 드라마나 영화에 나오는 주인공들의 스토리들도 재벌 2세를 만나는 현실 불가능한 이야기보다 실제 일어날 수 있는 소소한 이야기가 많은 사람들의 공감을 사고 마음을 울린다. 공감 스토리의 드라마가 시청률이 높은 이유도 이러한 이유에서다.

결국, '나만의 스토리'가 필수다

'내가 아는 것'과 '내가 말할 수 있는 것'은 다르다. '100을 알아야 10을 표현할 수 있다'는 말이 있는 것처럼 100을 공들여야 내가 아는 10을 제대로 말할 수 있다.

여기서 100은 바로 '나만의 스토리'를 찾는 것이다. 창업지원센터에 IR 피칭 멘토로 멘토링을 진행할 때 간혹 "저는 특별한 스토리가 없습니다"라고 푸념하는 창업가들이 있다.

남들에게는 다 있는 스토리가 왜 나한테는 없는지 모르겠다며 답답해하는 심정을 어느 정도는 공감할 수 있다. 하지만 그냥 이런저런 이야기들을 다 모아라. 우리는 보석 같은 나만의 스토리 보따리들을 그냥 휴지통에 내다버리는 경우가 생각보다 많이 있다.

IR피칭에서 투자자들을 사로잡기 위해서는 2가지의 스토리를 가지고 있는 것이 좋다.

첫 번째는 나의 스토리이고, 두 번째는 회사의 스토리다. 나만의 경험이 가득 담겨있는 이야기도 좋지만 회사에 관한 스토리도 반드시 준비해서 두 가지의 스토리를 결합한 이야기를 하면 좋다.

사실을 전달할 때도 있는 그대로의 '팩트'만 이야기하는 것과 스토리를 실어서 이야기하는 것에는 차이가 있다, 사실을 줄줄 퍼부어대는 것보다는 단순하고 잘 짜인 이야기가 훨씬 더 강력한 효과를 발휘하는 것이다.

특히나 투자자들의 마음을 사로잡으려면 첫마디, 첫 문구에서부터 투자자의 호기심을 끌어야한다. 이때 호기심을 이끄는 건 나만이 할 수 있는 특별한 이야기이다.

이야기의 힘은 어마어마하게 크다.

필자가 대학에서 수업을 진행할 때에도 이론만 이야기했을 때와 내가 겪은 사례들을 이야기할 때 청중인 학생들의 수업태도와 반응은 확연히 다르게 드러난다. 있는 그대로의 사실인 이론을 전할 때에는 흥미를 잃다가 내가 겪었던 경험의 이야기로 공감을 불러일으킬 때 학생들의 눈이 빛나는 것을 경험하곤 한다.

나만의 진솔한 이야기를 먼저 이야기하라. 분명 청중의 반응은 달라질 것이다.

가장 중요한 것은 오프닝과 클로징이다

이제 IR피칭에서 스토리텔링의 중요성을 알았다면, 오프닝과 클로징으로 더욱더 관심과 집중을 끌어야 한다.

오프닝에서 반드시 해야 하는 것은 '관심끌기'다. 남녀가 소개팅에 나갔을 때 초반에 관심이 없다면 더 이상 이야기를 듣고 싶어지지 않는다. 오프닝에서 투자자들의 마음을 끌지 못하면 첫 단추부터 잘못 꿰는 것과 같다.

IR피칭에서 꼭 들어가야 할 것은 Why(왜), How(어떻게), What(무엇을) 이다.

우리 스타트업이 왜 이 사업을 진행하게 됐는지, 또 어떻게 이 사업들을 이끌어갈 것인지 자사만의 해결책을 알려주고, 마지막으로 경쟁력과 비전을 보여주는 과정이 필수적으로 들어가야 한다.

결국 오프닝에서 내가 왜 이런 문제점들을 생각하고 사업을 시작하게 되었는지부터 나의 스토리로 시작해보자.

오프닝의 스토리를 발견하기 어렵다면, 나는 어떤 불편함이 있었고 어떠한 에피소드들이 있었는지 이야기 나눠보자. 금세 나만의 오프닝의 재료들이 쏟아져 나올 것이다.

"개똥도 약에 쓰려고 하면 없는 것처럼 여러분들도 평소에는 자주 보이다가 꼭 필요한 순간에 없는 물건들이 있습니다. 무엇일까요? 다양한 것들이 있지만 그중의 하나가 바로 안경닦이입니다. 안경을 쓰시는 분들이라면 공감하실 텐데요. 매번 안경을 맞출 때마다 받아서 사용하는 안경닦이가 쓰려고 하면 사라지는 물건 중 하나라고 생각합니다. 저는 이러한 불편함을 개선하기 위해 안경닦이를 가지고 다니기 용이하게 악세사리처럼 만들어보았습니다."

평소 자신의 불편함을 토대로 자신의 아이템에 대한 이야기를 오프닝으로 사용했다.

이제 오프닝으로 관심을 집중했다면 정말 남기고 싶은 메시지가 담긴 클로징으로 마무리해보자. 특히나 투자자들이 결정을 내릴 수 있게 사업의 요약과 강조점이 담긴 내용을 이야기하고 감성적인 마무리를 해도 좋다. 대부분의 스타트업 IR피칭에서 클로징을 어려워하는데 여기 감성을 자극하는 클로징 멘트를 소개해 보겠다.

"마지막으로 사진 한 장을 보여드리겠습니다. 혹시 '동물의 왕국'을 좋아하시나요? 동물의 왕국에서 가장 시청률이 높은 장면이 바로 사냥하는 모습입니다. 그런데 육식 동물이 초식 동물을 잡아먹을 확률이 얼마나 될까요? 약 25%에 불과하다고 합니다. 4번 시도해서 그중 1번 정도 성공한다는 것이죠. 육식 동물이 더 빠른 경우가 많은데도 말입니다. 둘 다 열심히 달리고 있는 것 같지만 마음은 다를 것입니다. 뒤에 있는 치타는 한 끼 식사를 하기 위해서 달리고, 앞에 있는 가젤은 목숨을 걸고 달립니다. 투자자 여러분, 저희는 아직 작은 업체입니다. 하지만 저희는 이곳에 치타의 마음으로 참여하지 않았습니다. 한 끼 식사를 하기 위해서 이 데모데이에 참여한 것이 아니라 앞에 있는 가젤의 간절한 마음으로 참여했습니다. 저희에게 투자를 해주신다면 이 프로젝트가 마지막이라는 생각으로 가젤처럼 최선을 다해서 달리겠습니다."

《누가 저 대신 프레젠테이션 좀 해주세요》라는 책에 나와 있는 내용이다. 어떤가?

부모에게 스마트폰을 사달라고 말하는 아이의 떼쓰는 울음부터 직장의 불만을 하소연하는 회사원의 뒷담화, 남편의 잦은 회식을 타박하는 아내의 바가지, 홈쇼핑에서 '지금이 마지막 최저가 찬스'라고 외치는 쇼호스트의 목소리까지 그 목적은 모두 누군가에게 '무언가'를 설득하려는 데 있다. 마찬가지로 우리가 5분 피칭에서 투자를 받으려고 하는 것도 결국은 설득이다.

이렇게 공감과 설득을 형성하는 가장 강력한 방법은 '이야기'를 전달하는 것이다. 이야기는 투자자의 감성을 자극하여 발표자와 충분히 공감을 이루게 한다. 이런 공감의 결과는 투자자의 마음을 설득해 결정으로 이어질 가능성이 매우 높다.

하고 싶은 말이 아닌 듣고 싶은 말을 해라

필자가 서울의 모 대학에서 면접 스피치로 강의를 진행하기 전, 그 학과에서 단체로 한 기업의 면접을 보는 경우가 있었다. 그때 단 한 명의 친구도 합격하지 못했다. 자세한 내막을 들어보니 학생들의 성의 없는 태도와 준비되지 않은 말들 때문에 기업에서 아무도 채용하지 않았다고 한다.

대학의 학과 측 입장에서는 많은 학생들을 취업시키길 원했고, 또다시 이런 일들이 생기지 않도록 하기 위해 이 친구들의 면접 스피치를 교정해 달라는 요청이었다.

필자는 단순한 면접 스피치의 교정이 아닌 상대방의 입장에서 돌아봤을 때를 생각해보자며 컨설팅을 진행했다. 면접에서도 면접관의 입장으로 돌아봐서 면접을 준비해야 합격의 문에 가까워진다.

피칭 또한 투자자들이 듣고 싶어 하는 말들을 해야 한다. 결국 많은 이들이 IR피칭에 실패하는 이유는 투자자가 듣고 싶어 하는 말이 아닌 자기가 하고 싶은 말을 하기 때문이다.

그렇다면 어떻게 투자자를 설득할 수 있을까.

어떻게 하면 투자자를 설득해 창업가와 회사가 원하는 목표를 이룰 수 있을까.

무엇보다 나만의 서비스와 시장 규모들을 설명하는 것 이전에 먼저 투자자를 아는 것이 중요하다. 그들이 알고 싶어 하는 것들과 그들이 원하는 것을 먼저 알아주는 것이 무엇보다 투자자를 효과적으로 설득하는 방법이다.

투자자와 스타트업의 눈높이를 맞춰라

투자자들은 다양한 아이템의 스타트업을 만나기 때문에 많은 분야를 꿰뚫고 있는 전문가일 거라고 생각할 수 있지만 그렇지 않다. 투자자는 게임, 패션, 반도체, 헬스, 모바일 서비스 등 하루에 다양한 사업을 하는 사람들을 만난다. 모든 것들을 아우르는 충분한 사전 지식이 있는 경우도 있지만 대부분 아닌 경우가 많다. 그렇기 때문에 아주 기초적인 지식부터 설명해야 한다.

필자가 아나운서로 활동할 때 반복적으로 들었던 말이 있다. 방송에서 사용하는 단어는 중학생이 이해할 수준의 단어를 사용해야 한다는 것이다. 남녀노소가 이해하기 쉬운 언어를 방송에서 사용해야 하듯, 마찬가지로 스타트업 또한 투자자들이 이해하기 쉽게 눈높이를 맞추는 것이 필요하다.

실제로 1994년 아마존의 창업자 제프 베조스가 인터넷을 통해 책을 팔겠다고 투자자들을 유치할 때는 인터넷이 무엇인지부터 설명하는 친절함을 보여주었다고 한다.

IR피칭과 사업계획 진단으로 컨설팅을 진행하다보면 창업가들은 자신이 개발하고 있는 제품의 전문 용어들을 줄줄 말하면서 전문성을 어필할 때가 많다.

하지만 대다수의 사람들은 자기 분야가 아닌 기술에 대한 전문적인 용어들을 이해하지 못한다. 결국 그 사업에 대한 이해 부족으로 매력을 느끼지 못하는 일들이 벌어진다.

그럴 때 필자는 '대표님 조금 더 자세히 설명해주시겠어요?' 하고 되물으면서 이해를 돕곤 한다. 본인에게는 너무나 익숙한 전문 용어와 세세한 제품의 시스템들이지만 상대방이 모를 수 있다는 전제하에 알려주는 친절함을 갖출 필요가 있다.

경영자의 능력과 팀워크를 보여 줘라

스타트업은 창업 3년 이내 생존율이 41%이다.

창업 초기 자금 조달과 판로 확보의 어려움을 겪는 이른바 '죽음의 계곡(Death valley)'을 통과하는 시련을 겪게 된다. 자본력도 부족하고 직원도 몇 명 되지 않은 상태에서 시작하기 때문에 스타트업이 성공을 거두는 것은 정말 어려운 일이다.

그럼에도 불구하고 우수한 성과를 내는 스타트업이 있다. 그 비결은 바로 '그 팀만의 팀워크'를 갖추었다는 것이다.

우리 팀이 어려운 스타트업의 구조에서 얼마나 잘할 수 있는지를 말하라. 단순히 스펙이나 인맥을 자랑하는 것이 아니다. 이 문제에 어떻게 관심을 가졌고, 얼마나 오랫동안 집중해왔으며, 우리가 얼마나 큰 열정을 갖고 있는지를 설명하는 것이다.

구구절절 자신의 학력과 이력을 빼곡하게 발표하는 사례를 종종 보게 된다. 듣다보면 사업의 제품이나 서비스와 관련 없는 이력까지 줄줄 외워대는 경우도 있다.

핵심적인 이력과 업력을 말하자. 자신을 어필하려고 관련 없는 이력과 업력까지 나열하는 것은 의미 없는 외침일 뿐이다.

예비 창업 패키지에 지원한 지방의 모 대학교 학생들은 자신이 그 지역 출신 토박이임을 강조했다. 그들은 지역 특성을 잘 알고 있는 팀이고 같은 대학을 나온 동기임을 밝히면서 자신들의 팀워크를 이용해 사업을 하겠다는 것을 강하게 어필했고 많은 이들의 공감을 사 정부자금을 조달받을 수 있었다.

투자자와 반드시 공감을 이뤄내야 할 키워드

피칭에서 가장 중요한 것을 요약하자면 '문제점 – 해결 – 시장 – 비즈니스'다. 이 뼈대를 5분 피칭의 큰 토대로 삼고 그 사이사이에 스토리들을 넣는 것이다.

먼저 나의 불만과 불평이 무엇인지 생각해 보는 것이 출발이다.

'왜 내가 그 불편함에 주목하게 되었는지, 또 얼마나 많은 사람들이 그 문제를 개선하길 원하는지' 이것에 대해 청중과 투자자에게 공감을 얻게 된다면 그 피칭은 투자라는 성공으로 가는 첫걸음을 잘 내딛었다고 보면 된다.

이렇게 내가 갖고 있는 문제점으로 시작을 열었다면 이제는 해결 방안인 솔루션을 반드시 제시해야 한다. 이때 해결방법이 나의 제품과 서비스라는 것을 보여주면 된다. 특히나 사람들이 불편해하는 요구(Needs)를 정확하게 읽어내고 최상의 해결 솔루션을 표현해 낼 수 있다면 그 비즈니스와 아이템은 소위 말하는 대박 사업이 될 가능성이 높다.

날씨에 따라 반려견의 산책과 외출을 막는 불편에서 시작되어 반려견의 기능성 의류를 개발했고, 아내의 집 정리 고민을 해결하기 위해 집안의 물건 저장 서비스를 제공했다. 이와 같은 다양한 사례들 또한 문제와 불평에서부터 시작해 솔루션을 제시한 사례이다.

다음으로 솔루션을 통해서 제품과 서비스의 장점들을 잘 정리해보자.

많은 스타트업이 제품과 서비스를 너무나 장황하게 설명하다보니 문제점에서 해결의 연결이 어색한 흐름으로 이어질 때가 있다.

나의 제품에 애착이 있으니 다 말하고 싶은 마음은 이해한다. 하지만 이렇게 해서는 5분 피칭 안에 모든 내용을 담을 수 없고 투자자들의 관심과 주목을 받을 수 없다.

명확한 한마디의 문장으로 정리해보자. '이 문제점으로 인해 나오게 된 이 제품과 서비스는 이것입니다'라고.

깔끔한 문장으로 말할 수 있도록 하자. 컨설팅 현장에서 한 문장으로 자신의 제품을 정의하는 시간을 통해 더 명확하게 자신의 솔루션을 정립하는 경우를 많이 보았다.

마지막으로 투자자가 투자를 결심하게 되는 것 중 하나는 바로 '시장성이 있는가'와 '비즈니스로 돈이 될 수 있는가'이다.

많은 스타트업들이 처음에 어려워하는 부분 또한 바로 시장성이다. 피칭에서 시장을 이야기하는 이유는 나의 비즈니스가 가능한 시장 영역에 분명하게 존재하고, 그것이 돈이 될 수 있다는 것을 말하기 위해서이다. 목표로 하는 시장과 타겟을 정의하고 비즈니스 규모를 예측하며 기존의 제품들과의 차별성과 경쟁력을 보여준다면 투자자들에게 충분한 공감을 일으킬 수 있을 것이다.

투자자의 귀를 사로잡는 5분 피칭이란?

피칭의 목적이 무엇인가 생각해보자.

결국은 투자자의 관심을 이끌고 구체적인 이야기를 나누기 위한 미팅 약속을 잡는 것이라고 할 수 있다.

5분 피칭에서 5분은 그렇게 길지 않은 시간이다. 5분 피칭의 전략은 결국은 핵심만 말하는 것이다. 꼭 넣어야 할 말들만 명료하게 하는 것이 핵심이다.

멘토링을 하다보면 슬라이드를 화려하게 만들기 위해 디자인에만 신경 쓰거나 필요 이상의 데이터들을 빼곡하게 채워 가독성이 떨어지는 경우를 보게 된다. 알아볼 수 없는 그래프나 이미지를 넣는 과도한 욕심이 쌓여갈수록 나만의 핵심 메시지는 사라진다. 또 많은 양의 데이터는 오히려 지나치다고 느낄 수 있다. 투자자를 설득하기 위해 꼭 필요한 것만 담아서 강조하자.

전달력 향상의 키워드는 강약, 속도, 포즈다

피칭 자료를 완벽하게 구성했다고 하더라도 잘 전달하지 못하면 아무런 소용없다. 피칭 컨설팅에서 만나는 대표들의 경우 눈을 부릅뜨고 집중해서 들으려고 해도 도통 무슨 말인지 모르겠는 피칭이 있는가 하면, 하던 일도 멈추게 만드는 흡입력 높은 피칭도 있다.

창업 캠프를 진행하다보면 다양한 팀들의 피칭을 듣게 되는데 처음부터 끝까지 낮고 단조로운 톤과 일정한 속도로 말하는 피칭은 청중들을 지루하게 만들고 내용이 귀에 잘 들어오지 않았다.

또 그렇다고 너무나 힘차게 높은 톤으로만 말한다면 어떨까?

모든 것을 강조하는 느낌이고 어린 시절 웅변하는 어색한 느낌이 들게 된다. 이런 격앙된 목소리는 시간이 지날수록 청중의 귀를 피곤하게 만들어줄 뿐이다.

결국 투자 유치를 위해서는 설득력 넘치는 전달의 기술이 필요하다.

누군가의 피칭을 들을 때 높든 낮든 한결같은 소리를 내는 것이 아닌 강조할 부분에는 강조를 주는 변화가 있는 소리여야 한다. 변화가 있어야 말에 리듬감과 활력, 생동감과 감정들이 생긴다. 이런 피칭은 청중과 투자자들의 귀를 사로잡을 수 있다.

1) 강약으로 나의 제품과 서비스를 강조하라

평소 대화에서도 중요한 이야기를 하거나 감정이 격해질 때 목소리 톤이 커지고 자연스럽게 성량도 올라가게 된다. 피칭 시에도 목소리의 단조로움을 깨고 중요하다고 생각하는 키워드 부분에 힘을 주어 말한다. 강하고 크게 말하면서 강조하는 방법이다. 투자자에게 반드시 전달하고자 하는 메시지, 강력하게 설득해야 하는 부분, 회사의 가치관과 기업가 정신들을 기본적인 목소리 톤보다 한 톤 높여서 힘주어 말해보자.

또한 무조건 목소리의 톤을 높여 힘 있게 하는 것만이 강조가 아니다. 반대로 톤을 낮춰서 약하게 말하는 방법도 있다. 조용히 작게 말하는 방법도 내용을 더 집중하고 몰입하게 만드는 효과가 있다.

2) 속도와 길이로 강조하라

중요하게 생각하는 키워드에서 속도를 늦춰 말하면서 강조하는 방법이다. 특히나 비즈니스 모델에서 숫자로 데이터를 제시할 때는 조금 더 천천히 강조해서 말을 하는 것이 좋다.

중요한 돈과 수치에 대한 부분을 이야기할 때 말의 속도만으로도 '이 부분은 꼭 기억해주세요'라는 느낌을 충분히 전달할 수 있다. 또한 형용사나 부사를 표현할 때 조금 더 감정을 실어 모음의 길이를 길게 해서 말하는 것 또한 그 단어에 대한 표현력을 향상시킬 때 도움이 된다.

예를 들어 "이 시장은 엄청난 규모의 가능성을 갖고 있습니다"라고 무미건조하게 말하는 것보다 "이 시장은 엄~~청난 규모의 가능성을 갖고 있습니다"라고 길게 강조해 말하면서 훨씬 더 크고 확실한 그 단어의 느낌을 표현할 수 있다.

3) 포즈를 통해 강조하라

마지막으로는 포즈다. 포즈(Pause)란 말을 하던 중에 잠시 멈추고 침묵하는 것을 말한다. 피칭에서 조금 더 세련되고 전문적인 느낌을 표현하는 데 있어서 가장 효과적인 방법이다. 포즈를 한 뒤에 이어지는 내용을 강조시키고 주목시키는 데 큰 효과를 얻을 수 있다.

하지만 대부분의 사람들은 스피치를 하다가 잠시 말을 멈추는 것을 부담스러워한다. 그렇기 때문에 어떻게든 쉼이 없이 말을 빽빽하게 이어가는 경우가 많다. 이러한 포즈 없는 피칭은 여유도 없을 뿐더러 자신감도 없어 보이고 그냥 어떻게든 이 피칭을 끝내버리려는 느낌만 줄 뿐이다.

이 방법은 필자가 아나운서 면접을 볼 때 자기소개에서도 많이 사용하는 방법이다.

"안녕하세요. 수험 번호 178번 김민정입니다."
"안녕하세요. (포즈, 여유) 수험 번호 178번 (쉬면서 미소) 김민정입니다."

후자의 예시처럼 포즈를 주는 것은 큰 변화가 아닌 것 같아도, 실제로 하게 되면 전달력도 높아지고 여유 있는 모습과 자신감을 보여줄 수 있다. 면접장에서 포즈만 사용했을 뿐인데 다른 지원자들보다 더 큰 자신감과 여유 그리고 없었던 실력도 생기는 느낌이 든다.

실제로 최종면접 후 직장 선배가 된 국장님께 나의 면접에 대한 이야기를 들은 적이 있다. 다른 지원자들에 비해 여유롭고 넉넉한 모습이 자신감 넘쳐 보였다고 했다. 이렇듯 포즈는 말에 있어서 강력한 무기라고 생각한다. 그렇다면 피칭에서 포즈는 언제 하면 좋을까?

_ 오프닝에서 질문을 한 후에
_ 문제점을 말하거나 핵심 솔루션의 전 후에
_ 다음 화제로 넘어갈 때
_ 클로징으로 마무리 전

처음에는 포즈를 두는 것이 어색해서 익숙하지 않겠지만 포즈라는 쉼을 통해 말의 여백을 살려보면 그 강조의 묘미를 알게 되어 점점 더 사용하고 싶어질 것이다.

자신감 있는 피칭이 매력적이다

처음 많은 사람들 앞에 서서 발표했을 때를 기억해보라. 수십 명 혹은 수백 명의 눈과 귀가 나만을 향하는 것이 얼마나 떨리는지 그 긴장감을 경험했을 것이다.

필자가 대학에서 수업을 진행할 때 매 학기 모든 학생들에게 발표를 시킨다. 평소 수업 태도가 좋고 학습 능력이 뛰어나더라도 발표에는 약한 친구들이 꽤 많이 있다. 그런 학생들의 특징은 떨리고 긴장되는 마음을 회피하고 싶어서 바닥이나 허공을 본다는 것이다. 혹은 슬라이드 자료만을 의지해서 발표하는 경우를 보게 된다.

대학생뿐만 아니라 기업에서 프레젠테이션 코칭을 할 때에도 마찬가지다. 대다수가 어려워하는 것이 청중 앞에서 하는 발표다. 피칭을 위한 창업 캠프에서도 마찬가지다. 많은 경험과 업력이 있는 대표들이지만 일대다수의 발표에서는 당당했던 자신감이 사라진다. 점점 작아지는 목소리와 불안한 시선 때문에 '그 아이템 괜찮은데?' 했던 사업까지도 매력적이지 않게 보이는 경우를 보았다.

피칭을 하는 발표자가 자신감 있는 태도를 보이지 않는다면 그 사업에 대한 열정이나 열의, 진심의 모습들을 투자자들에게 전달하기가 어렵다.

그렇다면 자신감 있는 피칭이란 무엇일까?

눈빛, 표정, 바디랭귀지인 제스처 등 비언어적 요소들을 적극적으로 활용하는 것이다.

낯선 사람들과의 눈 맞춤은 누구나 쉽지 않다. 게다가 나를 평가하는 투자자들 앞에서 이야기한다는 건 더 어려운 일이다. 하지만 어렵고 쑥스럽더라도 눈빛과 열정, 확신에 찬 모습들을 보여줬을 때 진심이 더 전달되는 법이다.

필자가 얼마 전 재창업 패키지에서 피칭 스피치 멘토링을 진행했다. 강의가 끝난 후 받은 질문 중 가장 인상 깊었던 질문이 있다.

"강사님은 체구도 작고 여리여리해 보이는데 강의를 진행하는 모습은 자신감 넘쳐 보여서 그런지 전혀 작게 느껴지지 않습니다. 저도 자신감을 얻고 싶은데 어디서 자신감을 얻습니까?"

스피치 전달력에 대한 질문만 줄곧 받아오다가 자신감의 근원이 어디냐는 질문에 한참을 생각하다 대답했던 기억이 있다.

우선 나도 매번 새로운 사람 앞에서 강의를 진행할 때 긴장과 떨림이 있다. 하지만 남들 앞에서 말을 하는 직업을 10년 가까이 하다 보니 그 떨림을 즐기는 단계에 이르렀다.

피칭 전 긴장을 많이 하는 사람들에게 팁을 주자면 나에게 호의적인 반응을 해주는 사람들 즉, 미소를 지어주거나 고개를 끄덕여주는 리액션을 잘하는 고마운 청자들을 바라보면서 시작하면 훨씬 긴장감이 줄고 마음이 편해진다. 그러다보면 어느새 내 표정도 풀리게 되고 모든 사람들에게 따뜻한 눈빛을 보내면서 마음의 여유가 생기게 된다.

그다음으로는 표정이다. 피칭 전 무뚝뚝한 모습으로 자신을 소개하는 사람들을 보면 자신감은커녕 여유가 느껴지지 않는다. 자연스러운 미소와 함께 당신의 사업 아이템을 듣는 사람들에게 생생한 표정들을 지어 보여라. 투자자들은 저절로 당신의 이야기에 몰입하고 빠져들 수 있을 것이다.

마지막으로 바디랭귀지인 제스처는 많은 사람들이 어려워하는 부분이다. 피칭을 하면서 손을 어떻게 해야 하냐고 물어보는 사람들이 많다. 절제되어 있지 않은 무의미한 손의 움직임을 반복하는 경우도 있고 아예 아무런 제스처를 안 하는 경우도 있다.

제스처는 잘 표현하면 메시지의 의미를 더 확실하게 강조해줄 뿐만 아니라 듣는 사람들의 집중력도 높일 수 있다. 이때 주의할 점은 어색하지 않고 자연스럽게 제스처를 보여주어야 하고, 말의 내용과 의미를 보완해줄 수 있는 동작이어야 한다.

처음에는 어색할 수 있지만 강조하고 싶은 말에 조금씩 제스처를 넣어보자. 이때 크고 적극적인 제스처가 자신감 있어 보이고 매력적으로 보이는 역할을 톡톡히 해줄 것이다.

피칭을 통해 투자자의 마음을 사로잡는 것은 말은 쉽지만 결코 쉽지 않은 일이다. 한 번이라도 피칭을 해본 경험이 있는 사람은 피칭은 하면 할수록 어렵다고 말한다.

결국 피칭은 사람과 사람 간의 커뮤니케이션이다. 커뮤니케이션에서 소통이 중요하듯 투자자와 스타트업 간의 커뮤니케이션에는 '진정성'이라는 소통이 제일 중요한 답이 아닐까.

그 진정성에는 고객과 시장에 대해 자신이 얼마나 깊이 이해하는지, 내 제품과 서비스에 대한 열정의 모습, 목표 시장과 그 안의 경쟁자들을 정확하게 파악하고 있는지에 대한 자신감이 들어있어야 한다. 그렇다면 분명 투자자의 마음을 여는 성공적인 피칭을 할 수 있을 것이다.

돋보이는 피칭을 위한
15분 피칭 덱 구조화 방법

이주연

드리머스피치 커뮤니케이션 강사

PSI컨설팅 교수센터 소장

MBC대구 공채 아나운서

연합뉴스 TV MC

부산과학관, 새만금 박물관 등 입찰 프레젠테이션 100회 이상

POSCO, 한전 KPS 아나운서

국방생태계 전략포럼, 인터모달 기술 개발 국제세미나 등 다수 세미나&포럼 진행

SK, 삼성, 대한민국 수소엑스포 등 대기업 및 정부 행사 다수 진행

국회의원 및 서울시의원 대담 진행

한전 KPS, LG, POSCO 등 기업 및 공공기관 교육 진행

중장년기술창업지원센터, 경기창조조경제혁신센터 외 다수 IR피칭 컨설팅

돋보이는 피칭을 위한 전제 조건

피칭이 어려운 이유

참 많다. 기발한 아이디어가. 불편함을 콕 집어준 섬세함에 공감하고 번뜩이는 생각에 감탄한다. 넘쳐나는 아이디어만큼, 스타트업도 참 많다. 정부에서도 적극적으로 지원하고, 1인 기업도 가능하다보니 다들 마음속에 하나씩 품었던 상상들을 예전보다 조금은 쉽게 세상에 꺼내는 듯하다. 나름 스타트업 열풍이다. 하루에도 몇 개씩 생겨나긴 하지만, 대신 그만큼 많이 사라지기도 한다. 아이디어를 현실화하는 과정이 생각보다 녹록치 않기 때문이다.

피칭도 어려운 관문 중 하나이다. 많은 스타트업을 만나봤지만, 정말 매력적인 아이템을 가지고도, 그 매력을 온전히 전달해내는 스타트업은 많지 않았다. 크게 두 가지 경우다. 내용이 문제이거나, 발표가 문제이거나. 도대체 이 아이템이 뭐가 좋다는 건지 알 수 없게 딴소리만 해대거나, 내용은 괜찮은데 말이 빠르거나 소리가 작아 전달이 어려운 경우까지, 케이스는 다양하지만 결과는 같다. 답답한 피칭을 들은 투자자가 아이템에 매력을 느꼈을 확률은 희박하다. 투자 역시 마찬가지.

어린 시절 겨울이 되면 종종 눈싸움을 하곤 했는데 생각보다 눈덩이를 만드는 게 쉽지 않았다. 처음엔 눈덩이를 크게 만들겠다는 의지에 불타올라 일단 가능한 한 눈을 쓸어 모았다. 하지만 어차피 눈을 담을 수 있는 공간은 한계가 있다. 딱 내 손의 크기만큼. 많이 모아봤자 들어 올리는 순간 흩날리고, 단단하게 다지면서 조금씩 떨어져 나가고. 결국 몇 번을 했어도 완성된 눈덩이의 크기가 비슷했다.

물론 꽤 큰 눈덩이를 만든 적도 있었다. 하지만 그만큼 단단함은 포기해야만 했다. 흩날리는 눈을 최소화하기 위해 다지는 과정을 그만큼 줄여야 했으니 말이다. 눈덩이의 힘이 약하다 보니 날아가는 속도도 영 시원찮고 파워도 약했다. 딱 손바닥의 크기만 하게, 그리고 옹골차게 다져진 눈덩이가 힘도 스피드도 가장 좋았다.

피칭도 마찬가지다. 대부분 마음이 앞선 만큼 최대한 많은 이야기를 하려고 한다. 애정이 듬뿍 담긴 우리의 아이템을 소개해야 하는데, 이것저것 자랑하고 싶은 그 마음 십분 이해도 한다. 하지만 눈을 아무리 많이 담으려 해도 딱 손바닥만큼만 담겼듯이 피칭도 그렇다. 시간과 투자자의 기억력은 제한이 있다. 같은 시간, 더 많은 말을 하기 위해서는 더 빠르게 말할 수밖에 없다. 눈덩이의 크기에 욕심낼수록 단단함은 포기해야 했던 것처럼, 더 빠르게 많은 말을 하다 보면 임팩트가 부족해진다.

기억해야 할 피칭의 첫 번째 요건, 바로 이것이다. 욕심을 버리고 핵심만 담는 것. 알맞은 양의 내용만 구성해 임팩트 있게 꼭꼭 담아 제대로 전달하자.

피칭의 목적

TV를 보다 보면 프로그램과 프로그램 사이 긴 광고를 피하고자 별 생각 없이 채널을 돌릴 때가 있다. 그리고 굳이 채널을 건너뛰는 수고를 선택하지 않는 이상, 한 번은 홈쇼핑 채널을 마주하게 된다. 분명 돌리던 중 잠시 스쳐가는 채널이었는데, 어느샌가 시청자가, 그리고 심지어 소비자가 될 때가 있다.

이처럼 홈쇼핑에서는 나같이 스쳐 지나가는 사람들의 구매 욕구를 이끌어내기 위해 꽤 많은 노력을 기울인다. 실제로 이러한 현상을 가리키는 '재핑'이라는 방송 용어도 있다. 홈쇼핑에서는 시청자의 연령, 직업, 구매 패턴뿐 아니라 동시간대 타 방송 프로그램까지 철저히 분석한다.

쇼호스트가 제품을 판매한다면, 우리는 투자의 기회를 판매한다. 투자자가 우리의 잠재적 소비자인 것이다. 그리고 홈쇼핑에서는 3-40분의 방송 시간이, 피칭에서는 5-15분의 시간이 주어진다. 이 시간 동안 쇼호스트는 시청자를 설득해 소비자로 만들고, 우리는 피칭을 통해 심사위원을 투자자로 만들어야 한다. 그런데 제품 하나를 판매하기 위해 쇼호스트는 고객의 수많은 입장을 분석하는데, 우리는 투자자의 입장은 생각하지 않고 내가 하고 싶은 말을 한다.

모든 판매가 마찬가지다. 냉장고를 구입하기 위해 여러 대리점을 방문하며 비교한 적이 있다. 한 직원은 A 제조사가 직원이 몇 명이며, 그동안 얼마나 대단한 제품을 만들었는지만 강조했다. 대단한 곳에서 만들었으니 제품도 당연히 좋을 거란 논리였던 것 같다. 그리고 다른 직원은 이 냉장고는 어떠한 오일 액면계를 사용했으며, 선진 냉동 부품 기술을 사용했다며 전문 용어를 남발했다. 내가 이해하기엔 어려운 내용이라 조용히 다른 대리점을 찾아 나섰다. 냉장고를 판매하는 곳은 많으니까 말이다.

우리가 냉장고를 구입할 때 어떠한 점이 가장 궁금할까?

먼저 이렇게나 많은 제품들 중에 왜 이 제품을 추천하는지 궁금했다. 그리고 우리 집 냉장고보다는 어떤 점이 뛰어난지가 궁금했다. 결국 내가 구매를 선택한 곳은 이러한 궁금증을 해결해준 곳이었다. 소비전력이 몇 킬로와트이고 얼마나 대단한 회사가 만들었는지 이야기하기보다는, 내가 이 냉장고를 사용하면 얼마나 더 편하게 주방 일을 할 수 있는지, 또 전기료는 얼마나 절약할 수 있는지. 실제로 와 닿는 이야기들을 해줬던 곳 말이다.

피칭도 같은 개념에서 이해했으면 좋겠다. 잠재적 소비자인 투자자가 궁금해한 점이 무엇인지를 먼저 이해하는 것이 중요하다. 투자자는 수많은 스타트업 중에서, 왜 이 아이템에 투자해야만 하는지가 궁금하다. 우리 아이템이 얼마나 성공할 수 있는지, 왜 성공할 수밖에 없는지를 이야기해줘야 한다. 처음부터 회사 소개에만 2-3분을 허비한다면, 혹은 알아듣지 못할 전문 용어로 내 기술을 뽐내기만 한다면 투자자는 바로 다른 투자처를 찾을 것이다.

피칭의 구성요소

그렇다면 대체 어떠한 이야기들을 풀어 가면 되는 걸까. 아래 표를 참고해보자. 세계 최대의 VC인 세쿼이아 캐피탈에서 언급한 피칭 구성요소이다.

Company purpose	한 문장으로 회사를 정의하기
Problem	고객이 어떤 문제를 겪고 있고, 현재 해결책의 부족한 점은 무엇인가
Solution	당신의 해결책을 구체적으로 설명해라
Why now	왜 지금인가? 그리고 왜 지금까지 그 해결책이 나오지 않았나?
Market potential	고객과 시장 분석
Competition / alternatives	경쟁사와 우리만의 차별점
Business model	어떻게 번창할 것인지
Team	팀 구성원 소개
Financials	재무현황 (있을 경우 추가)
Vision	5년 뒤 계획

투자자를 사로잡는 내용 구성 비결

한 문장으로 정의하는 아이템

세쿼이아 캐피탈의 구성요소에도 적혀 있듯, 한 문장으로 회사를 정의하는 것에서부터 피칭은 시작된다. 이때 최대한 짧고 쉽게, 그리고 수식어는 생략하고 담백하게 요점만 담아야 한다. 한 문장이어야 한다. 카카오브런치가 '글이 작품이 되는 공간'으로 정의했듯 말이다. 그리고 이 한 문장을 인사에 적용하면 된다. 본격적인 피칭이 시작되기 전 투자자나 청중들이 '아! 이러한 아이템을 소개하려 하는구나'라고 밑그림을 그릴 수 있도록 말이다.

"안녕하세요 에어비앤비의 OOO입니다. 지금부터 프레젠테이션을 시작하겠습니다."

"현지인처럼 살아보자! 호텔이 아닌 현지 룸을 연결해주는 서비스 에어비앤비의 OOO입니다."

둘 중 어느 인사가 더 흥미로운가. 실제로 세계 최고의 액셀러레이터, 와이콤비네이터에서도 한 줄로 컨셉을 만드는 훈련을 진행한다. 숨고는 기존의 '매칭 시스템을 이용해 소비자와 공급자를 잇는 마켓 플레이스'로 소개했다가 코칭 후 '피아노 선생님, 이사 전문가, 웨딩 플래너가 새로운 고객을 찾을 수 있게 도와주는 서비스'로 바꿨다고 한다. 훨씬 쉽고 구체적이다.

투자자를 사로잡는 오프닝

"슬프게도 앞으로 제가 이야기할 18분 동안 4명의 미국인이 사망할 것입니다. 그들이 먹는 음식 때문이지요."

영국의 유명 쉐프 제이미 올리버의 TED 강연이다. 충격적인 그의 말에 순간 모두가 집중했고, 다음 내용이 이어지기를 숨죽여 기다렸다.

바로 이것이 오프닝의 역할이다. 18분 동안 4명의 미국인이 사망하는 이유는 바로 패스트푸드를 많이 먹는 잘못된 식습관 때문이었다. 그는 이러한 문제가 음식에 대한 무지에서 시작된다며 아이들에게 올바른 식습관에 대해 가르쳐야 한다고 얘기한다.

만약 제이미 올리버의 오프닝이 TED가 아니라 피칭이었다면, 아마 아이템은 소비자에게 맞는 건강한 음식을 배달하는 서비스 정도가 될 것이다. 바른 자세를 위한 보조기구를 만드는 창업가라고 가정하고, 제이미 올리버의 오프닝을 응용해보자.

"아마 이 자리에 계신 분 중 반 이상은 허리 통증을 경험해보셨을 겁니다. 실제로 우리나라 인구 10명 중 6명 이상이 허리 통증으로 병원을 찾은 적이 있는데요. 그중 90%가 바르지 못한 자세가 원인이었습니다." (언급한 통계치는 임의로 정한 숫자임)

정말로 허리 통증을 겪어본 사람이라면 '맞아! 내 얘기네! 저 제품이 도움이 되겠는데!' 하고 공감하며 집중할 것이고, 아니더라도 '저렇게나 많은 사람들이 허리 통증으로 고생하는구나, 이 제품이 출시된다면 많은 사람들이 구입하겠는데?'라고 생각할 수 있다.

여기에 질문을 더한다면 조금 더 적극적으로 청중의 참여를 유도할 수 있다. 만약 질문을 던진다면 청중이 생각할 수 있도록 2초 정도 시간을 둔 뒤, 다음 멘트로 넘어가는 것이 좋다.

경쟁사 분석과 차별화 전략

'지피지기면 백전백승'이라 했다. 신생 기업 알리바바가 점유율 90%의 거대 기업 이베이를 넘어뜨릴 수 있었던 것도 상대를 철저히 분석했기 때문이었다. 그런데 생각보다 경쟁사 분석에 소홀한 경우가 많다. 만약 투자자가 알고 있는 경쟁사를 내가 모른다면, 투자자는 시장도 제대로 파악하지 않고 사업을 한다 생각하게 될 것이다.

피칭에서 경쟁사와의 차별점은 필수 요소이다. 경쟁사보다 뛰어난 기술력이든 확실한 색깔이든, 우리가 아니면 안 되는 이유를 확실히 보여줘야 한다. 보통 틈새 시장을 공략할 경우 확실한 색깔을 강조하게 되는데, 메신저 시장에서 성공 사례를 찾아볼 수 있다.

모바일 시장의 단연 1등인 카카오톡을 기술로 이기기란 현실적으로 어렵기 때문에 많은 스타트업이 확실한 컨셉의 틈새 시장을 공략했다. 텔레그램의 컨셉은 '확실한 보안'이었다.

이를 위해 자체적으로 20만 달러의 상금을 걸고 해킹대회를 진행하기도 했는데, 해킹에 성공한 사람이 없어 그들의 보안능력을 제대로 입증할 수 있었다. 파이어챗은 인터넷 연결 없이 블루투스로 채팅이 가능하며, 토스랩은 카카오톡으로 업무를 진행하는 사람들을 공략해 업무용 협업툴 '잔디'를 만들었다. 중요한 것은 기술이든 생각의 차이든, 소비자의 니즈와 연관지어 설명할 수 있어야 한다는 것이다.

가끔 "우리는 정말 경쟁사가 없어요, 우리가 최초거든요"라고 말하는 창업자가 있다. 아무리 새로운 시장이라도 경쟁사는 존재한다. 소비자들은 어떠한 형태로든 그들의 불편함을 해소하고 있기 때문이다.

이 경우 보완재나 대체재를 찾아보면 된다. 예를 들어 나이키는 닌텐도를 경쟁사로 생각했다. 닌텐도는 실내에서 즐기는 게임이고, 나이키는 야외 활동을 위한 신발을 판매한다. 사람들이 실내 게임을 즐기면 자연스레 외출은 줄어들고, 당연히 외출용품에 대한 관심도 줄어들 것이다. 전혀 다른 업종의 나이키와 닌텐도지만, 서로의 매출에 영향을 주고 있었다.

그래서 나이키는 닌텐도를 경쟁자로 삼았고, 러닝앱 등을 통해 소비자에게 야외 활동의 즐거움을 알리는 데 집중한다.

만약 나이키가 경쟁사를 스포츠 용품을 판매하는 동종업계에 한정 지었다면 어땠을까? 아마도 디자인이나 기능적인 측면을 강조했을 것이다. 하지만 나이키는 시간을 어떻게 활용하는지, 즉 실내 활동과 야외 활동으로 비교했다.

경쟁사를 어떻게 분석하느냐에 따라 스타트업의 성공 전략도, 피칭도 완전히 달라진다. 배란일 어플을 만드는 한 스타트업은 피임약 제조 회사가 경쟁사라 한다. 나의 경쟁사가 어디인지 시야를 넓혀 바라볼 필요가 있다.

팀 소개의 중요성

투자자들은 기업을 평가할 때 아이템 못잖게 구성원을 중요하게 생각한다. 실제로 와이 콤비네이터의 공동 창업자 폴 그레이엄도 성공적 스타트업의 조건 중 하나로 좋은 사람을 꼽았다. 특히 초기 스타트업이라면 아직 매출이 발생하기 전이어서 구체적인 재무적 모델이 없다. 회사를 평가하려면 자연스레 창업자나 아이디어를 볼 수밖에 없는 것이다.

팀 소개를 할 때 막연하게 화려한 스펙만 강조하는 경우가 있는데, 이보단 아이템과 연관지어 중요한 포인트만 소개하는 것이 좋다. 무엇을 잘하고, 어떠한 경력이 있고, 구성원들은 서로가 어떻게 만났고, 수많은 이야기 중 아이템과 관련지어 이야기할 수 있는 소스를 찾아야 한다.

반대로 스펙에 자신이 없어 팀 소개를 생략하는 경우가 있다. 〈야놀자〉의 이수진 대표는 초등학교 5학년이 될 때까지 한글도 제대로 몰랐던 대표적인 흙수저였다. 모텔 청소부로 일했던 5년의 경험을 바탕으로 유니콘기업인 야놀자를 만들었다. 자신 없는 창업가에게 투자할 확률은 만무하다. 우리 아이템에 필요한 것은 곧 좋은 팀이다.

비전을 담은 클로징

잘하다가 시간이 흐를수록 점점 말이 빨라지더니, 마지막에는 갑자기 "저희가 준비한 프레젠테이션은 여기까집니다. 경청해주셔서 감사합니다"라며 후루룩 급하게 끝내는 피칭은 정말이지 너무나 아쉽다. 열정적으로 말하다보니, 차마 클로징 시간을 남기지 못한 경우도 있고, 클로징 자체를 준비하지 않은 경우도 있다. 클로징이 얼마나 중요한지 아직 모르는 것이다.

투자자는 절대로 우리가 15분 동안 열정적으로 쏟아냈던 정보를 모두 기억하지 못한다. 그래서 가장 나중에 혹은 최근 정보를 가장 잘 기억한다는 뜻의 '최신 효과'라는 심리학 용어도 있다. 피칭에서 투자자가 가장 마지막에 접하는 정보는 바로 클로징이다.

"저희는 단순히 음악 서비스를 제공하는 플랫폼 회사가 아닙니다. 건강과 행복을 선물합니다. 단 10분의 투자로 1440시간이 행복해질 수 있습니다. 오늘도 000하십시오."

"누적 다운로드 1000만 건, 이 순간에도 초당 2건씩, 하루 20만 건이 쌓이고 있습니다. 00의 새로운 문화를 열겠습니다. 저희의 손을 잡으시 겠습니까?"

아이템을 그려볼 수 있는 한 줄 정의로 피칭을 시작했듯이, 마지막도 아이템을 상기할 수 있는 멘트로 마무리하는 것이 좋다. 오프닝에서는 제품의 기능을 한 문장으로 압축할 수 있는 데 집중했다면, 클로징은 조금 더 감성적으로 접근해도 괜찮다. 투자자에게 우리의 아이템을 각인시키고 싶다면, 클로징에 좀 더 투자하도록 하자.

내용을 강렬하게 전달하는 표현팁

비타민과 진통제의 다른 접근방법

초기 스타트업은 불편함을 해결하는 pain killer를 만들어야 성공한다는 나름의 법칙이 있었다. 먹으면 좋지만 사실 안 먹어도 그만인 비타민이 아니라, 고통을 피하려면 무조건 먹어야 하는 진통제 같은 아이템 말이다. 빠른 성과를 내야 하는 스타트업에게는 맞는 논리였다.

그래서 우리가 알고 있는 유명한 스타트업들은 대부분 불편함에서 출발했고 실제로 불편한 현실을 강조했다. 4년 만에 연매출 15000억을 훌쩍 뛰어넘은 마켓컬리도 출발은 마찬가지였다. 마켓컬리는 택배로 음식을 받을 때마다 상하진 않을까 걱정해야 했던 김슬아 대표의 불편함에서 시작됐다.

　김슬아 대표는 음식 알레르기가 심했다. 그래서 음식에 관심이 많았는데, 퇴근 후 장을 봐 요리까지 하자니 시간이 없었다. 그렇다고 택배로 주문하자니 음식이 상할까 불안했다. 신선하고 맛있는 음식을 집에서 편하게 받아 먹을 순 없을까? 불편함에서 비롯된 그녀의 행복한 상상은 마켓컬리가 되었다.

　그렇다면 스타트업을 하려면 일단 불편함부터 찾아야 할까? 꼭 그렇진 않다. 시장이 변했기 때문이다. 먼저 진통제 입장에서는 상황이 좀 어려워졌다. 시장이 커지다 보니 너무 많은 종류의 진통제가 생겼고, 웬만한 고통과 불편함은 지금 수준에서도 충분히 해결할 수 있는 상황이다. 새로운 pain을 찾는 것도 어렵지만, 기존 진통제들의 시장도 너무 치열하다.

　반면 비타민에는 좋은 변화가 나타났다. 우리의 삶이 조금은 풍요로워졌는지, 사람들은 진통제를 먹지 않기 위해 비타민을 먹으며 건강을 관리한다. 비타민의 수요가 증가한 것이다. 이제 소비자들은 단순히 고통이나 불편함을 해결하는 것을 넘어, 더 나은 삶을 위해서 적극적으로 소비하고 있다.

　스타트업에서는 오픈 갤러리가 그 대표적인 예이다. 그림을 빌려주는 스타트업인데, 매월 최저 3만9천 원을 지불하면 집이나 사무실에 미술 작품을 걸 수 있다. '이쯤에 미술 작품 하나 걸면 멋지겠네' 생각하지만 실천에 옮기진 못한 경우가 꽤 있을 것이다. 나도 그랬다. 그림에 대한 지식도 없고, 비쌀 것도 같고. 사실 딱히 필요한 건 아니니 적극적으로 알아보지 않은 게 더 정확하다.

오픈 갤러리는 없어도 상관없는 분명한 비타민이었다. 하지만 보란 듯이 성공했고, 연 평균 200-300% 성장률을 기록하며, 미술 시장의 변화를 이끌고 있다.

오픈 갤러리가 성공할 수 있었던 이유는 시장의 흐름을 잘 읽었기 때문이다. 요즘의 소비자들은 인테리어에 관심이 많고, 공간에 적극적으로 투자한다. 또 소비 문화도 소유보다는 공유와 구독으로 변하고 있는 상황이다. 오픈 갤러리는 이 모든 것을 반영했다. 짧게 소유하더라도 더 많은 것을 경험하고 싶어 하는 소비 트렌드를 읽었고, 그 안에서 '미술'이라는 틈새 시장을 찾았다. 그리고 잠재적 소비자들의 반응을 분석해 반영했다. '그림에 관심은 있지만 지식도 없고, 어디서 사야 할지도 모르겠고, 사도 어떻게 가져올까'와 같은 소소하지만 디테일한 고민들 말이다.

그래서 오픈 갤러리에서는 전문 큐레이터가 작품을 직접 골라 집까지 안전하게 배송, 설치까지 해준다. 꼭 필요하진 않았지만, 망설였던 모든 요소들이 사라지니 시도해볼 만하다. 그렇게 잠재 고객들이 첫 고객이 되고, 서비스에 만족하면 충성 고객으로 이어진다.

피칭의 공식처럼 억지로 불편함을 만들지 않아도 된다. 대신 왜 이 비타민이 성공할 수밖에 없는지 시장의 흐름으로 투자자를 설득하면 된다.

고객의 피드백

시장에서 성공하기 위해선 내가 만들고 싶은 것이 아니라 소비자들이 경험하고 싶은 것을 만들어야 한다. 하지만 소비자들이 원하는 것이 무엇인지 우리는 정확하게 알지 못한다. 통계 자료를 활용하는 것도 좋지만 수치라 구체적인 정보는 부족하다. 그래서 가능하다면 소비자를 만나 직접 물어보는 것이 좋다.

에어비앤비가 그랬다. 에어비앤비 고객이 100명이 안 되던 시절, 폴 그레이엄은 고민이 많은 세 명의 창업자에게 고객이 있는 뉴욕으로 가라고 조언했다. 뉴욕에 간 그들은 사용자를 직접 만나 시장에서만 접할 수 있는 생생한 피드백을 들었고, 실제로 이를 서비스에 반영했다.

실제로 투자자도 이러한 시장의 반응에 집중한다. 시장의 반응을 알아보고 아이템에 반영한 케이스는 더욱 좋다. 개인의 자산을 관리해주는 애플리케이션 '뱅크샐러드'는 아침 7시부터 매월 평균 200여 명의 금융 관계자들을 만나며 업계에 대한 정보를 들었다. 비록 처음엔 소비자에게 외면받았지만, 3번의 업그레이드를 거쳐 현재는 소비자들의 사랑을 받으며 구글플레이 올해를 빛낸 혁신적인 앱에도 선정되었다.

투자자는 변화에 유동적으로 대처할 수 있는 스타트업에 호감을 느낀다. 시장의 반응을 얼마나 적극적으로 분석했고, 실제로 아이템에 반영했는지 언급하면 좋다. 나아가 수치를 이용해 좀 더 구체화한다면 더욱 신뢰도를 높일 수 있다.

예를 들어 "청소년을 대상으로 분석했더니 대부분 긍정적인 반응을 보였습니다"보다는 "서울에 있는 4개의 대학교에서 350명에게 직접 설문조사한 결과, 57%가 OOO가 가장 필요하다 말했고, 70%는 이러한 제품이 출시된다면 구입할 의사가 있다고 말했습니다"처럼 말이다.

백문이 불여일견

'백문이 불여일견'이라 했다. 피칭에서도 마찬가지다. 말로 백번 설명하는 것보다 직접 보여주는 것이 훨씬 이해도 빠르고 강렬한 인상을 준다. 혹시 제품이 크거나 아직 시제품이 없는 상황이라면 모형으로 만들어 보여줘도 좋다. 기능을 보여줘야 한다면 직접 시연하거나 상황이 여의치 않을 경우 시연 동영상을 보여줘도 관계없다. 하지만 혹시 모를 상황에 대비해 직접 시연할 경우에도 예비로 동영상은 준비해야 한다.

최근 피칭에서 이런 경우가 있었다. 초지향 스피커를 만드는 곳이었는데(초지향 스피커란 쉽게 말해 소리가 사방으로 퍼지는 것이 아니라 특정 영역에서만 들리는 것이다), 어찌나 말을 잘하던지 모두가 집중했고 나 또한 기대치가 높았다. 자신만만했던 그들은 당연히 제품도 가지고 왔다. 직접 성능까지 검증한다면 다른 팀은 볼 필요도 없이 게임 끝이겠구나 싶었다.

발표자가 자신 있게 플레이 버튼을 눌렀다. 1초, 2초, 3초... 스피커가 작동하지 않았다. 아나운서로 활동하며 생방송 무대를 많이 접했던지라, 많은 대중 앞에서 예상하지 못한 3초의 정적이 발생했을 때 얼마나 당황스러운지 잘 알고 있다.

열에 아홉은 무너질 텐데, 다행히 그들은 농담으로 위기를 모면하며 자연스레 다음 내용으로 넘어갔다. 그런데 멘트 도중 갑자기 스피커가 작동했다. 또다시 흐름이 끊겼다. 그래도 시연에서 성공했다면, 혹은 진짜 기가 막히게 성능이 좋았다면, 모든 실수를 만회할 수 있었을지 모른다. 그런데 소리가 너무 작아 들리질 않았다. 소리를 아무리 키워 봐도 얄궂은 제품은 묵묵부답이었다.

그가 설명한 제품의 모든 장점이 다 무용지물이 되는 순간이었다. 당신이 투자자라면 어땠겠는가? 아직 발표는 끝나지 않았지만, 사실상 뒤의 내용은 별 의미가 없었다.

위의 경우는 지독하게 운이 나쁘긴 했다. 하지만 현장에서 변수가 많은 건 사실이다. 무엇을 선택하든 철저히 준비하고, 리허설을 통해 꼭 상태를 확인해야 한다. 우리가 프레젠테이션의 신이라 부르는 스티브 잡스도 생전에 한 번의 프레젠테이션을 위해 수백 번의 리허설을 거쳤다.

단순히 무엇을 말할 것인지뿐 아니라 예비 전력 장치를 한 대도 아닌 세 대를 준비했으며, 혹시 모를 상황에 대비해 프레젠테이션을 대신 해줄 사람까지 대기시켰다. 자연스러워 보이는 그의 프레젠테이션은 사실은 수많은 연습을 통해 치밀하게 계획된 것이었다. 아까운 실수로 망치지 않도록 치밀하게 준비해야 한다.

사용자 관점에서

한 분야의 업력이 길수록 지식의 저주에 빠지는 경우가 많다. 지식의 저주란 내가 알고 있는 지식을 다른 사람도 당연히 알 것이라 생각하고, 자세한 설명을 생략하는 것이다.

나는 살면서 딱 한 번 갔던 응급실에서 지식의 저주를 느꼈었다. 진료를 받은 후 레지던트로 보이는 한 의료진이 나에게 어려운 의학 용어를 쏟아냈다. 도대체 무슨 소린지, 꼭 의학 드라마를 보는 것 같았다. 경험이 많은 의사였다면, 전문 용어로 얘기해봤자 결국은 다시 쉽게 설명해야 한다는 걸 충분히 알았을 것이다. 하지만 그 레지던트는 미처 거기까지는 생각하지 못 했던 것 같다.

의료진끼리는 늘상 사용하는 용어라 생각조차 못 했을 수도 있고, 혹은 한 단어로 설명하면 간단한 것을 굳이 길게 풀어 말하기 귀찮았을지도 모른다. 아무튼 상대에 대한 배려는 부족했다. 그래도 뭐 아쉬운 입장은 나였으니, 일단 하나씩 물어가며 겨우 이해하긴 했다.

하지만 투자자들은 다르다. 어려운 내용을 이해해주기 위해 노력할 필요가 없다. 투자자들이 이해하지 못해 아이템에 매력을 느끼지 못하면 손해 보는 쪽은 창업가다.

그래서 피칭은 무조건 쉽게 말해야 한다. 전문 용어는 비전문가들도 이해할 수 있도록 쉽게 바꿔야 한다. 특히나 기술력을 많이 요하는 아이템일수록 많은 고민이 필요하다. 이때 어려운 내용을 풀어서 설명하는 것보다는 아예 관점을 바꿔보는 것이 좋다. 스티브 잡스가 제품의 기능이나 기술을 설명하는 대신 사용자가 무엇을 할 수 있고, 또 사용자의 생활이 어떻게 달라지는지 이야기한 것처럼 말이다.

그림이 그려지도록

"배달메뉴 1위 치느님이 배달의 민족을 통해 1시간엔 806마리씩, 2012년 한 해 동안엔 무려 450만 마리가 배달되었습니다. 이는 치킨 포장박스를 일렬로 쌓아올렸을 때 에베레스트산을 41번 오르는 높이와 같습니다. ”

〈우아한 형제들〉 김봉진 대표의 예전 피칭이다.

뉴스에서도 비슷한 예가 있다. 올 초 강원도 지역에 산불이 발생했을 때, 뉴스에서 “강원도 지역에서 500ha의 산불이 발생했습니다”라는 말 뒤에 “이는 여의도 면적의 두 배에 이르며, 축구장 550개의 크기와 같습니다”라고 덧붙였다. 단순히 500ha라고 말했을 때보다, 우리에게 익숙한 여의도나 축구장과 비교하니 훨씬 이해하기 쉬웠다.

만약 그림이 그려지도록 설명하는 것이 어려운 경우라면 시각 자료를 활용해도 좋다.

“경쟁사 제품은 몸을 50도나 구부려야 하는데, 우리는 20도만 움직여도 가능해요.” 홈트레이닝 제품에 대해 설명하던 창업가가 이렇게 말했다. 순간적으로 머릿속에 50도와 20도의 각도의 차이가 그려지긴 쉽지 않았다. 이럴 경우 그림으로 각도의 차이를 보여주는 것이 좋다.

당연히 사람이 구부린 자료면 더 좋다. 혹시 준비를 못 했다면 차라리 직접 몸을 구부리며 보여주는 것도 방법이다. 투자자가 머릿속에 바로바로 그릴 수 있어야 한다. 이해해보려고 곱씹는 순간, 이어지는 나의 중요한 말들을 놓치게 될 테니 말이다.

피칭의 꽃, 발표 연출

노지선

드리머스피치 커뮤니케이션 강사
정부기관 행사 및 기업 행사 MC 경력 다수
MBC 수목드라마 〈이리와 안아줘〉 앵커 역할 출연
MBC 수목드라마 〈특별근로감독관 조장풍〉 앵커 역할 출연
前 MBC경남 취재 리포터
지상파 방송 라디오 리포터
前 롯데 계열사 CS강사
포스코, 아모레퍼시픽, LG유플러스 등 기업 교육 진행
국회의사당, 소방청, 경찰청, 행정안전부 등 정부기관 강의 진행
고려대, 한양대, 중앙대 외 대학 특강 다수 진행
대기업 면접 코칭 진행 (삼성, LG, 현대, KT 등 다수 합격)

캐릭터는 첫순간 결정된다! 첫단추를 잘 끼우자

드디어, 발표 연출 순서다. 나는 발표 연출이 피칭의 꽃이라고 생각한다. 짧은 시간 내에 우리 기업에 대해 효율적으로 전달하기 위해선 발표 연출이 꼭 필요하다.

그렇다면 발표 연출은 어떻게 준비해야 할까? 일단, 인정하고 들어가는 자세가 필요하다. 내 제품(서비스)에 대해선 전문가이지만, 발표는 초보라는 것을 인정하는 것이다. 요령을 알려 달라는 경우도 있다. 정확히 말하면 요령은 없다고 생각한다. 발표의 달인이 되기 위해선 꾸준히 연습해서 체득하는 과정이 꼭 필요하다.

발표할 때만큼은 자신감이 가장 중요하다. 피칭의 기회는 한 번뿐이다. 다시 주어지지 않는다. 기회가 왔을 때 적극적으로 나서는 자세가 필요하다. 짧은 시간 동안 내가 보여줄 수 있는 최대치를 보여주고 들어와야 한다. 좀 더 적극적으로 나서보자. 당신도 할 수 있다.

사람의 첫인상도 3초 안에 결정될 만큼 '처음'은 중요하다. 발표할 때도 처음이 중요하다.

발표는 언제부터 시작되는 걸까? 공식적으로는, 입장하는 순간부터 시작된다. 그때부터는 모든 것이 내 발표의 평가 요소가 된다. 심사위원은 나의 자세, 표정, 말투, 동선 등을 보고 내 캐릭터를 결정한다. 세세한 발표 내용은 기억에 남지 않을 수도 있지만, 발표자의 캐릭터는 오래 기억에 남는다.

나를 캐릭터화한다는 것은 전략적으로 컨셉를 짜는 것이다. 이 작업은 초반에 해야 한다. 초반에 청중(심사위원)을 사로잡아야 발표가 끝날 때까지 내가 분위기를 주도할 수 있다. 기업, 제품의 이미지와 잘 맞는 내 캐릭터를 잡는 것이 좋다. 심사위원은 발표자와 기업을 따로 생각하지 않는다.

'발표자=기업'이다. 결국 사람을 보고 뽑는다. '내 이미지=기업 이미지'라고 생각해도 무방하다.

내 이야기의 힘! 에피소드로 다가가자

"여러분, 이 간식은 좋은 재료를 사용하여 아이들 간식으로 딱입니다."
"여러분, 저는 5살 아이가 있는 엄마입니다. 제 아이가 아토피가 있어서 늘 먹는 것을 신경 썼습니다. 00스틱은 건강한 재료만 엄선하여 만든 간식입니다. 내 아이에게 먹일 간식을 만든다는 마음으로 만들었습니다."

두 번째 내용이 좀 더 궁금해진다. 그 이유는 바로, '내 이야기'가 있기 때문이다. 사람들은 스토리에 끌린다. 정보를 쭉 나열하기만 하면, 머리로는 이해하지만 고개를 끄덕일 수는 없다. 그 자리에서 바로 나에게 적용하고 연결하기 어렵기 때문이다.

강의할 때도 마찬가지다. 나도 다른 사람의 에피소드를 빌려 강의할 때가 있다. 그 때는 단편적인 이야기를 할 수밖에 없다. 예시를 들 때도 내가 겪은 일이 아니기 때문에 좀 더 확신 있게 말할 수가 없다. 깊이 파고

들면 금방 바닥이 드러난다. 하지만, 내가 직접 겪은 일을 전할 때는 청중이 나를 바라보는 눈빛이 달라진다. 빨려 들어올 것처럼 집중해서 바라봐 준다.

발표에서 '내 이야기'가 가지는 힘은 어마어마하다. "저는 평탄한 인생을 살아와서 딱히 에피소드가 없는데요"라고 말하는 경우가 많다. 에피소드라고 해서 대단한 무용담을 말하는 것이 아니다. 누구나 인생을 살아오면서 무수히 많은 일들을 겪는다. 다만 떠오르지 않을 뿐이다.

면접 코칭을 하다보면 "별일 아닌데, 이걸 얘기해도 되나요?"라고 묻는 경우가 많다. 본인이 생각하기에는 별 일 아닐지 몰라도 듣는 이가 느끼기엔 '별 일'일 수도 있다. 어떻게 의미를 부여하는지에 따라 멋진 에피소드로 탈바꿈할 수 있다.

끄집어내 보자. 당신은 가진 것이 많은 사람이다. 스스로를 과소평가하지 말자.

어느 가수의 일화다. 샤워 중에 악상이 떠올라서 그 상태로 뛰쳐나와서 메모를 했다고 한다. 그 노래는 히트곡이 되었다. 미처 메모하지 못해서 후회했던 적도 있다고 한다. 스쳐지나가는 생각도 허투루 넘기지 말자. 스쳐 지나가는 당신의 아이디어가 대박을 칠 수도 있다. 놓치지 말고 모아두길 바란다. 에피소드 노트를 풍성하게 채워보자.

효과적으로 전달하기

정확한 발음

아나운서가 말할 때 내용 전달력이 좋은 이유는 무엇일까? 여러가지 이유가 있겠지만 발음이 큰 부분을 차지한다. 보이스코칭을 하다 보면, 본인의 발음이 좋지 않다고 말하는 교육생들이 많다.

발음이 안 좋은 분들은 대부분 말할 때 입을 거의 안 움직인다. 입을 크게 벌려 주는 것만으로도 발음 문제의 반 이상은 해결된다. 장애물 없이 큰 구멍을 통해 소리가 시원시원하게 뻗어 나오는 원리다.

지금 바로 해보자.

(입을 작게 벌리고) 안녕하세요 000입니다.

(입을 크게 벌리고) 안녕하세요 000입니다.

입을 작게 벌리면 웅얼웅얼 답답한 목소리가 나온다. 입을 크게 벌리면 시원시원한 목소리가 나온다. 평소 입 주변 근육을 잘 움직이지 않는 사람은 입을 크게 벌리는 것 자체가 부자연스럽게 느껴진다.

그러나 계속 연습하면 입을 벌리는 것도 자연스러워진다. 알고 있는 것과 직접 실천해보는 것은 다르다.

발음 연습 준비물: 빨대, 녹음기, 거울

TV에서 배우들이 볼펜을 물고 발음 연습을 하는 모습을 종종 볼 수 있다. 왜 볼펜을 무는 것일까?

모래 주머니를 달고 운동장을 돌면 몸이 무겁고 힘들다. 그러다가 모래 주머니를 떼는 순간 그 전보다 더 빨리 달릴 수 있다. 평소에 사용하지 않던 근육을 사용해서 단련했기 때문이다.

볼펜이 모래 주머니 역할을 한다. 입 주변 근육을 사용함으로써 볼펜을 뺐을 때 발음이 더 편하게 잘되는 것을 느낄 수 있을 것이다. (또한 혀뿌리를 내려주어 입안 공간을 넓혀줘서 좋다.)

볼펜은 치아가 상할 위험이 있으니 빨대나 반으로 쪼갠 나무젓가락을 사용하는 것을 권장한다.

녹음기는 객관적인 내 목소리를 들으며 점검하기 위해서 필요하다. 거울도 마찬가지다. 분명 정확한 입 모양이었다고 생각했는데, 거울을 보면 아니다.

계속해서 나를 객관적으로 관찰하면서 연습해야 한다. 오전에 갑자기 발표를 하게 되면 발음이 잘 안 되거나 목이 잠긴다. 나도 마찬가지다. 성대와 입 주변 근육은 아직 잠에서 깨지 않은 상태다. 입 주변 근육도 잠에서 깨워줘야 한다.

아침에 일어나서 나갈 준비를 하면서 말할 일이 거의 없다. 나는 나갈 준비를 하면서 일부러 소리내서 말을 한다. 중요한 발표를 앞두고 있다면 외출 전부터 목을 꼭 풀어주자.

좋은 목소리는 더 듣고 싶게 만든다: 발성

별 내용이 없어도 설득이 되는 이유는? 목소리가 좋기 때문이다. 왠지 모르게 믿음이 가는 사람이 있다. 중저음의 목소리를 가진 사람이 그렇다.

메라비언의 법칙에서 두 번째로 중요한 것이 음성이다. 먼저 목소리로 시선을 사로잡고 내용까지 탄탄하게 만들면, 금상첨화다.

"선생님, 저는 타고난 목소리가 안 좋은데요?"라고 말하는 사람이 있다. 나는 현재는 낮은 톤에 가까운 목소리를 가지고 있다. 그러나 대학시절 교수님은 나에게 이런 말씀을 하셨다. "너는 목소리에 힘이 없어."

나는 힘이 없고 목을 쥐어짜내는 듯한 앵앵거리는 목소리를 가지고 있었다. 그 후 피나는 노력으로 발성법을 바꾸었고, '진짜 내 목소리'를 찾게 되었다. 지금은 목소리톤이 듣기 좋다는 말을 많이 듣는다.

안 좋은 목소리는 없다. 요즘은 좋은 목소리의 기준도 바뀌고 있다. 허스키해도, 콧소리가 나도, 톤이 높아도, 톤이 낮아도 매력적인 목소리가 있다. 어떤 목소리든 내 본래의 톤을 찾아서 잘 가꾸는 작업이 필요하다.

우리는 태중에서 복식 호흡을 한다. 태어나면서 흉식과 복식을 같이 사용하게 되고 자라면서 점점 흉식의 비중이 늘어난다. 복식 호흡을 해야 발성이 잘되고 울림 있는 소리를 낼 수 있다.

복식 호흡이 잘되는 자세가 있다. 바로 누워 있는 자세다. 누워 있을 때 배가 들썩들썩하는 것을 느껴본 적 있을 것이다. 나는 잠들기 전에 복식 호흡 연습을 한다. 복식 호흡은 체득해야한다. 이론이 갖춰졌어도 실전에 적용하지 못하면 아무 소용없다.

또한 앞구르기 자세, 다리를 벌리고 서서 상체를 축 늘어뜨린 자세도 복식 호흡하기에 좋은 자세다. 배가 접혀서 자연스럽게 배에 힘이 들어가기 때문이다.

'아아아'로 소리내기보다는 '하하하'로 연습해보자. ㅎ은 배에 힘이 들어가는 발음이다. 배에 힘을 키워야 호흡, 발성을 다 잘할 수 있다.

대학시절, 아나운서 수업 시간이면 연습실에서 친구들과 윗몸 일으키기부터 시작했다. 배에 힘을 줘서 복식 호흡 + 발성 연습을 하루 네 시간씩 했더니 일주일 만에 3kg이 빠졌다. 제대로 된 복식 호흡을 한다면 엄청난 열량 소모 효과가 있다. 다이어트에도 도움이 된다. 발성 연습을 만만하게 봐선 안 된다.

보이스코칭 중에 한 기업의 대표님이 나에게 이렇게 말하셨다.

"강사님, 이게 절대 만만하게 볼 게 아니네요. 그냥 소리 내는 건 줄 알았더니 힘들어 죽겠어요."

속는 셈 치고 제대로 연습해보자. 복근도 생기고 다이어트 효과도 있으며 체력도 생기고 목소리도 더 좋아질 것이다!

표정이 웃어야 목소리도 웃는다

말을 할 때는 표정 + 목소리 + 내용이 일치해야 한다. 표정에 따라 목소리 톤도 달라진다. 감동적인 에피소드를 전할 때는 표정과 목소리도 맞춰주자. 긍정적이고 즐거운 이야기를 하는데 무표정에 무미건조한 목소리는 어울리지 않는다.

생각보다 표정, 목소리, 내용 세 가지를 일치시키는 것이 쉽지 않다. 따로 노는 경우가 많다. 일단 표정부터 챙겨보자.

내 목소리를 파악하자. 나의 정확한 목소리 톤을 알고 있나요?

가수 아이유의 노래 '팔레트' 가사 중 25살이 되어서야 나에 대해 조금은 알 것 같다고 말하는 내용이 있다. 목소리도 마찬가지인 것 같다. 내 목소리에 대해 잘 아는 사람은 몇이나 될까. 몇십 년을 살아도 내 목소리에 대해 객관적으로 판단하지 못하는 사람도 있다.

내 목소리 유형을 정확히 파악하는 것이 중요하다. 내 유형을 파악했다면 나와 비슷한 듯하지만 매력적인 목소리를 가진 롤모델을 정해보는 것도 좋다.

코칭을 하다 보면 본인의 영상을 민망해서 못 보겠다고 하는 분들이 많다. 고쳐야 할 부분이 많이 보이는 것이 당연하다. 훈련 전 영상에 절대 주눅들 필요 없다. 스스로 흡족할 정도로 완벽한 영상이 나왔다면, 지금 발표 연출 파트를 읽을 필요도 없을 것이다.

나의 개선해야 할 점을 파악하고 있다는 것 자체가 중요하다. 나를 객관적으로 관찰하는 것에 익숙해져야 한다. 주변 사람들에게 내 영상을 보여주면서 객관적 피드백을 요구하는 것도 좋은 방법이다.

한 번에 다 고칠 수는 없다. '이것들만 고치면 더 좋아진다는 거네?'라고 생각하는 긍정 마인드가 필요하다. 욕심내지 않고 우선순위를 정해 하나씩 개선하면 된다. 지금 카메라를 켜고 나 자신과 마주해보자.

똑 부러지는 느낌을 주고 싶다면? 어미 처리를 똑 부러지게!

"정기적으로 서비스 점검을 했습니다..." 어미를 흐지부지 힘 빠지게 마무리하면 자신감이 없어 보인다. '습니다, 입니다, 합니다'에 힘을 줘서 정확하게 발음을 해주는 것이 중요하다. 문장 끝에 가서 힘이 빠진다면 '다'에 강세를 두고 연습하는 방법도 있다.

다리미로 옷을 펴듯 내 말도 평평하게 쫙 펴주세요

아나운서 연습 시절 로보트처럼 문장을 평평하게 펴서 말하는 연습부터 했다. 먼저 기본을 만들어둔 후에 기교를 넣어주는 것이 좋다. 사투리를 교정할 때도 평평하게 말하는 연습부터 한다.

평음이 받쳐준 상태에서 어미를 올려주고, 내려주면 더 안정적으로 들린다. (무조건 사투리를 교정할 필요는 없다. 오히려 사투리로 본인의 매력을 살릴 수도 있다. 나는 직업 특수성으로 인해 교정한 것이다.)

목 관리는 기본

나는 나름대로 목 관리에 신경을 쓰는 편이다. 주변의 방송하는 지인들도 배도라지, 모과, 생강, 오미자 등을 챙겨 먹는다. 목을 건조하게 만드는 커피와 녹차는 잘 마시지 않는다. 잘 때 목에 스카프를 두르기도 하고 습도도 조절한다. 목을 사용하는 직업이기 때문에 목 상태가 좋지 않으면 비상 사태다. 좋은 성대를 가지고 태어났다면 축복 받은 것이지만 그렇지 않으면 목 관리를 잘 해야 한다.

목소리도 관리하기 나름이다. 성대는 비교적 늦게 늙는 기관이지만 결국 나이가 든다. 오래도록 좋은 목소리를 유지하기 위해선 꾸준히 관리해야 한다.

나이가 많은 만화 영화 성우들을 생각해보면 알 수 있다. 나이가 많지만 어린아이 목소리를 잘 낸다. 꾸준히 관리하고 트레이닝했기 때문이다. 매일 관리하는 건 어렵겠지만 적어도 중요한 발표를 앞두었을 때는 관리하는 자세가 필요하다.

좋아하는 걸 해주는 것보다 싫어하는 걸 하지 않는 것이 더 중요하다
말습관 체크

연애할 때도 상대방이 좋아하는 걸 해주는 것보다 싫어하는 걸 하지 않는 것이 더 좋은 관계를 만들 수 있다. 기본을 지키는 것이 중요하다. 발표에서도 기본이 갖춰지지 않은 상태에서 과한 연출을 시도했다간 역효과를 부를 수 있다.

발표 연출에 있어서도 안 좋은 습관을 먼저 버리자.

녹음기를 활용해서 객관적으로 내 목소리를 판단하는 것이 중요하다. 녹음된 내 목소리를 들으면 어색하다. 나도 몇 년 전 녹음된 내 목소리는 민망해서 듣지 못한다. 내가 듣고 있는 내 목소리는, 입 밖으로 나와서 귀로 들어오는 소리 + 몸 안에서 울리는 소리가 더해져서 들리는 소리다. 그래서 녹음된 내 목소리가 낯설게 느껴지는 것이다. 녹음된 내 목소리에 익숙해진 뒤 가다듬어보자.

녹음기를 5분 정도 켜두고 지인과 대화해보면 내가 어떤 습관어를 많이 사용하는지 알 수 있다. 나는 '습~'하고 공기 소리를 내는 습관이 있었다. 이 습관을 파악하고 나서는 '습~'소리만 들리기 시작했다. 녹음본을 듣기 전까지는 내가 '습~'을 그 정도로 많이 사용하는지 몰랐다.

그 뒤로 10번 사용하던 것을 5번으로 줄여보자는 마음으로 신경 쓰기 시작했다. 지금은 거의 안 쓰게 되었다. 신경 쓰고 의식하는 만큼 달라진다. 외국어를 배우듯 신경 써보자.

"저는 말이 너무 느려요."

말의 속도가 너무 느려서 고민하는 사람 중에 어절과 어절 사이를 많이 띄워 말해서 느리게 들리는 경우도 있다. 단어 속도 자체는 빠른데, 단어와 단어 사이 텀이 길면 말이 느리게 들리기도 한다. 텀이 너무 길어도 좋지 않다. 쉬는 만큼 강조가 된다. 굳이 강조하지 않아도 될 부분에서 천천히 쉬어주면 쓸데없이 강조된다.

(예: 안녕하세요 /// 저는 /// 따뜻한 /// 에너지를 /// 전하는 /// 노지선입니다)

"저는 말이 너무 빨라요."

내가 너무 느리게 말하고 있는 게 아닌가 싶으면 남들이 듣기에 딱 듣기 좋은 적당한 속도다. 발표 현장이 주는 긴장감이 있기 때문에 평소보다 말이 더 빨라질 수 있다. 문장과 문장 사이에 적당한 텀이 있어야 한다. 이때 녹음기를 활용해서 연습하면 좋다. 휴대폰 녹음기는 녹음 파장이 눈으로 보인다. 말이 빠른 사람은 이 파장이 거의 끊기지 않는다. 중간 중간 끊어주는 연습을 해보자. 파장이 눈으로 보이기 때문에 더 효과적으로 연습할 수 있다. 녹음했을 때 보이는 음폭이 클수록 풍부하고 듣기 좋은 목소리이다!

시각적인 부분

제스처

사람은 시각적인 부분에 영향을 많이 받는다. 제스처도 전략적으로 잘 사용하면 내용을 강조하는 데 큰 도움을 줄 수 있다. 바디랭귀지는 만국 공통 용어일 만큼 많은 것을 담고 있다. 사람의 마음, 심리를 보여주는 도구이다.

동시에 / 정확하게 / 의미 있게

동시에 : 정확한 타이밍에 나와야 한다. 그래야 강조 효과가 극대화된다.

의미 있게 : 원하는 제스처를 사용해도 좋다. 틀린 제스처는 없다. 하지만 통용할 수 있는 제스처를 사용하는 것이 좋다. 예를 들어, "작은 개미를 보았습니다."라고 말할 때 손짓을 크게 하면 어울리지 않는다. 의미가

어긋나지 않도록 신경 써야 한다.

정확하게 : 힘없이 축 쳐지는 제스처는 좋지 않다. 정확하게 손을 내밀자. 하는 듯 안 하는 듯 하는 제스처는 효과가 없다. 절도 있게 한 번 깔끔하게 내밀고 2~3초 정도 유지해주는 것이 여유 있어 보인다.

피해야 할 손동작

- 쓸데없이 계속 손 흔들기
- 삿대질
- 힘없이 축 쳐지는
- 너무 자주 사용하기
- 강조하지 않아도 될 부분에서도 손 내밀기
- 무의식적으로 나오는 습관 동작
- 의미 없는 제스처
- 너무 빨리 빼거나 늦게 빼기

손짓을 남발하는 건 좋지 않다. 손짓을 남발하면 모든 부분에서 강조되기 때문에 정말 중요한 부분에서 사용하는 것이 좋다.

박수를 부르는 첫인사 방법

발표는 입장하는 순간부터 시작된다. 시작이 반이다. 시작이 좋으면 반은 먹고 들어간다. 첫 번째, 나에게 주도권이 생긴다. 내가 흐름을 끌고 갈 수 있는 힘이 생긴다. 두 번째, 심사위원들에게 좋은 인상을 남길 수 있다. 세 번째, 발표하는 동안 내 멘탈을 관리하기도 좋다.

내 캐릭터가 드러나도록 특색 있게 해도 좋다. 그 대신 장황한 설명은 피해야 한다. 고수는 길게 말하지 않는다. 짧은 시간 안에 내용을 잘 전달하는 것이 피칭의 목적이다. 짧고 굵고 임팩트 있게 설명해야 한다. 지루할 수 있기 때문에 초반에 너무 형식적인 멘트를 나열하지 않도록 신경 써야 한다.

청중으로부터 박수를 받고 발표를 시작하는 것과 그렇지 않은 것은 분명한 차이가 있다. 그렇다면 어떻게 해야 박수를 잘 받을 수 있을까? 간단하다. 청중에게 발표 시작 신호를 확실하게 주면 된다.

발표 시작 신호는 인사로 알려줄 수 있다. 인사를 깜빡하고 넘어가거나, 인사말과 동시에 고개를 숙이는 경우가 많다. 인사할 때는 말과 행동을 분리해야 한다. 즉, '안녕하십니까. 오늘 발표를 하게 된 000입니다.' (말이 다 끝난 후 고개 숙여 인사) 인사말이 다 끝난 후 고개를 숙이면 자연스럽게 청중의 박수가 나온다.

명심하자. 내 박수는 내가 챙기는 것이다! 박수를 받고 시작하면 내 마음도 편안하지만 청중 입장에서도 보기에 좋다.

눈은 마음의 창! 눈빛을 활용하라

눈은 마음의 창이라는 말이 있다. 눈빛만 봐도 알 수 있다는 노래 가사도 있다. 맞는 말이다. 눈빛만으로 심사위원의 마음을 사로잡을 수 있다.

심사위원 중 가장 핵심적인 사람을 '키맨'이라고 부른다. 키맨이 누구인지 감이 올 것이다. 키맨 위주로 보되, 나머지 심사위원에게도 번갈아가며 자연스럽게 시선을 줘야 한다.

너무 빠르게 시선을 이동하면 불안해 보일 수 있다. 적어도 한 문장 안에서는 한 사람만 바라보자. 한 문장이 끝나고 시선을 옮겨도 충분하다.

전략적 옷차림

사람은 시각적인 정보에 많이 의지한다. 그렇기 때문에 발표에 맞는 의상도 중요하다.

"스티브 잡스는 검정 폴라티에 청바지를 입고도 성공적으로 발표를 한 걸요? 굳이 의상도 신경 써야 하나요?"라고 질문할 수도 있다.

우리는 스티브 잡스가 아니라는 점을 명심하자. 굳이 처음부터 위험 요소를 안고 갈 필요는 없다. 준비할 수 있는 것은 최대한 성실히 준비하는 것이 좋다. 꼭 비싼 옷을 입고 차려입어야 한다는 말이 아니다. 옷도 전략적으로 활용할 수 있다.

기본은 말 그대로 기본이다. 깔끔한 정장 차림을 생각하면 된다. 상황에 맞게 센스 있게 입어줘도 좋다.

나도 행사장에 따라 옷차림이 달라진다. 보통은 해당 기업의 대표색에 맞는 옷을 입고 간다. 옷 색깔을 잘 맞춰 입고 가서 좋은 반응을 얻었던 적이 많다. 보기에도 좋고, 담당자들에게 좋은 이미지를 줄 수 있다. 그만큼 신경 썼다는 증거이기 때문이다.

크리에이티브한 행사장은 노란색을 입기도 하고, 기업 색깔에 맞춰 핑크, 블루, 레드 등을 입을 때도 있다. 내 제품, 회사 컨셉에 맞게 입고 가는 것도 하나의 쇼맨쉽 전략이다. (예: 야구 제품은 야구복, 장난감 회사는 컬러풀한 옷 등) 그 대신 사전 조사를 더 철저히 해야 한다.

맛깔나게 말하는 법, 강조법

학창 시절, 졸음을 부르던 선생님이 한 분씩은 떠오를 것이다. 그 선생님의 특징을 떠올려보자. 나긋나긋하다. 나긋나긋하다는 것은 변화가 없다는 것을 의미한다. 말을 할 때는 변화가 있어야 더 흥미롭게 들린다. 좀 더 맛깔나게 말하는 방법, 듣고 싶게 말하는 방법이 '강조법'이다.

□ 높임 강조 | 강조할 부분을 크게 말한다.
[임팩트 있는 키워드 / 긍정적인 단어]
우리에게는 희망이 있습니다.

□ 낮춤 강조 | 강조할 부분을 작게 말한다.
[부정적인 단어 / 차분한 상황]
저는 실망했습니다.

□ 포인트 강조 | 강조할 부분을 한 음절씩 끊어서 말한다.
제 이름은 노.지.선.입니다 / 요즘 몰.캉.스가 유행입니다.

□ 늘임 강조 | 강조할 부분을 길게 늘여서 말한다.
[감정표현]
정~말 맛있습니다 / 멀~리 날아갔습니다 / 정~말, 매~우, 아~주, 엄~

청나게, 너~무

□ 천천히 강조 | 강조할 부분을 천천히 말한다.

이번 음악회는 여의도 한강공원에서 열릴 예정입니다.

(숫자, 지명, 장소, 이름 등을 천천히 말해주면 효과적이다.)

□ 멈춤 강조 | 강조할 부분 앞에서 잠깐 쉬어준다.

서비스에서 가장 중요한 것은//미소입니다.

(선생님이 학생들에게 "조용히 해!"라고 크게 외쳐도 조용히 하지 않을 때가 있다. 그 때 선생님이 아무 말없이 조용히 학생들을 쳐다보고 있으면 웅성웅성하다가 점점 조용해진다. 사람들은 갑작스러운 정적, 포즈에 집중하게 된다.)

처음부터 모든 강조법을 자유자재로 사용하는 것은 쉽지 않다. 내가 가장 잘 쓸 수 있는 강조법을 정하는 것이 좋다. 높임 강조와 천천히 강조를 동시에 사용하면 효과가 좋다.

무조건 연습해야 한다. 연습도 전략적으로

과장되게 연습하라

내가 교육생들에게 수업 때마다 늘 하는 말이 있다.

"연습은 과장해서 하세요!"

연습은 과장해서 해야 한다. 그래야 실전에서 3분의 1은 나온다. 베테랑도 연습한다. 연습만이 답이다.

소리 내어 연습하라

연습할 때는 입 밖으로 소리를 내야 한다. 툭 치면 바로 나올 정도가 되어야 한다. 마음속으로 읽는 것과 천지 차이다. 멘트를 입에 붙여야 한다.

적극적으로 연습하라

이렇게까지 해야 돼? 할 정도로 연습해야 한다. 발표는 10을 준비해서 10을 보여주는 것이 아니다. 100을 준비해서 10을 보여주는 것이다. 플랜B까지 준비되어 있으면 더 좋다. 상황에 따라 준비된 내용을 활용할 수도 있고, 돌발상황이 발생하면 주요 내용을 바꿀 수도 있다. 많이 준비하고 가서 가장 중요한 것만 보여주고 오면 된다.

나의 경우 이동 중, 샤워 중, 잠들기 전 계속 연습한다. 철저한 준비성과 일상 속 연습이 필요하다. 또한 서서 연습해보자. 앉아 있을 때와 서 있을 때 긴장도 자체가 다르다. 실전처럼 연습하는 것이 중요하다.

꾸준히 연습하라

한 번에 몰아서 연습하는 것보다 짧은 시간이더라도 매일매일 꾸준히 연습하는 것이 더 효과적이다. 결국은 습관이 몸에 배어야 한다.

상상 연습을 이미지 트레이닝이라고 한다. 실제로 나도 자주 사용하는 연습방법이다. 내가 설 무대, 청중, 상황, 내가 할 행동을 구체적으로 상상하는 것이다.

실제로 이미지 트레이닝이 효과가 있다는 연구결과도 있다. 그 대신 구체적으로 상상해야 한다.

이 과정을 최소 20~50번 정도 반복해보자. 50번을 연습하다 보면 매번 다른 시나리오가 나올 것이다. 이 연습을 통해 나는 50번의 다른 상황의 무대를 경험한 셈이다. 이렇게 연습하면 여러 변수들을 대비할 수 있게 된다. 실제 발표 현장에 가보지 않았다고 해도 발표 당일에 왠지 모를 익숙함을 느낄 수 있을 것이다. 50번을 연습할 때마다 다른 시나리오가 나온다. 매번 상황 설정을 다르게 한다. 나는 50번의 다른 상황의 무대 경험을 한 셈이다. 이렇게 연습하면 여러 변수들을 대비할 수 있다. 좀 더 완벽한 답에 가까워진다. 내가 실제 그 현장에 가보지 않아도 발표 당일 익숙함을 느낄 수 있을 것이다.

원고는 키워드 위주로 만들자

"믿고 맡길 수 있는 사람 노지선입니다. 저는 주변 사람들로부터 믿고 맡길 수 있다는 말을 많이 듣습니다. 그 이유는 열정과 책임감이 있기 때문입니다. 제가 M사에서 취재리포터로 있을 때의 일입니다."

믿고 맡길 수 있는 / 노지선 / 주변 사람들 / 믿고 맡길 / 열정 / 책임감 / M사 / 취재리포터

대본을 만든다면 키워드 위주로 만드는 방법을 추천한다. 중요 키워드만 뽑아낸 뒤 다시 살을 붙여가며 외우는 방법이다. 키워드를 위주로 말하면 외우기도 쉽고, 중요한 내용을 강조해서 전달 할 수 있다. 중요 키워드만 제대로 강조하면 된다. 문장은 그때그때 바뀌어도 된다.

키워드에 조금씩 살을 붙여가며 연습해보자. 아무도 내가 대본과 다르게 이야기했는지 눈치채지 못한다. 토씨 하나 틀린다고 해서 큰일 나지 않는다. 틀리는 것을 두려워하지 말자. 상황에 따라 멘트를 수정해야 할 수도 있다.

당당함, 자신감은 연습에서 나온다. 연습해서 안 되는 것은 없다. 적어도 그 전보다 나아지기라도 한다. 일상 속에서 진정으로 내 제품을 사랑하고 연구하는 자세로 연습하는 것이 중요하다. 평소에 꾸준히 연습하자.

발표 연출의 꽃, 쇼맨십

피칭을 영화라고 생각해 보자. 나는 그 영화에 나오는 배우다. 한 편의

영화를 찍는다는 각오로 무대에 오르자.

발표는 재미있어야 한다. 웃겨야 한다는 말은 아니다. 나만의 매력을 충분히 어필해야 하며 흥미로워야 한다는 말이다. 즉 계속 보고 싶고 듣고 싶고 궁금해져야 한다.

쇼맨십으로 발표에 재미를 더할 수 있다. 스티브 잡스는 아이폰이 얼마나 작고 혁명적인지 설명하지 않았다. 무심하게, 바지 주머니에서 아이폰을 꺼냈고, 서류 봉투에서 아이패드를 꺼냈다. 빌 게이츠는 말라리아 모기의 위험성을 설명하다가 현장에 갑자기 모기를 풀어서 주의를 환기시켰다. 당신만의 영화에 멋진 쇼맨십을 곁들여보자.

이성과 감성의 조화

사람들이 무언가를 결정할 때 이성 20%와 감성 80%가 작용한다는 연구결과가 있다. 나는 병원 서비스 강의를 나갈 때 모니터링도 같이 진행한다. 어르신들은 병원을 선택할 때 "이 병원에 전문의가 있고, 이런 치료를 잘하고 이러해서 선택했다"라고 말하지 않는다. "거기, 선생님이 그렇게 친절하더라. 마음이 편안해. 같이 가보자"라고 말한다.

우리가 제품을 구매할 때도, 하나하나 따지기보다는 감성에 끌리는 경우가 많다. 그래서 요즘은 정보성 광고보다는 감성을 건드리는 광고가 더 많다. 발표할 때도 감성을 터치해보자.

매끄러운 흐름: 내용적 연출

피칭을 한 편의 영화라고 생각하면 개연성이 있어야 한다. 물 흐르듯 자연스럽게 부드럽게 흘러가야 한다. 1번 슬라이드와 2번 슬라이드가 상관이 있어야 한다. 슬라이드와 슬라이드를 잘 이어주면 되는데, 브릿지멘트가 그 역할을 한다.

브릿지멘트

그렇다면, 저출산 문제의 원인은 무엇일까요? (말한 뒤 다음 슬라이드 넘기기) 그래서 저희 제품이 탄생했습니다. (말한 뒤 다음 슬라이드 넘기기) 등등 앞뒤 슬라이드를 자연스럽게 이어주는 문장을 브릿지멘트라고 한다.

프레젠터 사용 방법

포인터는 왼손에 잡고 티 나지 않게 눌러서 넘기기

현재 슬라이드 내용이 다 끝난 다음에 자연스럽게 넘겨주기

레이저를 쏜 상태로 화면에서 빙글빙글 돌리지 않기

일단, 다 알겠는데 너무 떨려요. 어떡하죠?
연단 공포 극복하기'

한 연구결과에 따르면, 사람이 본능적으로 느끼는 네 가지 공포가 있다

고 한다. 높은 곳에 있을 때, 어두운 곳에 혼자 있을 때, 깊은 물속에 있을 때, 그리고 마지막 한 가지는 '대중 앞에서 말할 때'이다.

연단 공포는 사람이 느끼는 본능적인 공포다.

나는 왜 발표 하나 제대로 못 하는 걸까? 라고 생각할 필요는 없다. 본능적으로 느끼는 공포에 포함될 만큼 연단 공포는 이상한 것이 아니다. 누구나 떨린다는 사실을 먼저 받아들이자. 그렇다면 왜 떨리는 걸까? 이유를 알면 극복하는 데 도움이 된다.

틀릴까봐 / 실수할까봐 / 비웃을까봐 / 나를 싫어하는 것 같아서 / 연습을 덜 해서 / 발표 내용을 잘 몰라서 / 쳐다보는 게 부끄러워서

연단 공포는 대부분 심리적 요인으로 인해 생긴다.

강사양성 아카데미 수업을 할 때의 일이다. 50대 여성 수강생의 이야기다. 앉아 있을 때는 리액션도 잘하고 대답도 아주 잘하는 분이었다. 그런데 막상 앞에 나와서 발표할 때는 너무나 긴장하고 떠는 모습을 보였다. 알고 보니, 학창시절 발표를 잘하지 못해 친구들에게 놀림을 당했던 경험이 있었던 것이다. 그 경험이 트라우마로 남아 있다고 말하며 눈물까지 글썽거렸다.

이렇듯 발표에 대한 트라우마가 있는 사람들이 적지 않다. 한 발자국씩 내디뎌보자. 그리고 스스로를 칭찬해주자. 우리는 다른 사람 칭찬은 잘하지만 자신을 칭찬하는 데는 인색하다. 누구나 장점이 있다. 작은 것이라도 장점을 발견하고 칭찬할 때 연단 공포를 극복할 수 있다.

청중의 수, 눈빛에 압도되지 말자. 결전의 순간이기에 긴장될 수밖에 없다. 하지만 그동안 당신은 그 누구보다 열심히 준비했다. 그리고 당신

의 제품에 대해 가장 잘 알고 있고 가장 많은 애정을 가지고 있다. 내가 이 발표를 중요하게 생각하고 있기 때문에 떨리는 것이다.

긴장될 때는 목이 타들어가고, 식은땀이 나고 얼굴이 붉어지는 등의 신체 반응이 나타난다. 긴장감이 무조건 나쁜 것만은 아니다. '아, 내가 이렇게 열심히 하려고 노력하고 있구나! 나 정말 대단하다!'라고 생각해보자. 진심과 간절함은 통한다. 당당하게 서보자.

분석하는 만큼 성공한다

청중분석

이 발표의 목적이 무엇인가? 심사위원의 마음을 사로잡는 것이다. 짧은 시간 안에 사람의 마음을 움직이는 것은 쉽지 않다. 물건 하나 살 때도 깊이 고민하고 비교하게 된다. 지피지기면 백전백승이다. 발표에서도 적용할 수 있는 말이다.

발표에는 흐름이 있고, 심사위원과 나 사이에는 보이지 않는 연결고리가 있다. 단절된 발표를 해서는 안 된다. 청중 맞춤형 문장을 구사해야 하고, 청중 입장에서 말해야 한다.

궁금의 기술, 청중을 궁금하게 만들자

대답하기 쉬운 질문을 하라. 청중은 복잡한 것을 좋아하지 않는다. 처음에 쉬운 질문을 던져야 한다. 처음부터 한 사람에게 다가가 '인생이란 무엇이라 생각하십니까?'라고 묻는다면, 말문이 막힐 것이다.

"공유 좋아하시는 분 손 들어보세요!" "정우성 좋아하세요?" 등의 '네, 아니오'로 쉽게 대답할 수 있는 질문을 하는 것이 좋다. 그리고 질문를 던진 후 심사위원들이 고개를 끄덕일 수 잇는 시간을 주자. 심사위원이 고개를 끄덕였다는 것은 긍정적인 반응이므로 그 부분은 좀 더 강조해줘도 좋다.

이러한 커뮤니케이션 방법은 대상에 따라 다르게 적용한다. 임원 면접을 앞둔 한 면접 준비생은 차분하고, 비교적 말이 느린 편이었다. 최종 면접에 들어오는 상무님이 똑 부러지는 성격에, 빠릿빠릿하고 확실한 것을 좋아한다는 정보를 듣고, 거기에 맞춰 말투나 이미지를 연습했다. 전략적으로 준비해서 결국은 합격했다.

더불어 중간중간 청중의 반응과 분위기를 봐가면서 내용을 수정해야 할 때도 있다. 무조건 내가 준비한 것을 끝까지 밀고 나가려 들지 말고 반응이 있는 포인트에서는 좀 더 힘을 주는 융통성이 필요하다.

장소 분석

발표 장소가 내가 원하는 곳이 아닐 수도 있다. 항상 최악의 상황에 대비해서 준비해가자.

현장 체크상황

사운드 / 영상 / 포인터 / 조명 / 환기 / 창문 / 책상배치 / 내가 서는 무대 / 스크린 위치 / 채광 / 실내, 야외 등

실수하는 것들

실수해도 괜찮다. 자잘한 실수에 굳이 '죄송합니다'라는 말을 해서 발표에 브레이크를 걸 필요는 없다. 오히려 긁어 부스럼을 만들 수도 있다. 자연스럽게 넘어가는 여유도 필요하다. 청중은 눈치채지 못하는 경우가 많다. 하지만 정말 큰 실수를 했을 경우에는 꼭 정중하게 사과하고 넘어가야 한다.

발표는 비즈니스의 성공을 불러온다. 차근차근 연습하면 언젠가는 늘게 되어 있다. 중요한 건 처음부터 욕심 부리지 않는 것이다. 오랜 시간 동안 사용한 말 습관을 하루아침에 바꾸는 것은 쉽지 않다.

태어날 때부터 말을 잘하는 사람은 없다. 그리고 평생 말 못할 사람도 없다. 기준점을 남에게 두지 말자. 중요한 것은 내가 그 전보다 얼마나 나아졌느냐이다. 이번 발표가 끝나도 언젠가 사람들 앞에서 말할 기회는 또 올 것이다.

무대를 경험할 때마다 당신의 경험치는 쌓이고 있다. 언젠가는 눈에 띄게 달라진 내 모습을 볼 수 있을 것이다. 당신은 지금껏 잘해왔고 지금도 잘하고 있고, 앞으로도 잘할 것이다. 이 책을 읽고 있는 당신의 발표를 진심으로 응원한다.

투자 유치 발표의 피날레,
질의 응답

이소희

서울시의회 의장 스피치라이터
국회방송 보도팀 기자 (민주당/국회교육위원회 등 출입)
국회방송 NATV뉴스 6시 다수 출연
KTV 한국정책방송원 아나운서
〈KTV뉴스 10〉 〈행복한 오후〉 〈주간정책돋보기〉 〈이시각 주요뉴스〉 〈정책 공감〉 등
생방송 뉴스 및 교양프로그램 진행
KTV한국정책방송원 보도국 기자 (문화체육관광부/중소기업청/산업부 등 출입)
SBS CNBC 〈필살기〉 MC
광주여자대학교 국제교육원 전임강사 (한국어교육)
스타트업 IR피칭 컨설턴트 활동
행정안전부 산하 행사 다수 진행 (새 정부기 계양식/세종청사 나라꽃동산 개장식 등)
다수 음악회 진행 (광주여성솔리스트앙상블 음악회/성악가 문주리 독창회 등)
대한민국 청소년 연설대전 학생스피치 코칭

상대방을 내 편으로 만드는 여정

발표가 끝이 아니다. 진짜 당신을 보여줄 수 있는 시간이 남아있다.

보통 면접을 많이 경험해본 분들은 알 것이다. 수도 없이 모의 면접을 했지만 막상 면접장에 들어가면 들려오는 BGM. "난 아무것도 몰라요~" 내가 무슨 말을 하고 있는지도 가늠할 수 없는 그 순간, 겪어보았을 것이다.

심사위원들 앞에서 떨리는 것은 당연하다. 특히나 평가가 이어질 질의 응답 시간은 이를 악물고 들어도 마음이 쓰릴 수 있다.

하지만 질의 응답 시간이 꼭 지적과 공격으로 점쳐지는 시간은 아니다. 심사위원의 조언을 듣기도 하고, 무엇보다 사람 대 사람으로서 대화를 이어갈 수 있는 시간이다. 진짜 커뮤니케이션이 이뤄지는 이 시간, 그냥 흘려보내지 말고 좀 더 철저하게 준비해보자.

당신에게 주어진 반전의 기회

나도 질의 응답 시간이 참 어려웠다. 특히나 취업의 관문, 면접을 수도 없이 겪으면서 너무 떨린 나머지 심사위원의 질문을 못 들었던 경험도 부지기수다.

면접장에 들어가면 보통 첫 관문인 자기소개부터가 쉽지 않다. 내 경우에도 자기소개가 끝나고 나면 내 PR을 효과적으로 하지 못한 것 같아 면접 시작 전부터 주눅이 들기 일쑤였다.

하지만 자기소개 후에 이어지는 심사위원과의 질의 응답을 통해 의외로 면접이 술술 풀린 경험이 많았다. 괜한 자괴감에 빠져있기보다 끝까지 성실하게 질문에 답할 때, 반전의 기회가 있었던 것이다.

내 면접 사례를 하나 공유하고 싶다. 한 대형 방송사 인턴 면접이었다. 내 옆에는 외국 대학 출신 등 고스펙자들이 앉아있었다. 나는 자기소개에서 종종 밴드 생활 경험을 어필하곤 했는데, 어리숙한 자기소개가 끝나자마자 갑자기 노래 한 곡을 불러보라고 요구하시는 것이었다. 방송사 사장님까지 자리한 최종 면접이었다. 나는 길고 긴 팝송의 1절을 끝까지 부르고 나왔다.

면접장을 나와서는 울고 싶은 마음이었다. 스펙도 부족한데 애매한 노래 실력만 보여준 것 같았기 때문이다. 하지만 나는 쟁쟁한 후보자들을 뒤로하고 합격의 기쁨을 거머쥘 수 있었다. 지금 돌아보면 끝까지 노력하는 모습에 심사위원들의 마음이 돌아섰던 것 같다. 쟁쟁한 면접자들 사이에서 주눅이 들었지만, 나에게도 반전의 기회는 있었던 것이다.

흡사 면접과도 같은 질의 응답 시간은 앞서 어필하지 못했던 강점, 피칭 덱에서 부족했다고 판단되는 여러 요소들을 커버할 수 있는 소중한 시간이다. 게다가 눈치 없이 조금 길어져도 excuse가 되기도 한다. 상호 대화를 통해 심사위원에게 계속 질문을 이끌어낼 수 있고, 질문에 따라서는 여러 대답을 이어갈 수도 있기 때문에 내 강점을 드러낼 수 있는 기회를 충분히 만들 수 있다.

특히 5분 피칭 덱은 시간상 내 사업의 무기를 충분히 보여주기 힘들 수 있는데, 피칭 덱 시간에 강렬한 인상을 남기지 못했다고 자책할 필요는 없다. 첫 단추를 잘못 꿰었다고 다른 단추도 다른 구멍에 넣을 수는 없는 일이다.

'진짜 당신'을 보여줄 수 있는 시간이 남아있으니 침착하시라. 질의 응답 시간에도 당신은 얼마든지 빛날 수 있다.

질의 응답, 상대방을 이해시키기 위한 여정

내가 방송기자로 일했던 국회는 그 어느 곳보다 질의 응답이 많이 오가는 곳이다. 브라운관에서 국회는 늘 싸움터와 같이 비춰지지만, 사실 국회 안에서는 매일 수많은 회의와 토론회가 진행되고, 국회의원들은 늘 일에 쫓긴다. 대표적으로 인사청문회가 있고, 그 외에도 본 회의, 상임위원회, 소위원회 회의 등 여러 성격의 회의가 매일 진행되고, 이 자리에서 국회의원들과 회의에 출석한 정부 관계자들 사이에 수많은 질문이 오간다.

회의 내용을 듣다보면 사실 쓸데없고 의미 없어 보이는 질문들, '답정너' 질문들이 꽤 있다. 지칠 만도 한데, 회의에 참석한 정부 관계자들은 의원들의 질문에 끝까지 성의 있게 답한다. 각 부처 장관들도 하루 종일 진행되는 회의에서 얼마나 답변을 잘하는지 모른다.

여기서 깨달은 사실이 있다. 만약 의원들의 질문을 그저 질책과 공격이라고 생각했다면 하루 종일 지난한 그 과정 속에서 성의껏 답변할 수 있었을까? 아니다. 국회에 참석한 정부 관계자들, 각계 전문가들은 국회의원을 이해시키기 위해 답변한다. 많은 질문과 의견들이 오가며 서로를 이해하는 과정이 수반되면 비로소 해법이 도출된다. 그 과정에서 추려진 최선의 내용은 법안으로 만들어진다. 질의 응답은 서로를 '이해'하고 '최선의 결과'를 낳기 위한 필수 과정인 셈이다.

누구에게나 힘든 발표, 극복해보자!

피칭 덱을 끝내고도 발표자들은 두려울 것이다. 질의 응답 시간에서 사업과 피칭에 대한 총공격이 이어질 것이라고 예상하기 때문이다. 하지만 심사위원들은 생각보다 당신의 사업을 100% 이해하지 못하고 있을 가능성이 크다. 투자 유치 자리에 와서 사업 계획서나 제안서를 들춰보게 되는 일이 다반사이기 때문이다.

초반에는 사업에 대한 인식 차이가 클 수밖에 없다. 심사위원들은 질의 응답을 통해 사업에 대해 이해하고 싶어 한다. 공격하기 위한 질문이 아니라 당신의 사업을 더 알기 위해 질문을 던진다는 이야기다.

"사업의 강점이 뭐죠?"라는 질문을 받았다고 치자. 발표자는 "피칭 덱에서 강점 어필을 못 했구나," 생각하며 자괴감에 빠질 수 있다. 하지만 심사위원은 사업의 강점을 알지만 다시 한 번 방점을 찍고 싶어 물었을 가능성이 크다. 사업의 가장 큰 매력, 기업가 정신, 시장 경쟁력 등이 무엇인지 거듭 확인해보는 것이다. 오히려 피칭 덱에서 전달하지 못한 부분을 다시 한 번 정리해 어필할 수 있는 기회다.

그렇게 질문과 대답이 오가다 보면 드디어 심사위원들이 당신의 사업을 이해하고 무릎을 치는 순간이 올 것이다. '첫눈에 반한다'는 말이 현실적이지 않듯 피칭 덱 한 번에 '저 사업, 완전 반했어'라고 생각하는 투자자나 심사위원도 드물지 않을까.

두려운 마음은 이제 버리자. 내 사업을 상대방에게 이해시키기 위한 여정이라고 생각할 때 질의 응답 시간이 술술 풀리는 경험을 하게 된다.

질의 응답 전 무장태세 돌입!

피칭 덱 시간과 질의 응답은 무관하지 않다. 잘 정리된 피칭 덱은 사업을 명확하게 전달하게 되고, 심사위원들에게 양질의 질문을 끌어낼 수 있기 때문이다. 앞서 당신의 사업 피칭을 어떻게 구조화할 것인지 충분히 고민했을 것이다. 바로 앞 섹션에서 발표 연출에 대한 감 또한 얻었다면 이제 심사위원과의 본격적인 대화, 질의 응답 시간을 위해 무장해보자.

예상질문 리스트 뽑기

질의 응답 시간에 대비해 예상되는 질문과 그 대답을 미리 리스트업(List-up) 해놓으면 훨씬 도움이 될 수 있다. 어떤 질문이 나올지 혼자 예상해보는 과정 속에서 아마 당신의 사업을 좀 더 객관적으로 볼 수 있는 혜안이 생길 것이다. 리스트를 만드는 3가지 방법을 소개한다.

① A4 용지를 딱지 접듯이 8칸, 12칸, 혹은 16칸으로 만든다. 사업 계획서나 피칭 슬라이드를 앞에 두고 어떤 질문이 나올지 자유롭게 예상해본다. 떠오르는 질문을 칸마다 적어본 뒤 칸을 오린다. 그리고 비슷해 보이는 질문끼리 종이를 모은다.

마케팅에 대한 질문, 비즈니스 모델에 대한 질문, 기업가 정신에 대한 질문 등 피칭 덱 구조화 요소로 질문을 분류할 수 있다. 혹은 사업 아이디어에 대한 질문, 사업화에 대한 질문 등으로 크게 나눌 수도 있겠다.

질문을 분류했다면 한 섹션마다 집중적으로 대답해보자. 비슷한 질문을 모았기 때문에 답변이 보통 비슷할 수 있다. 그 답변의 키워드를 메모해 키워드 중심으로 답하는 연습을 해보자.

② 시간이 촉박하거나 어떤 질문을 할지 전혀 감이 안 잡히는 경우 쉽게 할 수 있는 방법이다. 사업 계획서에 들어가는 필수 요소 앞에 '왜?'라는 단어를 넣으면 된다.

왜 이 사업을 하게 됐는지(사업 동기 점검), 왜 비즈니스 모델은 이러한지, 왜 마케팅 방식을 이렇게 구상했는지, 왜 타겟팅은 이렇게 잡았는지 등이다.

'Why?'에 집중해 리스트를 만들고 답변을 써본 뒤 주변 사람들에게 점검해본다. 주변 사람들이 내 답변을 통해 궁금증이 해소됐는지, 해소되지 않았다면 뭐가 더 궁금한지 물으면서 다시 한 번 사업의 동기와 강점, 사업화 계획에 대해 점검해본다.

③ 피칭 덱에 들어간 요소, 들어가지 않은 요소가 무엇인지 나눠서 생각해본다. 피칭 덱에 이미 들어간 요소에 대해서는 좀 더 세부적으로 답변을 준비해야 한다. 심사위원들의 꼬리 질문이 이어질 수 있기 때문이다.

사업의 강점, 타사와의 차별점, 기업가 정신에 대해 중점적으로 피칭을 했다면 심사위원들은 이 부분에 대해 계속 꼬리 질문을 던질 것이다. 반면 발표하지 못한 부분은 핵심만 간략하게 답변을 준비해 대비한다. 피칭에서 비즈니스 모델이나 마케팅 전략까지 발표할 시간이 부족하다면 별도의 슬라이드와 함께 질의 응답을 대비하자.

[예상질문 리스트 10가지]

1. 왜 이 사업을 구상하게 됐나요? (동기 점검)

2. 이 사업(상품)은 OO사와 비슷한데 차별점은 무엇인가요? (강점, 차별점)

3. 소비자가 당신의 브랜드를 어떻게 인식하길 원하나요? (기업가 정신)

4. 단계적으로 어떻게 브랜드를 알리실 생각인가요? (마케팅 전략)

5. 이미 시장이 포화된 것 같은데 시장성이 정말 있다고 판단하셨나요? (시장성)

6. 구상하신 비즈니스 모델로 돈을 많이 벌 수 있을까요? (비즈니스 모델 점검)

7. 당신의 브랜드가 사회에 어떤 혁신을 가져다줄 수 있나요? (문제 해결)

8. 당신의 사업을 통해서 사회에 어떤 영향력과 가치를 전파하고 싶나요? (기업가 정신)

9. 이번에 투자 받으시면 올해 안에 어느 정도 사업을 성장시킬 수 있나요? (단

계적 성과)

10. 3년 혹은 5년 안에 매출액과 브랜드 가치를 얼마나 높일 수 있으신가요?
(장기적 성과)

키워드 전달에 신경 써라

심사위원들은 당신의 사업을 이해하지 못하고 있을 가능성이 크다고
앞에서 언급했다. 당연하다. 피칭에서 발표하는 스타트업 수가 적으면
10곳에서 수십 개가 되기도 하니 심사위원이 모든 내용을 소화하고 있을
리 만무하다.

핵심적인 질문을 받기 위해서는 피칭에서 중요한 키워드 몇 가지를 골
라 강조하는 기법을 사용해야 한다. 이른바 '키워드 강조법'이다.

야놀자 CF를 한 번쯤 봤을 것이다.

"초특가 야놀자, 초특가 야야야야야야야야 야놀자~"

일명 수능 금지곡이라 불릴 만큼 중독성이 강했던 광고 CM이었다. 이
광고는 딱 두 가지의 정보를 제시한다. 첫째, 숙박 플랫폼 이름이 야놀자
구나. 둘째, 초특가 프로모션이 있겠구나.

단순해 보이지만 야놀자는 이 광고를 통해 브랜드와 사업의 키 메시지
를 확실히 전달할 수 있었다. 물론 피칭 때 단 두 가지의 정보만 전달할
순 없다. 짧은 피칭 시간 동안 심사위원들이 꼭 알아줬으면 하는 키워드
를 반복해 전달하면 더 강한 인상을 남길 수 있고, 질문은 그 키워드 안에
서 나올 가능성이 커진다.

사업의 이름, 브랜드의 가치, 기업가 정신, 가장 큰 강점 등을 정리해 4-5가지의 키워드를 뽑아보자. 이 4-5가지는 꼭 심사위원이 기억할 수 있도록 피칭을 구성하는 것이다.

키워드를 뽑았다면 강조하기 위한 몇 가지 방법을 숙지할 필요가 있다. 첫째, 목소리 강조법이다.

키워드를 말할 때 좀 더 크게 말한다든지, 말의 피치를 높인다든지, 조금 느리게 키워드를 말하면서 심사위원들의 귀에 꽂히게 만들어야 한다. 떨리는 마음에 말의 속도가 빨라지거나 목소리의 떨림이 심한 분이 있다면 오히려 잠깐 쉬어야 한다. 쉬다가 입을 떼면 심사위원 귀에 더 잘 들릴 수 있다는 점을 명심하자.

둘째, 키 메시지는 반드시 한 발 앞으로 나와서 말한다.

기업가 정신 소개나 상품 시연 등에서는 한 발 앞으로 나와서 발표자가 주목을 받아야 한다. 아래만 쳐다보던 심사위원들도 그 부분만큼은 기억하도록 말이다.

셋째, 피칭 슬라이드에 그 키워드가 잘 보이도록 구성해야 한다.

그 날 현장 상황에 따라 마이크 볼륨이 작거나 발표자가 떨려서 제대로 키워드 전달을 못하는 일이 벌어질 수도 있다. 내가 피칭 때 꼭 보여주고 싶은 사업의 키 메시지와 핵심 키워드 몇 가지는 꼭 슬라이드에 잘 보이도록 배치하자.

클로징에 질문을 살짝 언급하라

내가 자신 있게 답할 수 있는 질문을 심사위원들이 해준다면, 질의 응답 시간을 한층 여유 있고 자신 있게 이끌어갈 수 있을 것이다.

또 피칭 덱의 시간 제한 때문에 구조화를 완벽히 했더라도 언급하지 못한 부분이 아쉬움으로 남을 수도 있다. 그렇다면 클로징 멘트에 살짝 내가 받고 싶은 질문 혹은 미처 발표하지 못했던 부분을 언급하는 것도 방법이다.

가령 이렇다. "제가 비즈니스 모델 설명할 시간이 짧았는데 우선 끝맺겠습니다"라든지 "수익구조 부분을 철저히 준비했기 때문에 좀 더 말씀드리고 싶은데, 질의 응답 시간에 여쭤봐 주시면 감사하겠습니다" 정도로 먼저 치고 들어가는 것이다.

발표자의 말을 들었다면 언급한 질문이 반드시 나오기 마련이다. 주저하지 말고 클로징에 살짝 아쉬움을 남겨보자.

피칭 덱이 끝난 후에 발표자가 바로 질문을 유도할 수 있다.

질의 응답 시간에 들어갈 때 심사위원들도 질문을 고민하느라 이른바 '마'가 뜰 수 있다. 그 때 발표자가 먼저 "피칭 덱에서 마케팅 전략을 좀 더 설명해드리고 싶었는데 먼저 몇 가지 더 말씀드려도 될까요?"라고 말하면서 자연스럽게 포문을 열어보는 것이다.

발표자가 먼저 말한다는데 굳이 막을 심사위원은 없다. 게다가 발표자가 대화의 주도성을 잡고 커뮤니케이션 능력까지 보여줄 수 있으니 오히려 심사위원들의 이목을 사로잡을 수도 있다. 많이 떨린다면 심사위원들의 질문이 나오기까지 마음을 가다듬는 것이 좋겠지만 어느 정도 투자 유치 발표 자리가 익숙해졌다면 먼저 심사위원들에게 대화를 시도해보자.

실전 질의 응답 Step 5

심사위원 스타일 파악하기

국회 회의 현장을 보면 국회의원들마다 어찌나 스피치 스타일이 제각각인지 모른다. 좀 더 좁히자면 '질문하는 스타일'인데 의원마다 천차만별이다. 어느 정도 유형을 나눠보자면 이렇다.

첫째, '답정너' 스타일이다.

'답은 정해져있고 넌 대답만 하면 돼'라는 뜻이다. 이 경우, 이미 국회의원들은 듣고 싶은 답을 다 정해놓았다. 이 유형은 발표자의 입에서 듣고 싶은 대답이 나오지 않으면 바로 대답을 잘라버리고 다시 질문을 거듭한다. 주로 '죄송합니다' '시정하겠습니다' 같은 순종형 대답을 듣고 싶은 경우가 대부분이다.

피칭에서 이 유형의 심사위원을 만났다면 듣고 싶어하는 대답을 먼저 하며 인정하는 태도를 보인 뒤 설명을 이어가는 것이 좋겠다.

둘째, '답정나' 스타일이다.

'답은 정해져있고 대답도 내가 할게' 유형이다. 질문을 하면서 자기가 답을 다 말하는 스타일이다. 잘못 걸리면 '답정너'보다 더 피곤할 수도 있는데 그 이유는 자기 지식 자랑을 한도 끝도 없이 하기 때문이다. 국회의원들 중에 이런 스타일이 정말 많다.

질문을 하는 것 같지만 사실 답을 한다. 그런데 그만큼 해법이 풍성하게 나오기도 한다. 이런 유형에 대응할 때, 아이디어를 주신 데 대해 감사를 표하면 좋은 태도가 될 수 있겠다.

"좋은 말씀 감사합니다" "해주신 조언 반영해서 좀 더 구체화해보겠습니다" 등의 긍정적인 대답으로 분위기를 화기애애하게 이끌어갈 수 있다.

셋째, '핵심이 없는' 스타일이다.

질문자가 어떤 질문을 하고 싶다는 막연한 생각은 있는데 말로 정리가 안 되는 스타일이다. 그래서 처음 시작한 질문과 달리 엉뚱한 곳으로 튀기도 한다. 혹은 이 질문, 저 질문 너무 많은 질문이 나와서 어떤 대답을 해야 할지 난감해지기도 한다.

이럴 때는 반드시 질문의 핵심이 무엇인지, 어떤 질문을 하고 싶으신 것인지 발표자가 먼저 되물어봐야 한다. 그 질문이 맞다고 확답을 들으면 대답을 할 때에도 더 자신감 있게 대처할 수 있다. 혹시 피칭 자리에 종이나 펜이 있다면 질문을 간략하게 적어놓는 것도 방법이다. 질문의 요지를 정확히 파악하는 것이 대답의 시작이다.

날카로운 지적을 인정하라

피칭 덱 시간동안 날카로운 질문이 많이 나올 수 있다.

"단기적인 수익은 있을지 모르지만 장기적인 전략이 너무 약해요."

"비즈니스 모델을 좀 더 명료하게 정리할 수 없나요?"

"그 사업으로 정말 수익을 볼 수 있을까요?" 등등.

일단 여러 지적을 받다보면 마음이 쓰리고 눈물이 찔끔 나올 수 있겠다. 하지만 정말 당신을 발전시키는 것은 이런 날카로운 지적이다. 스타트업을 시작하는 당신은 이제 곧 시장의 혹독한 판단을 받을 것이고, 실패한다면 큰 손실로 이어질 수도 있다. 손실이 없다 하더라도 사업의 동력을 잃고 좌절감만 남을 수도 있다.

내 사업을 피칭을 통해 남들에게 선보이면서 사업성을 미리 깐깐하게 점쳐봐야 시장에 나갔을 때 좋은 반응을 얻을 수 있다. 그렇다면 데모데이에서 심사위원들의 날카로운 말은 사실 당신의 자산이요, 돈으로 살 수 없는 귀중한 조언인 셈이다.

먼저 인정하는 자세가 필요하다. 날카로운 질문과 판단을 들었다 해도 합리적인 지적이라면 먼저 긍정하고 조언을 얻고자 하는 태도를 보이는 것이 좋겠다. 그런 당신의 태도를 보고 심사위원들은 아이디어를 마구 던져줄지도 모른다. 좋은 조언을 받아야 정말 대박날 수 있는 사업으로 피봇팅할 수 있다.

대답은 논리적으로 짧게, 그리고 진솔하게

질문 앞에서 새겨야 할 태도를 알아봤다면, 이제 질문에 제대로 답할 수 있는 방법을 알아보자.

나는 피칭을 준비하는 과정에서 예상 질문 리스트를 뽑아보고 분류화시켜 놓을 것을 추천했다. 분류화된 질문을 모아 대답을 추려 정리해보자. 대답을 대강 정리했다면 이제 문장을 두괄식으로, 논리에 맞게 배치해보는 것이다. 우선 자신이 말하고자 하는 바, '주장'을 가장 먼저 배치하고 그 주장의 근거를 우선순위대로 나열해보자.

예를 들면, "기업가 정신에 대해 다시 한 번 듣고 싶어요. 잘 드러나지 않네요"라는 질문을 받았다. 그럼 우선 "저희는 '소비자와의 상생'이라는 가치를 구현하고 싶습니다"라며 주장을 먼저 말한다.

그리고 객관적인 근거를 덧붙여야 한다. "앞서 소개해 드린 마케팅 전략을 보시면 공모전을 통해 소비자의 조언을 받아 저희 상품을 구성하겠다고 말씀드렸는데요. 바로 그 지점에서 저희가 추구하는 기업가 정신, '상생의 가치'를 보실 수 있습니다. 소비자의 아이디어로 상품 이름과 패키지를 만들고, 소비자에게는 저희의 수익을 일부 나눠드리는 전략으로 기업의 정신을 구현해 나가겠습니다"라는 객관적인 근거로 멘트를 구성한다.

답변을 주장과 근거로 잘 구분해 배치했다면 이제 '문장 다이어트'에 들어가야 한다.

길게 말한다고 해서 많은 내용을 전달하는 것은 아니다. 필요한 핵심만 뽑아 짧고 명료하게 전달할 때 대답의 힘은 훨씬 커질 수 있다. 최대한 논리적이고 명료하게, 한 문장의 길이는 짧게 가져가면 심사위원의 귀에 좀 더 꽂히는 대답을 만들 수 있다.

심사위원의 조언을 이끌어내라

아무리 번뜩이는 아이디어라도 사업화하려면 어려움이 많다. 투자 유치나 데모데이에 가서 다른 사업과 비교하다보면 분명히 미흡한 부분이 보일 것이다. 미흡한 부분이 전혀 보이지 않는다면 자신의 아이디어와 사업을 '맹신'하고 있다고 봐야 한다. 위험한 사례다.

혹은 아이디어가 너무 좋다고 생각했는데 사업화 과정에서 자신감을 많이 잃었다면 그럴 필요도 없다. 질의 응답을 거치며 훌륭한 피봇팅을 기대할 수 있기 때문이다.

수많은 스타트업 사례들을 본 심사위원들은 당신 사업이 어떻게 나아가야 더 잘될 수 있을지 혜안을 갖고 있다. 또 당신이 알지 못하는 비즈니스 플랫폼이나 마케팅 전략에 대해 알고 있을 것이다. 특별히 당신이 더 조언을 받고 싶은 부분이 있다면 이 시간을 절대 놓쳐서는 안 된다. 자신의 약점을 겸손히 인정하고 조언을 얻고자 할 때 의외의 해결책을 얻을 수도 있다는 이야기다.

평소 궁금했고, 자신 없었던 부분을 솔직히 말하면서 심사위원들의 조언을 얻는다면 다음 피칭에서는 훨씬 좋은 성과를 얻을 것이고, 사업화에서도 길을 찾을 수 있을 것이다.

마지막 1분도 놓치지 마라

더 이상 심사위원들의 질문이 없는 게 확인되면 발표자들은 서둘러 인사하고 들어가기 바쁘다. 발표를 훌훌 털었다는 가벼운 마음도 이해는 가지만 좀 더 멋진 마무리로 퇴장할 수는 없을까? 피칭과 질의 응답에 조금 부진했더라도 청중에게 좀 더 내 사업을 각인시킬 수는 없을까? 바로 마무리 멘트에 그 해답이 있다.

우선 상투적인 말은 피하는 것이 좋다. 마무리 멘트는 내 사업의 핵심 가치를, 혹은 내가 가진 기업가 정신을 어필하는 말이 되어야 한다. 한두 문장으로 청중들의 가슴을 확 사로잡아 강렬한 인상을 남길 수 있다면 가장 좋은 클로징 멘트가 될 것이다.

예를 들어, 마켓컬리의 강점을 한 문장으로 정리하면 이렇다.

'샛별이 뜰 때, 실온 노출 없이 신선함을 문 앞까지.'

이렇게 한 문장으로 구성해 힘찬 클로징 멘트를 남긴다면 더할 나위 없이 좋겠다. 한두 문장으로 구성하기 쉽지 않다면 30초 스피치로 요약할 수도 있다.

"샛별이 뜰 때 저희는 걸음을 시작합니다. 누구나 아침 반찬 걱정 없도록, 당일 수확한 채소와 과일을 문 앞까지 배송해 드립니다. 저희는 마켓컬리입니다. 감사합니다!"

질의 응답 화법 HOW TO

사람마다 모두 개성이 다르듯 화법도 다르다. 대화를 할 때 직설적인 화법을 자주 사용하는 사람이 있는가 하면 에둘러 더 좋게 말하는 사람도 있다. 개성이 드러나는 다양한 화법이 나쁘다는 이야기는 아니지만 공적인 자리는 달라야 한다. 심사위원과의 대화에 어느 정도의 예의와 공적스피치(Public speech)의 기본을 갖춰야 한다. 조언이 불필요하다고 느껴진다 하더라도 감사의 뜻을 표하고, 지적에 대응할 때에도 "아니요" "잘못 이해하셨고요" 등의 대답으로 상대방을 높이지 못하는 태도는 마이너스 요소가 될 수 있다.

피칭 자리는 당신의 사업뿐만 아니라 당신의 인성과 비즈니스 태도도 함께 소개하는 자리다.

지금부터는 질의 응답 시간을 멋지게 채울 화법 몇 가지를 소개해보려 한다. 부정적인 이야기도 좋아 보이게, 좋은 이야기는 더 좋아보이게 만드는 '쿠션 화법' 3가지다.

직설화법 'No', 'Yes, but' 화법으로

연애할 때부터 지금까지도 남편과 싸우는 주된 이유는 바로 대화 방식 때문이었다. 카메라기자인 남편은 이성적이다. 일의 성격상 논리적인 사고를 많이 하다 보니 공감을 원하는 내 질문에도 이성적으로 답하곤 했다. 지금은 '공감남'으로 거듭났지만 화법의 문제로 여느 커플만큼이나 많이도 싸웠던 것 같다.

어느 날 아침이었다. 나는 아이에게 더 좋은 우유를 먹이고 싶다고 남편에게 말했다. 남편은 내 말에 공감해주지 않았다. "지금까지 잘 먹었는데 그냥 먹여. 별 탈 없으면 보통 먹는, 싼 우유 먹여도 되잖아"라고 말했다. 그 순간 아기에게 좋은 음식을 먹이고 싶은 엄마의 마음에 공감해주지 않는 남편이 얼마나 남의 편 같던지, 나도 공격적인 대답을 하게 됐던 기억이 있다.

여자들의 대다수가 공감할 것이다. 내 말에 끄덕거리는 리액션부터 보여줬다면 싸우지 않았을 텐데, 이 남자는 왜 공감을 못 하지?'라고 생각하는 경우가 정말 많다. 남편이 내 말에 "그래. 자기가 아기한테 더 좋은 우유 먹이고 싶은 마음은 당연하지. 그런데 지금까지 별 탈이 없었다면 그냥 먹여도 되지 않을까?"라고 말했다면 상황은 달라졌을 수 있다.

남자들도 마찬가지다. 무턱대고 자신의 말에 "No!"를 외치는 아내에게 더 반감을 가지기 마련이다. "너무 더워서 맥주 좀 마셔야겠어"라고 하는 남편의 말에 "어제도 마셨잖아. 먹지마!"라고 반응하는 아내에게 짜증이 나는 것도 비슷한 사례일 것이다.

이 사례들에서 볼 수 있는 'No' 화법은 상대방에게 부정적인 인상을 바로 전달할 수 있다. 상대방의 기분을 더 배려하고 계속 원만한 대화를 이어가기 위해서는 'Yes, but' 화법을 기억해야 한다. 'Yes, but' 화법은 일단 상대방의 말을 인정한 뒤 자신의 해명이나 반대적인 설명을 이어가는 것이다.

〈쿠션 1 : Yes-but 화법〉

YES
심사위원분들이 그렇게
생각하실 수 있겠습니다만~

BUT
저희가 조사한 결과
시장성이 커지고 있다고
판단했습니다.

질의 응답 시간에도 이 법칙을 기억하면 심사위원의 마음을 얻는 데 도움이 된다. 생각보다 심사위원의 말에 "아니요", "그 말이 아니고요", "그게 아니라~"라는 말투를 쓰는 발표자들이 많다. 심사위원의 좋은 평가, 도움 되는 조언을 얻으려면 심사위원의 질문에 무턱대고 "No!"라고 답하는 것은 지양해야 한다.

예를 들어보자. 심사위원이 "당신의 기업가 정신이 OOO인가요?"라고 물었다. 이에 대해 발표자가 "그게 아니라요"라고 대답하는 것과 "네, 말씀해주신 부분도 일견 포함됩니다만 좀 더 정확히 말씀드리겠습니다"라고 대답하는 것. 어떤 것이 더 예의바르고 성의 있어 보이는가?

심사위원이 "이 상품은 시장성이 조금 부족해 보이네요"라고 질문할 때 먼저 "그렇게 생각하실 수도 있겠습니다"라고 운을 뗀다. 그런 후 객관적인 근거와 함께 해명을 덧붙인다. "하지만 저희가 조사해 본 결과 타겟층이 명확해 시장성이 있다고 판단했습니다"라고 답한다면 대화의 맥을 부드럽게 이어갈 수 있다.

〈쿠션 2 : Yes-And 화법〉

YES
네, 저희 브랜드 컨셉을
정확하게 파악하셨습니다.

AND
조금 덧붙이자면 저희
컨셉은 이렇습니다.

분위기 상승효과! 'Yes And', 'Yes How' 화법!

혹시 미처 'Yes, but' 화법을 기억하지 못하고 부정적인 인상을 남긴 것 같다면 다음 질의에서 좀 더 큰 리액션으로 분위기를 상쇄시킬 수 있다. 바로 'Yes And' 화법을 이용해서다.

'Yes And'는 심사위원의 말을 인정하면서 부연설명을 이어가면 된다. 플러스 대답에 플러스 대답을 더하는 것이다.

예를 들어 심사위원이 "당신이 생각하는 브랜드 컨셉이 이런 건가요?"라고 질문했다면 "네, 생각하신 그 부분이 아주 정확합니다. 조금 덧붙이자면~" 이런 식으로 답변하면 'Yes And' 화법이 된다.

팁을 더하자면, 대답할 때 심사위원이 했던 말을 다시 언급하면서 구체적으로 인정하면 더 좋다. 말 하나하나에 주의를 기울이고 있다는 인상도 남길 수 있다. 예를 들자면 "네, 이러이러한 점을 말씀해주셨는데 정말 정확히 파악하셨습니다. 조금 덧붙이자면~" 이렇게 대답할 수 있겠다.

〈쿠션 3 : Yes-How 화법〉

> **YES**
> 네, 말씀하신 대로 저희가 준비한 비즈니스 모델은 B2C뿐입니다.

> **HOW**
> 혹시 좋은 B2B 모델이 있을까요? 조언해주시면 감사하겠습니다.

긍정적인 리액션을 보이면서 심사위원들의 조언을 얻고 싶다면 'Yes, How' 화법을 써보자. 일단 심사위원 질문에 인정하는 답변을 말한 뒤 심사위원은 어떻게 생각하는지 의견을 물어보는 화법이다.

심사위원 스스로 더 좋은 아이디어를 생각하게 함으로써 좀 더 생산적인 질의 응답 시간이 될 수도 있다.

가령 이렇다. 심사위원이 "비즈니스 모델에 B2C만 있지, B2B는 없네요?"라고 물었다. 이때 'Yes, How' 화법을 적용해보자. "저희 사업에는 B2C가 더 적절한 것 같아서 그렇게 구성해 봤는데요. 저희가 B2B 모델로 나아가려면 어떤 플랫폼을 잡는 게 좋을까요? 저도 한 번에 돈 벌고 싶습니다"라고 오히려 넉살을 떨며 심사위원의 아이디어를 구해보는 것이다. 혹시 좋은 아이디어가 있다면 인사이트를 얻을 수도 있지 않겠는가.

Mindset, 완벽하자는 생각을 버려라!

피칭과 질의 응답을 준비하다보면 피칭 덱 슬라이드에 다 담지 못한 내용도 있고, 자기가 판단해봐도 아이디어를 사업화하기에 조금 부족한 요소들도 있을 것이다. 하지만 스타트업은 우선 가능성에 대해 투자받아 사업을 발전시키는 과정이자, 여러 조언을 얻어 피봇팅할 수 있는 여지도 있기 때문에 처음부터 너무 완벽한 사업은 꿈꾸지 않는 것이 좋다.

IR피칭 자리에서 내 사업의 빛나는 아이디어와 장기적인 성장가능성을 보여주는 데 주력하자. 특히 질의 응답 시간은 심사위원과 투자자들의 마음을 얻고 인맥을 쌓는 네트워킹 시간이기도 하다. 긴장감을 내려놓고 피칭과 질의 응답 시간에 내 사업과 아이디어를 잘 어필해본다면 당신의 사업을 발전시켜나갈 많은 인맥과 아이디어, 자신감을 얻을 수 있을 것이다.

3장

스타트업 창업자들의
성공 노하우

김 성

드리머스피치 커뮤니케이션 강사

서울경제 TV 앵커

KTV 국민방송 앵커 겸 외신캐스터

현대HCN·CJ헬로·메디컬TV 등 케이블채널 아나운서

교육부 주관 진로멘토링 교육 진행

고려대, 나사렛대 등 대학 특강 진행

스타트업 IR피칭 컨설팅

정부행사, 기업행사 등 다수 공식행사 진행

보이스트레이닝·스피치·법정의무교육·CS 강의

외국인학습자 대상 한국어교원

가치 있는 삶을 제안하는 사회적 기업

아트임팩트

"인생은 롤러코스터, '나다운 일'을 해야 지속가능하다"
송윤일 아트임팩트 대표

"과연 내가 나다운 인생을 살고 있는지, 나다운 시간을 쓰고 있는 것인지를 되돌아봐야 해요. 내가 진정 좋아하는 일을 하고 있는 것인지요. 길게 하려면 좋아하는 일을 해야 하는 것 같아요. 자기다운 일을 해야 길게 할 수 있고, 그래야 결국엔 잘할 수 있게 되지 않을까요?"

'나다운 일'과 '행복'을 찾기 위해 고소득 직장을 그만두고, 더 나은 세상을 만들기 위해 고군분투하고 있는 아트임팩트의 송윤일 대표를 마주했다.

Q. 아트임팩트는 어떤 회사인가

가치 있는 삶의 방식을 제안하는 아트&디자인 큐레이션 플랫폼을 운영하는 사회적 기업입니다. 저는 건축을 전공해 쭉 건축과 관련된 일을 해왔어요. 그래서 멋진 공간을 만드는 것에 관심이 많았습니다. 외국을 다니면서 만났던 많은 공간들, 예컨대 작가들의 창작물들이 있는 편집매장 같은 공간들에 감동을 받았어요. 그런 공간을 만들고 싶다는 생각에 창업을 했습니다.

아티스트와 디자이너, 소셜 벤처가 함께 어울릴 수 있는 공간을 만드는 것이 첫 시도였습니다. 소셜 벤처들이 하는 가치 있는 일을 아티스트들의 작품에 스토리를 담아서 보여주고, 디자이너들과 함께 제품으로 만들어 판매도 하는 거죠. 함께 어우러질 수 있는 합작 플랫폼이었어요. 어떤 테마를 보여주는 갤러리와 편집 매장의 중간 형태로 시작했다가 패션 부문이 커졌습니다.

지금은 편집매장 이치(each)와 SEF(Seoul Ethical Fashion: 서울 윤리적 패션) 매장을 운영하고 있고, 최근에는 친환경 패션 브랜드 블루오브(Blue Orb)를 론칭했습니다.

Q. 아트임팩트 제품의 특장점은

편집 매장으로 운영하는 저희의 공간 브랜드는 '이치'라는 이름을 갖고 있는데요. 한글로는 이치(理致)에 맞는 좋은 제품을 선택하겠다는 뜻이에요. 영어로는 각각(each)의 브랜드들이 갖고 있는 스토리를 널리 알리겠다는 의미를 담았습니다. 중국인이 읽을 수 있도록 한자를 사용했고, 일본어로 '이찌'는 '첫 번째'라는 뜻을 갖고 있죠. 한국어와 영어, 중국어, 일본어로 모두 사용할 수 있도록 이름 지었습니다.

아주 많은 브랜드가 입점해있는데, 모두 친환경이나 사회 기여, 공정무역 등 사회적 문제에 관심을 갖고 그 문제 해결을 위해 노력하는 브랜드들입니다.

버려지는 제품이나 소재에 디자인을 더해 새로운 가치를 창출하고, 상품이 만들어지는 과정에서 도움이 필요한 사회 구성원에게 기회를 제공하죠. 또한 세계 무역에서 불공정한 위치에 있는 저개발 국가에게 공평하고 지속적인 거래를 제공하는 역할도 할 수 있습니다.

친환경 패션 브랜드 '블루오브'의 제품들. 프랑스의 친환경 디자이너 브랜드 SMK와
합작한 수영복(좌)과 재생가죽으로 만들어진 카드지갑(우) (출처: 아트임팩트)

최근에 저희가 론칭한 패션 브랜드 '블루오브(Blue Orb)'는 지속가능

한 친환경 소재를 사용합니다. 예를 들어 바다에 버려진 폐기물을 되살린 재생나일론으로 만든 수영복이나, 버려지는 자투리 가죽으로 만든 재생 가죽 제품들은 소비자가 자연스럽게 가치 소비를 경험하고 지속 가능한 생활을 실천할 수 있도록 돕습니다.

Q. 스타트업을 꾸리면서 가장 어려웠던 점과 극복 방안은

몸보다 마음이 힘들었습니다. 사업 2년 차에 적자 때문에 경제적으로 참 힘들었는데, 이것을 얘기할 사람이 없는 거예요. 아내에게 얘기하면 걱정을 하고, 그러면 잔소리를 하게 되고, 그게 저를 위한 것임을 알면서도 예민한 상태에서는 싸움이 되더라고요.

친구들에게 이야기하면, 제 상황에 공감하지 못하는 친구들은 다시 회사에 들어가라고 조언해요. 이런 것들이 스트레스로 다가오니, '혼술'을 하게 되더군요. 당시엔 거의 2~3개월 동안 일주일에 한두 번씩은 혼자 술을 마시면서 스스로 삭였던 것 같아요.

그런데 이런 것들을 극복할 방법은 없어요. 결국 사업 때문에 힘든 건 사업이 잘되지 않고서는 극복이 안 되거든요. 사업이라는 것이 실력이나 돈이 있다고 다 잘되는 것이 아니더라고요.

운도 좋고 타이밍도 좋아야 하는데, 저는 다행히 너무 지쳐버리기 전에 극복이 됐습니다. 일이 잘 풀리고, 좋은 팀원들이 충원되면서 자연스레 회복이 됐어요.

Q. 스타트업에 뛰어드는 사람들에게 하고 싶은 조언은

스타트업, 특히 사회적 기업 하시는 분들께 가끔 드리는 이야기가 있어요. 결국 인생에는 업 앤 다운(Up and down)이 있다는 거예요. 요즘 정말 놀랍게도 온 우주가 나를 돕나 하는 생각이 들 정도로 많은 분들이 저희를 도와주고 계세요. 일이 참 잘 풀려서 기분이 좋으면서도 불안감이 동시에 오더라고요. 걸림돌 없이 올라가다 보니, 이것들이 결실을 맺고 나면 안 좋은 일이나 허무함이 올 수도 있겠다 싶은 마음이 생기는 거죠.

분명히 내려갈 때가 있을 테니 그때를 지금부터 대비해야겠다는 생각이 들었어요. 인생엔 항상 롤러코스터처럼 업 앤 다운이 있으니 꾸준함을 잃지 않는 것이 가장 중요합니다.

그런데 여기에는 전제 조건이 있습니다. 내가 하려는 일이 정말 나다운 일인지, 옳은 방향을 갖고 있는 건지, 그 방향은 확실해야 해요. 과연 나다운 인생을 살고 있는지, 나다운 시간을 쓰고 있는지를 되돌아보고 진짜 자신이 좋아하는 일을 해야 한다고 생각합니다.

우리는 잘할 수 있는 일, 하고 싶은 일, 그리고 해야 하는 일 사이에서 갈등하잖아요. 그런데 길게 하려면 좋아하는 일을 해야 해요. 자기다운 일을 해야 길게 하고, 또 잘할 수 있게 되는 거 아닐까요.

스스로가 어떤 인생을 살아야 즐거움과 행복을 느끼는지를 알고, 맞는 방향으로 쭉 가다보면 좋을 때도 있고 안 좋을 때도 있는데, 오르락내리락하면서도 결국은 올라가는 것 같아요. 그러니 과연 내가 나다운 일을 하려고 하는 것인가를 되돌아보고 생각하는 것이 아주 중요하다는 이야기를 드리고 싶습니다.

야외 마켓활동에 참가 중인 송윤일 대표
(출처: 아트임팩트)

스타트업과 관련해 정부에서 손을 많이 내밀어주느냐는 질문에 그는 '도움을 받겠다'는 것은 지속 가능한 생각이 아니라고 답했다. 한 방향의 도움은 한계가 있고, 지원금에 전전긍긍하며 자립하지 못하는 것은 스스로 마땅치 않다고 한다. 결국에는 일종의 파트너라고 생각해야 한다고. 회사가 나아가려고 하는 방향에 있어서 같은 곳을 바라보는 파트너를 만난 것이고, 서로의 역할을 훌륭하게 수행하면 된다고 덧붙였다.

Q. 사회적 기업을 시도하기가 쉽지 않았을 것 같은데

건축을 전공하고 선배들의 조언을 따라 건설 회사에 취업했지만, 대기업 생활이 내 시간과 돈을 맞바꾸는 거라는 생각이 들었어요. 또 마음 한편에는 멋진 공간을 만들고 싶다는 생각이 늘 남아있었고요.

결정적인 계기는 결혼이었던 것 같은데요, 결혼 후에 아내와 함께 무얼 하면 행복하게 살 수 있을까 이야기하는데 행복을 회사 내에서 찾기는 어렸다는 생각이 들더라고요. 그런 얘기를 했더니 아내가 "좋아하는 일을 해"라고 한마디 던지더군요. 돈을 많이 벌지 못해도 좋아하는 일을 하라는 말에 결심을 했습니다.

바로 사업을 하기에는 준비된 것이 없어서 중소기업으로 이직을 했어요. 당시에 복합 문화 공간이라는 것이 유행이었거든요. 한 회사가 복합 문화 공간을 만들 PM을 모집한다는 것을 보고 지원했습니다.

그렇게 홍대 근처에 지하부터 지상까지 7층짜리 아이스페이스(iSPACE)라는 복합 문화 공간을 꾸몄습니다. 카페, 전시장, 편집 매장 등 당시 제가 해보고 싶었던 건 이 안에서 다 펼쳤던 것 같아요.

그때 저희 공간 내에서 바자회를 했던 아름다운 가게를 통해 사회적 기업을 처음 만났어요. 그 전까지 저는 사회적 기업은 NGO라고 생각했거든요. 아무것도 몰랐던 거죠. 당시 아름다운 가게의 홍보팀장님께 사회적 기업에 대한 이야기를 듣다 보니 궁금해지더군요.

저는 디자이너나 아티스트들과 일하면서 공간을 연출하는 사람이잖아요. 이들과 협업해서 사회적으로 좋은 일도 하면서 사람들에게 감동을 줄 수 있는 공간을 만들면 좋겠다는 생각을 했습니다. 그렇게 회사에 캠페인을 제안해서 한 번은 시행을 했는데, 수익과 연결되지 않으니 다음 제안들은 거절당했어요. 결국 제가 사업을 해보기로 마음을 먹고 사회적 기업을 시작하게 됐습니다.

처음 1,2년 차에는 지금처럼 진정성이 크지 않은데, 사회적 기업 내에서 활동을 하면서 다른 사회적 기업가분들을 보며 느끼고 배우는 점이 많았어요. 이전에 잘 몰랐던 영역이니 더 관심 갖고 공부도 하고요, 지금하고 있는 윤리적 패션에 관한 책도 많이 봐요. 공부할수록 알게 되는 것들을 저처럼 잘 몰랐던 사람들에게 더 알려야겠다고 생각하고 활동합니다. 이런 점들이 점점 동기부여가 되고 있어요.

Q. 다양한 사회적 가치 중에서도 특히 친환경에 포커스를 맞춘 이유는

두 가지 이유가 있어요. 첫 번째는 제 자체적으로 환경에 대한 관심이 많아졌다는 거예요. 아기가 태어났거든요. 딸을 키우다보니 환경에 더 관심이 많아지더라고요. 만약 아이가 아니라 강아지를 키웠다면 동물권에 관심을 가졌을 거고, F&B 사업을 하는 사람이었다면 식품 문제에 관심이 많았겠죠. 아이가 태어나니 자연스레 환경 문제에 관심이 많아지게 된 거죠.

두 번째는, 트렌드입니다. 사실 트렌드를 생각해서 시작한 건 아니었지만, 이 사업을 하려다보니 세계적으로든 국내든 트렌드가 친환경이더라고요. 친환경이 유행처럼 번지면서 비즈니스 기회로도 같이 맞아 떨어졌어요. 만약 제가 친환경적인 사업을 하려는데 시장 환경이 따라주지 않았다면 저도 힘들었겠죠.

이렇게 내외부적 요건이 잘 맞아 떨어져서 좀 더 집중할 수 있었고, 성과도 나오는 것 같아요. 요즘은 '친환경 패션 연구소'를 만들려고 준비하고 있습니다.

비용에 따른 리스크 때문에 겁도 나지만 동시에 기대도 많이 돼요. 돈을 벌겠다고 생각했다면 돈만 좇아갔겠지만, 경제적인 부분과 더불어서 미션과 개인적인 소망, 살아가고자 하는 방향과 철학 등이 맞아떨어지기 때문에 용기 내서 실행에 옮길 수 있는 것 같습니다.

Q. 경쟁사가 있나

저희 경쟁사는 파타고니아예요. 처음엔 경쟁사의 의미를 잘 몰랐어요. 단어는 경쟁인데, 진짜로 경쟁하라는 뜻이 아니더라고요. 저희가 어떻게 파타고니아 같은 회사와 경쟁을 하겠어요.

스타트업은 어차피 경쟁을 못 하는데, 경쟁사를 알려줘야 이 회사가 어떤 사업을 하려고 하는지 알 수 있고 이 시장이 얼마나 큰 시장인지 이해할 수 있게 되는 거죠. 결국엔 저희가 따라갈 수 있는, 혹은 바라보고 가야할 선진 기업인 셈이죠. 저의 롤모델이고요.

파타고니아를 보면서 많은 영감을 받았어요. 저희가 최근에 '1% FOR THE PLANET' 멤버로 가입이 승인됐거든요. 매출의 1%를 지구 환경을 위해 기부하는 글로벌 네트워크입니다.

신청한다고 모두 가입이 되는 것이 아닌데요, 마케팅으로 활용하기 위한 것인지 진정성을 판단하기 위한 인터뷰도 하고요, 규정을 지킬 수 있는지도 확인해요. 이런 과정을 거쳐서 저희가 1% 얼라이언스의 회원사가 됐습니다.

그런데 이 '1% FOR THE PLANET'을 처음 만든 창립 멤버가 파타고니아의 이본 쉬나드(Yvon Chouinard) 대표입니다. 그는 우리가 버는 것의 1%는 지구를 위한 '지구세'라고 생각하자고 했죠.

파타고니아의 미션은 지구 환경을 보존하고 아끼는 방식을 뛰어넘었어요. 그들은 regeneration(재건)이라는 단어를 쓰거든요. 이미 파괴되고 망가진 환경과 시스템을 올바른 방식으로 바꾸겠다는 것이 그들의 철학이에요.

저희도 단순히 환경을 덜 오염시키는 것이 아니라, 우리가 변곡점이 되어 무언가 바뀔 수 있는 활동을 하는 것이 목표입니다.

그런 회사가 되려다보니, 더 근본적으로 들어가서 폴리우레탄이니 폴리에스테르니, 라텍스 같은 것들까지 공부해요. 소비자들은 아직 느끼지 못하지만 보이지 않는 부분에서도 환경의 부하를 줄이고 환경을 재건할 수 있는 방법으로 제조 공법을 바꾸려고 준비하는 거거든요. 이런 점에서 파타고니아는 저희의 롤모델인 거죠.

Q. 매출의 1% 사회 환원이 아깝지는 않나

전혀 아깝지 않아요. 제가 쓰는 만큼 더 많은 도움을 받고 있거든요. 주변에서 제가 사회적으로 가치 있는 여러 활동을 하는 것을 보시고, 제게 더 많은 기회를 줍니다. 제가 정말 좋아하는 일을 하면서 지구를 위하고, 제가 가진 진정성이 높아지면 높아질수록 더 좋은 기회가 많이 온다고 생각해요.

저희와 함께하려는 브랜드들도 점점 많아져서 더 좋은 제품을 만들 수 있다고 생각합니다. 보통의 관점에서는 베푸는 것이라고 볼 수도 있는데, 저에게 있어서는 저희가 하는 일이에요. 저희가 하는 일을 더 열심히 하면, 그만큼 회사가 성장하고 일도 잘하게 되더라고요.

그의 답변에서 진정한 기업가 정신이 느껴졌다. 그는 기업가 정신이라는 것이 가지려고 한다고 생기는 것도, 공부한다고 쌓이는 것도 아니라 스스로 느끼고 뛰어들어야 생기는 것이라고 이야기했다. 만약 우리 주변과 사람에 대한 관심을 가지고 사회적 기업을 제대로 하고 싶은 이들이 있다면, 진정성을 갖고 뛰어든다면 훨씬 더 만족스러운 삶을 살 수 있을 거라는 조언도 잊지 않았다.

Q. 피칭 시 어려웠던 점은 무엇인가

사업가로서 가장 힘든 피칭은 나답지 않은 피칭이었어요. 결국은 목적을 달성하려면 내가 하고 싶은 말이 아닌 그들이 듣고 싶은 말을 해야 하잖아요. 그들이 좋아하는 단어를 사용하고, 그 흐름과 결과 모두 그들이 원하는 방향으로 해야 하죠.

그래서 저도 초창기에는 영혼이 없는 피칭을 했어요. 우리답진 않은데 돈이 필요해서 그들이 듣고 싶어 하는 PT를 한 적이 있었거든요. 그런데 그땐 제가 PT를 하면서도 눈에서 레이저가 안 나가더라고요.

PT할 때 눈에서 레이저 쏘는 건 정말 중요하잖아요. 영혼이 담긴 PT와 그렇지 않은 PT는 다르니까요. PT 한 번에도 감동을 전달해야 하는데, 그냥 결과만 얻기 위해서 하는 영혼 없는 PT가 저는 가장 힘들었어요.

그럴 때는 질문도 힘들어요. 영혼을 실어서 발표할 때는 질문해주기를 기다리게 되는데, 그렇지 않을 때는 뭔가 방어를 한다는 느낌으로 대답하게 됩니다. 그렇게 대답하다보면 또 공격이 나오고요, 결국 공격과 방어만 반복되다가 끝나죠.

좋은 PT는 질문에 대한 답변을 하면서 그들을 더 감동시키고 플러스를 얻어가는 건데, 영혼이 담기지 않을 때의 질의 응답은 마이너스를 얼마나 적게 만드느냐일 뿐이에요. 이런 부분이 저에게 가장 힘든 피칭입니다.

프레젠테이션은 분명한 목표를 가지고 있다. 바로 마음을 움직이는 '설득'이다. 사람의 마음을 움직이기 위해서는 전문성과 자신감을 바탕으로, 열정이 더해져야 한다.

쇼핑할 때를 떠올려보자. 옷 한 벌을 살 때도 판매점원의 태도에 따라 마음이 달라졌던 순간이 한 번쯤 있지 않은가?

프랑스 여행을 하던 중, 그저 가볍게 구경이나 해보려는 마음으로 한 옷가게에 들어갔다. 마음에 드는 몇 가지를 집어 입어보니 나에게 영 어울리지 않아서 구매 욕구가 사그라졌다. 매장 점원이 나에게 오더니 어울릴 만한 다른 옷들을 추천하고, 얼마든지 편하게 입어볼 것을 권유했다. 심지어는 진열되어 있지 않던 옷을 꺼내와 다양한 코디를 제안하기도 했다. 프랑스에 온 것을 환영한다며, 자신이 좋아하는 훌륭한 레스토랑 몇 곳을 소개해주기도 했다.

그 가게를 나올 때 나의 손에는 코트가 담긴 쇼핑백이 들려 있었다. 만약 그가 자기 옷의 좋은 점만을 어필했다면, 혹은 나에게 심드렁한 태도로 대했다면 아마도 나는 빈손으로 그 매장을 나왔을 것이다. 나는 그의 열정에 설득당한 것이다. 이렇듯 우리는 논리보다는 열정 속에 담긴 감동으로 무언가를 결정하는 경우가 의외로 많다.

발표에서 열정을 드러내기 위해서는 진심을 담아야 한다. 그리고 그것은 자신의 발표에 대한 이해와 애정에서 출발한다.

발표자는 기본에 충실해야 한다. 자신이 무엇을 이야기하고 싶은지 스스로 완벽하게 이해해야 한다는 것이다. 자신이 무슨 이야기를 하는지 제대로 이해하지 못한다면, 그 발표는 그 누구에게도 전달될 수 없다.

새내기 아나운서 시절, 대담 프로그램을 진행하면서 대본대로만 읽고 질문했던 경험이 있다. 당시에는 대본을 외우는 것에 급급해서 대본에 쓰인 그대로 진행을 했는데, 나중에 영상을 보니 나는 그저 예쁘게 질문하는 아나운서 그 이상도 이하도 아니었다. 나의 말은 그냥 허공으로 흩어져버렸고, 깊이 있는 내용을 끌어내지도 못했다. 인터뷰이에 대한 이해가 없었기 때문이다.

발표도 마찬가지다.

내가 이해하지 못하면 그 메시지는 절대로 청중에게 가닿을 수 없다. 내 사업을 처음부터 끝까지 이해하고, 청중(심사위원)이 어떤 이야기를 듣고 싶어 할지에 대해 고민하고 또 고민해야 한다.

그렇게 발표 주제(내 사업)에 대해 완벽하게 이해를 하고 나면, 자신감도 생기고 애정도 생긴다. 어떤 메시지를 던져야 할지 스스로가 알고 있기 때문이다.

자신감과 애정은 열정의 씨앗이 된다. 아나운서처럼 정갈하게 발표하지 않아도 된다. 조금 서툴더라도 내 사업에 대한 진심 어린 애정이 담긴 발표가 더 큰 호소력을 갖는다. 사업에 대한 완벽한 이해와 자신감에서 기인한 애정과 진정성, 그것이 바로 당신의 열정이다. 그 열정이 청중의 마음을 움직일 것이다.

본질에 충실한 바른 화장품

톤28

"말은 행동에 앞서지 않으며, 본질에 충실한다"
박준수 톤28 공동대표

'바른 바를거리'로 바른 화장품 문화를 선도해나가는 톤28의 박준수 대표를 만났다. 제품 패키지와 같은 재질로 만들어진 그의 명함에 적힌 "바른 먹거리의 다음, 바른 바를거리"라는 문구가 눈에 들어왔다. '바름'과 '정직함'으로 무장한 그의 이야기에서는 겸손함과 진정성이 가득 묻어 나왔다.

Q. 톤28에 대해 소개한다면

톤28을 한마디로 정의하자면 '기후 변화 빅데이터 기반 맞춤 구독 화장품'이라고 할 수 있습니다. 피부에 영향을 미치는 요인들은 다양한데 기후 요소가 굉장히 큰 영향을 미칩니다.

예를 들어 제한된 환경에서 온도가 1도 상승할 때 수분 손실량이 얼마나 되는지, 혹은 UV 수치에 따라 어느 정도의 색소 침착이나 피지 분비가 생기는지에 대해 이미 연구된 것도 있어요. 이렇듯 피부의 70%는 기후 요소 인자에 의해 영향을 받고, 나머지 30%는 유전적인 요인이나 상황 변화에 따른 것들이죠.

그런데 이렇게 큰 비중을 차지하는 '기후'를 컨트롤하는 화장품 회사가 왜 없는지 의문이 들었습니다. 기존의 맞춤 화장품이라고 하는 화장품을 들여다보니 신발 맞춤처럼 하고 있더라고요.

신발은 측정한 그 순간의 치수나 발 폭 등의 수치가 잘 변하지 않잖아요. 하지만 피부는 늘 변해요. 이렇게 변화하는 피부 상태에 따라 맞춰주는 화장품은 없었던 거죠. 그래서 기후 데이터를 활용해 매달 다른 구독 서비스를 제공해야겠다고 생각했고, 그렇게 톤28이 생겨났습니다.

Q. 그렇게 탄생한 톤28 제품의 특징은

우리는 피부 상태를 나눌 때 크게 건성, 지성, 복합성 등으로 나눕니다. 쉽게 비유하자면 혈액형으로 사람의 성격을 네 가지로 분리하는 것과 같아요. 아예 영향이 없는 건 아니지만 사람의 성격이 네 가지는 아니잖아요.

원래 우리 피부는 태생적으로 이마 피부는 눈 쪽 피부보다 다섯 배 두껍고, 눈이나 팔자 주름은 감정을 표현하기 때문에 얇아요. 그리고 외부

환경적으로 보면 이마는 경사졌기 때문에 UV 조절력이 높고, 턱은 중력을 많이 받기 때문에 탄력이 떨어지게 됩니다. 이렇게 피부는 부위별로 태생적으로도 다르고, 환경적으로도 달라질 수밖에 없어요.

그래서 저희는 부위별로 화장품을 처방합니다. 저희 브랜드 이름의 TOUN은 T존, O존, U존, N존(팔자 주름)을 합한 것이거든요. 네 가지 존을 각각 측정하는데, 예를 들어 눈 쪽은 잔주름이 많고, T존은 유분이 많은 분들이 있죠.

이런 경우에는 한 가지 화장품으로 커버할 수가 없어요. 여드름성 피부라면, 여드름이 화농성인지 좁쌀인지에 따라서도 화장품은 달라져야 하고요. 좁쌀 여드름이 여름에는 화농성으로 변화하는 경우도 있어요. 그렇다면 당연히 달마다 다른 화장품을 사용해야 하는 겁니다.

Q. 경쟁사와 다른 톤28만의 차별성이라면

저는 피부 변화를 추적할 수 있어야 진정한 맞춤 화장품이라고 보는데, 그건 저희가 유일합니다. 또 완전 개별 맞춤이 가능해요. 직접 방문해서 피부측정을 하는데, 사실 투자자들은 이런 부분을 모두 반대했어요. 비용 문제였죠. 인건비가 어마어마하게 들고, 확장성도 떨어지기 때문에 이것을 버리지 않으면 투자하지 않겠다고 했습니다. 실제로 저희 톤28 외에는 온라인 설문 같은 방법을 사용해요.

하지만 측정에서 정확도를 높이지 않으면 제품 자체의 신뢰도도 떨어질 수밖에 없습니다. 그래서 인건비보다 제품 중심으로 생각했고요. 정확도를 높이기 위해 단일 센서·단일 상태로 측정을 하고, 측정값이 나오면 그 값대로 기능 성분을 넣습니다.

모든 성분의 조합을 다르게 하는 것이죠. 임상을 100% 거친 성분으로만 균형 있게 조합해서 개별 맞춤 처방을 해드립니다. 이러한 것들이 사실 재무제표나 매출 쪽으로는 크게 도움이 되지 않아요. 실제로 맞춤 구독 쪽은 여전히 적자이기도 하고요. 하지만 저희가 추구하는 화장품의 방향과 진정성 측면에서는 도움이 됩니다.

카피캣이나 자본 마케팅의 위협도 있었지만, 현재 포털 사이트의 검색 트래픽을 보면 맞춤 화장품으로는 저희가 눈에 띄게 우위를 점하고 있더라고요. 대기업이나 다른 스타트업의 맞춤 화장품보다 경쟁력이 있다고 봐요.

Q. 스타트업을 준비하며 어려웠던 점이 있나

저는 사람이 가장 힘들었어요. 만약 인간 스펙트럼이 1에서 100까지라고 가정하면, 기업에 근무하며 만났던 사람들은 일정 부분 안에서 스펙트럼이 구성됐어요. 그러나 사업을 하다 보니 0부터 100까지를 모두 만나게 돼요. 물론 좋은 분들도 많이 만나지만 상상도 못 했던 사람들도 마주하게 됩니다.

웹사이트를 제작하며 사기를 당하기도 했어요. 온라인 쇼핑몰인데 결제 시스템이 구동되지 않더라고요. 그런 부분을 항의했더니 오히려 해당 업체가 저희를 고소해서 법원을 들락거리기도 했습니다.

종이 패키지를 만들 때도 어려움이 따랐습니다. 이 패키지를 만드는 업체에서는 종이에 액상을 담을 수 없다는 이유로 하지 못한다고 했어요. 그래서 저희는 자체적으로 종이 패키지에 액상을 담는 것을 인증받은 후에 양산하러 가져갔는데, 해당 업체에서 저희 패키지의 특허 등록을 가로채더라고요.

그뿐만 아니라 직원들이 힘들게 하는 일도 많았죠. 직원 중 한 명이 퇴사 직전에 저희의 맞춤 화장품 자료를 삭제하고 나간 경우도 있었어요. 다행히 데이터는 복원됐지만 참 힘든 일이었습니다.

그를 힘들게 하는 일은 많았다. 친구였던 초기 동업자는 월급이 밀리니 돌변하는 모습을 보였다. 모두 박대표 탓을 하며 인생까지 책임지라고 하는 친구의 말에 그는 개인 대출까지 받아서 돈을 줘 보냈다. 그렇게 하지 않아도 됐지만 그렇게 했다. 이런 시간을 버티며 지금은 30명이 넘는 직원들과 함께하고 있다. 출퇴근이 자유롭다는 점을 악용하는 경우도 있다고 한다. 이런 여러 가지 일을 겪다보니 고용에 있어서 매우 신중해졌다고 말한다.

Q. 그런 어려운 부분들을 어떻게 해결했나

사업이라는 것이 감성적이었던 사람이 감정적으로 변하고, 이성적이었던 사람이 이기적으로 변할 수밖에 없는 것 같아요. 이전에는 사업가들의 드라이함과 독단적인 점들을 이해하지 못했어요. 그런데 이제는 '아, 이 사람도 이런 환경에서 변해 온 것이구나!'라는 생각이 듭니다.

박준수 톤28 공동대표

결국엔 해결책은 없는 것 같아요. 일을 하면서 감정을 없애야 스스로가 편해지는데, 그렇게 하니 사람이 너무 드라이해지더라고요. 이런 고민들을 거쳐서 제 나름대로 내린 결론은 '딱딱해지지 말고 단단해지자'는 것입니다.

Q. 스타트업에 뛰어들 후배들에게 조언한다면

아이디어를 가진 사람은 엄청나게 많아요. 중요한 건, 본인이 생각한 것을 얼마나 버텨내느냐인 것 같아요. 버틴다고 표현한 이유는 그 생각을 실행으로 옮긴 사람도 꽤 많기 때문이죠. 그런데 아이디어가 아닌 재무적인 부분이나 시장 반응에서 어려움이 오는데 이때 포기하는 경우가 대다수예요.

문이 열 개가 있으면, 첫 번째 문을 열었을 때 바로 통과하는 사람도 있고 아홉 번째에 통과하는 사람도 있죠. 그런데 여태껏 살아오는 과정을 무리 없이 잘 해왔던 사람들은 대개 첫 번째나 두 번째에 문이 열릴 것이라고 생각해요. 그래서 자신들이 논리적으로 생각했던 방향에서 해결되지 않을 경우에 제 3의 방향으로 생각하려 하지 않더라고요.

예를 들어 물건을 팔다가 안 되면 좌판을 깔아서라고 팔아보려는 시도 같은 것들이요. 이런 시도를 하지 않습니다. 저는 이런 곳에 문 하나는 있다고 보거든요. 이런 측면에서 버텨내는 힘이 아이디어보다 더 중요하다는 이야기를 드리고 싶어요.

Q. 진정성이 느껴지는 말이다. 철학이나 기업가 정신은 무엇인가

회사를 운영하는 세 가지 철학이 있습니다.

첫 번째는 말이 행동을 앞서지 않는다는 것입니다.

이 슬로건이 없었으면 저희의 종이 패키지는 나오지 않았을 거예요. 많은 화장품 회사들이 '자연주의'라는 말을 사용합니다. 자연주의 이미지를 부각시키기 위해서는 초록색이 필요하죠. 그래서 녹색 병에 나무 무늬의 비닐을 씌우는데, 병에 녹색을 입히는 순간 재활용률이 0으로 떨어지게 돼요. 자연주의가 아닌 거죠.

용기에 들어가는 플라스틱의 양을 타 기업들에 비해 90% 이상 줄였어요. 종이 패키지가 별것 아닌 것 같고, 지금도 많이 부족하지만 만드는 과정은 참 힘들었습니다. 쉽게 가고 싶은 유혹도 많았고요. 만약 이 슬로건이 없었다면 저희도 플라스틱을 쉽게 사용했을 거예요.

종이 패키지를 사용해 플라스틱을 최소화한 톤28의 화장품 (출처: 톤28)

두 번째는 90:10, 본질에 충실하자는 것입니다.

지금까지 소비자들은 화장품이 아닌 용기를 사고 있었어요. 화장품 가격에서 용기 가격이 차지하는 비중이 매우 크거든요. 저희는 용기를 사게 하진 않을 것입니다.

화장품의 핵심은 질 좋은 성분을 균형 있게 넣는 것이라고 봐요. 그래서 성분에 엄청나게 투자를 하고 있는데, 겉으로는 티가 나지 않아요. 쉽게 예를 들자면, 먹거리는 오렌지맛 주스도 있고 유기농 오렌지 주스도 있죠. 이런 부분이 표기가 되는데 화장품은 다르거든요. 같은 이름의 원료라도 품질은 천차만별이에요. '병풀 추출물'이라 하면 저렴한 중국산도 있고 아주 고가의 추출물도 있어요.

저희가 무조건 비싼 원료를 쓴다는 것은 아니에요. 피부에 정말 좋고 먹거리만큼의 수준이 되는 최상의 것을 사용합니다. 이런 부분이 굳이 표기되지 않더라도 그렇게 해요.

화장품뿐만이 아니다. 톤28이 개발한 고체 세제는 그릇은 물론 과일까지 씻을 수 있다고 한다. 유기농 오곡과 FDA 인증을 받은 먹는 숯을 사용해서 잔류 주방 세제에 대한 걱정을 덜었다. 본물 가치에 집중하기 위해 기다림의 시간도 마다하지 않는다. 톤28의 토너는 유기농 히비스커스를 저온 추출해 만든다.

추출에는 48시간이 걸린다고 한다. 빠른 시간 안에 많은 양을 뽑아내려 고온 추출하면, 비타민이나 무기질 같은 유효성분이 소실되기 때문이다. 이렇듯 잘 표현되지 않아도, 비용이 많이 들어도, 본물 가치에 집중하자는 철학은 꼭 지킨다고 말한다.

세 번째 철학은 수치로 움직이고 가치로 결단한다는 것입니다.

약간은 '중2병'스러운 말이라 부끄럽네요. 제품을 만들거나 데이터를 만질 때는 수치로 움직이고, 마지막 결단은 가치에 맞는지에 따라 결단하겠다는 뜻이에요. 저희가 만드는 핸드크림의 원가가 모 해외 브랜드 에센스의 원가보다 비싸거든요.

저희가 핸드크림 만들며 피부 두께를 조사했는데, 손등의 피부 두께가 얼굴 피부 두께보다 얇더라고요. 그런데 우리는 얼굴 피부는 손대는 것조차 조심스러워하면서 정작 손은 여기저기 긁히고 흙도 만지고 함부로 쓰죠.

얼굴은 나이를 속여도 손과 목은 속일 수 없다고 하잖아요. 그래서 핸드크림을 마찰로부터 보호할 수 있는, 아이크림 성분으로 만듭니다. 그러다 보니 핸드크림의 원가 비율이 가장 높아요. 수치로는 더 큰돈을 벌 수 있는 방향이 있겠지만, 결론적으로는 회사 가치에 맞는지에 따라 결단을 내린 거예요.

재무제표상 대개 화장품 회사의 원료 비율은 1~1.5% 정도 차지하는데, 저희는 39% 비중을 차지합니다. 사실상 재무제표로는 좋지 않은 회사라 볼 수도 있겠지만, 그만큼 저희는 성분에 많이 집중하고 있는 거예요.

먹거리가 변해왔듯이 바를거리도 언젠가는 먹거리 기준으로 변할 시점이 올 것이고, 그 시점에는 저희가 선점할 거라고 확신합니다. 가치에 집중해 결단을 내린 겁니다.

박준수 대표는 세 가지 철학을 이야기하며 꽤 수줍어했다. '중2병' 같은 말이라며 한참을 머뭇거리다가 운을 뗐다. 하지만 그의 말 한 마디 한 마디에서는 진심이 느껴졌다. 환경을 생각하는 척하는 거짓은 보이지 않았다. 진정성 있는 철학을 가지고 있으면서도 별것 아니라며 겸손함까지 내비쳤다. 꼭 힘주어 말하지 않아도, 환경과 '바른 바를거리'를 향한 그의 확고한 신념은 전달되었다.

Q. 아주 무게감 있고 진정성 있는 말이지만, 투자를 받기는 어려웠을 것 같은데

꿩장히 어려웠습니다. 맞춤 화장품이 어려운 사업이 이유가 있어요. 화장품은 새것을 쓰고 싶어 하고, 신제품이 나오면 바꾸고 싶은 욕구가 커요. 처음에는 신기해서 맞춤 화장품을 구독했다가도 매달 구독이 오면 지겨워지죠. 그럼 신선도가 떨어지는 거고요.

우리나라 화장품 제조업자가 모 편의점 지점보다 많습니다. 이렇게 많은 곳에서 신제품을 끊임없이 쏟아내니까 이탈률이 높아요. 구독 연장이 잘 안 되는 이유죠.

그런데 저희가 3년 동안 계속 맞춤 화장품 사업을 하는 것을 보고 아모레퍼시픽에서 투자를 했어요. 매출보다는 저희의 성장 가능성을 본 거죠. 매출을 보는 투자자들은 저희에게 투자하지 않거든요. 그만큼 저희는 화장품 문화를 바꿔보겠다는 생각으로 길게 보고 일하고 있습니다.

Q. 피칭할 때 어려웠던 점은

제가 쓰는 용어 자체가 투자자들과는 맞지 않았어요. 그들은 수익을 내는 것이 중요하니까요. 오히려 해외 쪽과는 맞더라고요. 해외 투자자들은 어떤 비전이 있는지 미래 가치를 보는데, 한국에서는 이전 데이터를 가지고 설명해야 하더라고요. 이런 점이 어려웠습니다.

또 발표할 때 태도가 중요하다는 것을 미처 몰랐어요. 연습을 하면서 촬영한 영상을 보니까 눈동자가 이리저리 움직이고, 팔을 어디 둬야 할지 몰라서 불안정하더라고요. 행동 언어가 매우 중요하다는 것을 이때 느꼈습니다.

피터 드러커는 커뮤니케이션에서 가장 중요한 것은 상대방이 입으로 말하지 않은 것을 듣는 것이라고 했다. 우리가 익히 알고 있는 메라비언의 법칙과 일맥상통한 말이다. 그만큼 의사소통에서 비언어적인 요소가 갖는 중요성은 크다. 하지만 우리는 그 중요성을 알면서도 쉽게 간과하거나, 혹은 도대체 어떻게 해야 하는지 몰라서 놓치는 경우가 많다. 가장 기본적이지만 동시에 가장 어색해하는 것이 바로 시선과 손동작이다.

1) 눈빛

"말하지 않아도 알아요~ 눈빛만 보아도 알아"라는 유명한 CM송 가사처럼 우리의 눈에는 많은 것을 담을 수 있다. 식상한 표현이지만 눈은 마음의 창이라고 하지 않는가. 사랑을 고백하려는 사람은 상대의 눈을 응시하며 고백해야 한다. 눈을 마주치지 않고 다른 곳을 두리번거린다면 상대는 그 사랑 고백을 믿지 않을 것이다. 눈이 진실할수록 마음은 크게 전달된다.

한때 TV 예능 프로그램에서 남녀 출연자끼리 아이 콘택트를 시키는 것이 유행했던 적이 있다. 마주 보고 선 출연자들의 시선을 가렸다가 동시에 떼고 카운트를 셌는데, 많은 출연자들이 몇 초 이내에 시선을 피하거나 웃음을 터뜨리고 말았다. 그만큼 사람이 사람의 눈을 뚫어지게 쳐다본다는 것은 꽤 어려운 일이다.

이렇듯 일상에서도 눈 맞춤이 어려운데, 발표할 때는 오죽하겠는가. 발표 무대에 오르는 순간 사방에서 집중되는 시선이 부담스러운 것은 당연하다. 하지만 이때 무심코 시선을 회피한다면, 청중은 당신을 미숙한 프레젠터라고 여기게 될 것이다. 발표할 때 눈동자의 잦은 움직임은 곧 불안감을 내비추기 때문에, 나의 자신감과 신뢰감을 보여주기 위해서 우리는 적극적으로 눈을 맞춰야 한다.

사실 발표자의 시선을 받는 청중도 발표자만큼이나 부담스럽기는 마찬가지다. 그러나 발표자가 자신을 바라본다고 느끼는 순간 청중은 호의를 갖게 된다. 발표자에게 호의를 가진 청중은 고개를 끄덕이거나 미소를 보내기도 하는데, 한 사람의 호의적인 반응은 전체 분위기로 확산될 수 있기 때문에 매우 중요하다. 청중의 긍정적인 반응은 발표자의 시선에서 나올 수 있음을 기억하자.

이렇게 상대방과 편하게 시선을 주고받을 수 있음을 느끼는 순간, 어느새 자신감이 넘치게 된다. 이때 나의 시선은 청중 한 사람 한 사람에게 골고루 나눠주는 것이 좋다. 만일 인원이 너무 많다면 그룹을 지어서 시선을 이동하고, 소외되는 곳이 없도록 전체적으로 눈을 맞추도록 하자. 심사위원이 청중인 IR피칭의 경우에는 시선을 골고루 분산하되, 키맨(의사결정권자)에게 더 많은 비중을 싣는 것이 좋다.

2) 제스처

발표자의 불안감은 손을 통해서도 드러난다. 발표에 익숙하지 않거나 충분한 연습이 없다면 손의 처리가 어색하다. 손에 뭐라도 들고 있으면 어색함이 조금 덜할 텐데, 제품을 시연하는 발표가 아니라면 들고 있을 물건도 없다. 제품 시연이라 하더라도 발표의 처음부터 끝까지 들고 있을 수는 없는 노릇이다. 이런 어색함을 덜어내려고 뒷짐을 지거나, 두 손을 깍지를 끼어서 앞으로 늘어뜨리거나, 혹은 팔짱을 끼거나, 심지어는 주머니에 손을 넣는 경우도 있다. 절대 하지 말아야 할 손동작들이다.

뒷짐을 지면 무언가를 숨기고 있는 느낌을 강하게 주기 때문에 청중이 발표자에게 마음을 열지 못한다. 깍지를 끼어서 앞으로 늘어뜨리는 자세는 자신감이 없고 소극적으로 보이게 만든다. 팔짱을 끼는 것은 방어적이고 경계하는 것처럼 보이게 한다. 또한 주머니에 손을 넣는 행위는 무언가 숨기는 느낌과 함께 건방져 보이는 이미지까지 심어준다.

발표할 때의 기본 자세는 다음과 같다.

남자의 경우는 양발을 어깨 넓이로 벌리고 서고, 여자의 경우는 양발을 11자 형태로 가지런히 붙이거나 한쪽 발을 45도 각도로 살짝 앞으로 내밀고 서 준다. 그리고 양손은 모아서 배꼽 아래 부분에 살포시 놓아주도록 한다. 어깨는 너무 움츠리지 말고 곧게 펴서 당당함을 보여주도록 하자.

이 기본 자세에 분명한 손동작을 더해서 전하고자 하는 메시지를 더 강력하게 전달할 수 있다. 청중은 머리만으로 메시지를 이해하지 않는다. 마음으로도 메시지를 이해한다. 손동작을 더하면 감성적 느낌이나 강조점을 더 효과적이고 분명하게 전달할 수 있다.

IR피칭의 경우에도 화면을 가리키는 손동작을 많이 사용하는데, 이때 손가락으로 화면을 가리키거나 작은 몸짓으로 내 몸 근처에서 손만 움직이는 경우가 많다. 몸짓이 작으면 소극적이고 자신감이 결여되어 보인다.

몸짓 언어는 크고 또렷하게 해야 한다.

'1'과 같은 숫자를 표현하는 경우를 제외하고는, 손가락을 사용하지 말고 손 전체를 사용하자. 슬라이드를 가리킬 때는 손가락을 벌리지 않고 붙여주고, 손등이 아닌 손바닥이 보이도록 한다. 손바닥을 마주잡는 '악수'는 내 손에 무기가 없다는 것을 증명하기 위해 시작됐다는 유래를 알고 있을 것이다. 이렇듯 손바닥을 보여준다는 것은 솔직함을 표현하는 것이다. 손가락이나 손등을 사용할 때보다 손바닥을 보여주는 제스처를 취했을 때 상대가 느끼는 긍정도가 84% 상승한다는 연구 결과도 있다.

지금까지 시선과 제스처로 발표의 불안감을 드러내고 있었는가. 이제부터는 이 불안감을 긍정적인 에너지로 바꿔보자. 몸짓 언어를 통해 당신은 청중과 더 가깝게 교감할 수 있게 될 것이다.

글로벌 코스메틱 기업 C사의 러브콜을 받은 화장품 용기

우리아이들

"베낄 수 없는 스토리에 집중하라"
김회숙 우리아이들 대표

학창 시절 희망 직업에 '현모양처'라고 적었던 한 여성은 국내와 해외를 종횡무
진하며 사업을 추진하는 스타트업 대표가 되었다. 우연히 얻은 아이디어로 시작
한 '세균 도장'은 피봇팅을 통해 화장품 용기로 거듭났고, 글로벌 화장품 기업들의
뜨거운 관심을 받고 있다. 아무도 베낄 수 없는 스토리에 집중하라고 이야기하는
그녀의 스토리를 들어보았다.

Q. 우리아이들은 어떤 회사인가

'우리아이들'은 친환경 화장품 용기 개발 사업을 하고 있습니다. 처음

에는 위생 교육과 관련해 아이들 손 소독제를 개발하는 것으로 시작했어요. 세균 모양의 스탬프로 찍을 수 있는 손소독제였죠. 그런데 의약외품인 손소독제는 스타트업이 다룰 수 없는 부분이라 피봇팅을 거쳐서 화장품 용기가 됐습니다.

Q. 스타트업을 꾸리면서 어려웠던 점은

스타트업은 과제가 아니잖아요, 그런데 다들 과제처럼 얘기하시는 거예요. 매출이 얼마 나왔니, 혹은 어디서 뭘 했니, 다음 단계에는 뭘 해야해, 이렇게 공식처럼 적용을 하는데, 그때 제가 그만큼을 못하게 되면 저스타트업은 안 된다고 단정 짓는 것이 싫었어요. 이건 과제가 아닌데 말이에요. 그렇게 오인받고 평가받으면 기업 이미지는 끝이잖아요. 그래서해외 쪽으로 더 많이 눈을 돌린 것 같아요.

해외에서는 저희가 좀 더 자유롭게 활동할 수 있었어요. 한국에서 첫해에는 대회에 나가서 얼굴을 많이 알리고, 2년 차에는 사업화를 진행하면서 피봇팅을 진행하였습니다. 3년 차가 되면서 글로벌 진출과 투자 유치 등 글로벌 진출을 위한 발판을 만들어 갔습니다.

대학생 때 온라인 게임을 즐겼다고 운을 뗀 김 대표는 스타트업이 게임 같다고말한다. 꾸준히 레벨 업을 하고, 그 때마다 아이템과 스킬이 늘어가는 것이 닮았단다. 단계를 거칠 때마다 각자의 역할이 있고, 그 역할의 파티원을 구성해서 인벤(인벤토리_inventory: 게임에서 플레이어가 획득한 아이템이나 물품을 보관하는 장소를 줄여서 인벤이라고 부른다)에 싸우러 간다는 것이다. 게임과 마찬가지로 이 과정이 절대 혼자서는 할 수 없는 것이란다. 혼자만 잘해서는 성공할 수 없다고. 그래서 김 대표는 프랑스 라파예트 백화점의 수석 디자이너와 함께 브랜드 로고를 만들고, 기술력이 좋은 이스라엘에서도 '파티원'을 구성하고 있는 것이다.

Q. 스타트업에 필요한 건 뭐라고 생각하나

스타트업 하면서 중요한 것은 트렌드인 것 같습니다. 저희가 글로벌 코스메틱기업과 협약을 체결했는데, 조금 부담스럽지만 다음 단계의 기술력에 대한 부분을 계속 증명해 나가야 해요. 그래서 제품 개발 고도화에 집중하려고 하는데 가장 중요한 것이 트렌드더라고요.

아무리 내가 먼저 만들어서 가고 있더라도 그것을 빨리 캐치하는 건 대기업과 글로벌 기업이거든요. 그런데 트렌드에 맞지 않으면 아무리 내 기술력이 좋아봤자, 혹은 글로벌 기업이 먼저 준비를 하면 스타트업은 당연히 이길 수가 없겠죠.

제가 해외에 돌아다니는 이유 중 하나도 바로 트렌드에 있어요. 해외 기업들과 만나면서 알게 된 최근 트렌드는, 유럽은 법적으로 2025년까지 모든 용기가 친환경이거나 에코슈머적인 요소가 있어야 한다는 겁니다. 그렇기 때문에 글로벌 코스메틱 기업도 친환경적인 요소가 있는 용기 회사를 찾고 있는 것이죠. 이런 부분에서 저희의 친환경 화장품 용기가 메리트가 있었던 거예요.

Q. 경쟁사나 카피캣에 대한 우려는

경쟁사는 화장품 용기회사들이겠죠. 제가 한국 스타트업이라 좋았던 점이 있는데, 프랑스의 글로벌 코스메틱 기업의 화장품 용기를 제조하는 곳이 한국 회사더라고요. 사실 K뷰티의 스킨케어가 좋은 건 알고 있어요. 그리고 한국은 작은 제품을 굉장히 잘 만든다는 인식이 있어서 이들은 비싸더라도 한국 회사에 맡겨요. 한국 사람들은 납품 기한도 딱딱 잘 맞추기 때문에 신뢰도도 높습니다. 한국에서 온 기업인데 화장품 용기를 다룬다는 점이 많이 도움이 됐어요. 코리아 프리미엄이랄까요.

Q. 여성 기업이면서 글로벌로 진출한 것이 특징적인데 여성 대표로서 힘든 점이 있나

먼저 여성대표로서 발표할 때 가장 좋은 점부터 얘기하자면, 확실히 목소리 톤이 높아서 전달력이 좋아요. 모두를 끌어들일 수 있어서 호감도가 올라갑니다. 그런데 정말 힘든 건 질의 응답이에요. 기본적인 태도가 '네가 뭘 알아?'거든요. 저는 제 역량이 너무 부족하다는 것을 스타트업을 하면서 많이 느꼈어요. 그래서 여러 사람들을 조율하고 함께 만들 수 있도

록 하는 것이 저의 역할인 것 같아요.

Q. 그런데 왜 하필 프랑스로 간 건가

피봇팅을 하게 된 것이 프랑스 바이어와 이야기를 나누다가 우연히 얻게 된 아이디어 때문이었어요. 한국에서는 아무도 '손소독제는 의약품인데 스타트업이 할 수 없다'는 그런 이야기를 하지 않았거든요. 어떻게 만들 건지, 비즈니스 모델은 어떻게 할 건지에 대해서만 물어봤어요.

그런데 그 친구는 저희의 아이디어가 굉장히 좋다면서, 저희만의 스토리가 있으니 그 스토리는 베낄 수 없다고 얘기하더라고요. 프랑스에서는 저희의 제품을 바꿔도 스토리를 절대 베낄 수 없다면서 스토리를 더 가치 있게 만드는 것에 집중하라는 코멘트를 받았어요.

해외 스타트업 행사에 참가한 우리아이들 김회숙대표(좌측 다섯 번째) (출처: 우리아이들)

같은 제품이라면 스토리가 있는 이 제품을 선택할 텐데 그것을 감출 이유가 없다는 거죠. 저는 그들과 많은 대화를 하는데, 이런 부분을 얻는 것만으로도 좋아요.

Q. 해외를 오가며 가장 많이 느낀 점은 무엇인가

저는 프랑스를 다녀오면 뼈를 맞은 느낌을 받아요. 가장 많이 느낀 것은 가치 소비를 한다는 점이에요. 우리는 무엇을 얼마나 싸게 만들 수 있느냐에 초점을 맞추는데 그들은 아무리 비싸도 더 환경적이고 내가 더 도움 받을 수 있는 것을 선택해요. 그러니 가격이 싼 것은 중요치 않고 어떤 가치와 스토리를 갖고 있느냐가 중요합니다.

프랑스에서 기억에 남는 한 가지가 음식점에 남은 음식을 주문하는 거예요. 고객은 조금 더 저렴하게 구매를 하고 음식점 입장에서는 음식 쓰레기를 줄일 수 있는 개념이죠.

음식점에서는 '당신이 우리의 환경 캠페인에 참여해줘서 고맙다'라는 메시지를 전달하더라고요. 고객이 단지 저렴하게 구매하는 것이 아니라, 이 가치 있는 캠페인에 동참하고 있다는 메시지를 심어주는 겁니다.

Q. 글로벌 피칭과 한국 피칭의 차이점이 있나

스토리텔링이 가장 달랐어요. 한번은 프랑스에서 하루 종일 앉아서 그들의 피칭을 봤어요. 한국에서는 스토리텔링을 하더라도 그 스토리가 1인칭인데, 그들은 모두가 공감하는 내용을 끌어내려고 노력하더라고요.

예를 들면, '내가 화장품을 사용하면서도 그 정량을 잘 모른다'라고 1인칭으로 이야기하는 것이 한국의 스토리예요. 반면에 '어디를 갔는데 아빠가 엄마 크림을 잘못 발랐다'라고 얘기하는 것이 그들의 스토리텔링입니다.

나도 아빠가 있고 듣는 사람도 아빠가 있기 때문에 누구나 같이 공감할 수 있는 3인칭 구조로 모두의 공감을 이끌어내는 거죠. '공감'이라는 것은 같지만 나의 이야기가 아니라 제 3자의 이야기로 조금 더 많은 이야기를 할 수 있도록 하는 거죠.

또 하나 다른 점은 제품의 기술력을 강조하지 않는다는 점입니다. 한국에서 프랑스에 간 스타트업 중에 크게 된 기업이 아직 없어요. 한국 기업은 자신들이 가진 기술력이 얼마나 좋은지, 제품이 얼마나 싼지를 이야기한대요. 그런데 프랑스는 가치를 더 중요하게 여기는 문화거든요. 제품이 싸고 좋은 것을 어필한다면, 중국 제품도 상관이 없는 거죠. 하지만 그들은 환경적으로 도움이 된다고 하면 비싸도 그것을 선택하는 가치 문화예요. 이런 점이 달라요.

또 기술을 처음부터 다 공개하면 매력이 없다고 얘길 하더군요. 절대 처음부터 모든 것을 알려주지 말라고요. 마지막으로는 PT의 마지막 장에 한국 기업들은 하나같이 'Thank You'를 넣는데, 그들은 이것을 전혀 이해하지 못해요. PT가 끝날 때는 마지막 장표만 켜져 있는데, 그 소중한 것을 왜 버리냐는 거죠.

우리 회사가 무엇을 할 것인지, 혹은 무엇을 원하는지 마지막 메시지를 넣어서 끝까지 각인시키라고 합니다. 거기서 2차 목표를 끌어낼 수 있는 거예요.

마지막 순간까지도 메시지를 놓치지 말라는 조언. 탄탄한 기반의 중요성을 알고 있었고, 행여나 조급해지려 하면 옆에서 다독여주는 현지 멘토의 역할도 컸다. 다음 해 해외 법인 설립을 목표로 차근차근 준비 중이고, 현재는 프랑스 테크 비자까지 마친 상태라고 한다. 벽돌을 한 장 한 장 단단하게 쌓아 올리고 있는 우리 아이들의 앞으로가 더 기대된다.

우리네 부모님들이 꼭 정해진 시간에 TV 앞에 가서 자리를 잡고 '본방 사수'를 하는 것이 있다. 바로 TV 연속극이다. 요즘은 다시보기 콘텐츠가 발달해 꼭 정해진 시간에 드라마를 보는 사람들이 줄어들었지만, 한 작품에 빠지고 나면 다음 내용을 궁금해하며 일주일을 기다리고, 결국 결말까지 다 보고야 만다.

드라마가 사람들을 끌어들이는 힘은 바로 스토리에 있다. 그리고 인기 있는 드라마들은 대개 시청자의 공감을 불러일으킨다는 공통점이 있다. 로맨스든 의학이든 장르를 불문하고 우리가 공감하는 드라마 안에서는 일상에서 충분히 경험했을 만한 일들이 일어난다.

즉, 가장 효과적인 이야기는 말하는 이와 듣는 이가 모두 공감할 수 있는 이야기라고 할 수 있다.

급속도로 성장하고 있는 유튜브의 경우 '나'를 '우리'로 만드는 요소를 통해서 지금과 같은 거대한 가치를 지닌 기업으로 성장했다. 2005년에 처음 시작된 유튜브는 이듬해인 2006년, 구글에 16억 달러에 매각됐다. 이후 2018년 기준으로 유튜브의 기업 가치는 우리 돈으로 180조 원, 1490억 달러에 이른다고 한다.

그들은 어떤 스토리로 공감을 이끌어냈을까?

유튜브 창업자인 채드 헐리와 스티브 첸은 샌프란시스코에서 친구들과의 즐거운 파티 장면으로 만든 비디오 클립들을 인터넷을 통해 다른 친구들이나 가족들과 공유하고 싶어 했다. 그런데 복잡한 과정을 거쳐 올라간

영상물은 볼품 없어졌고, 그렇게 되니 파티 당시의 즐거웠던 기억도 사라져버렸다. 이들은 전 세계의 누구나 자신들처럼 즐거운 경험을 다른 사람들과 곧바로 공유하고 싶어 할 것이라고 생각했다. 이 문제가 기회가 될 것이라고 여기고 곧 고품질의 영상을 빠르고 쉽게 올릴 수 있는 시스템을 만들어냈다.

헐리와 첸은 늘 "내가 바로 여러분이고, 여러분과 똑같은 문제와 실망감을 경험했다"라고 이야기했다. 이러한 스토리로 소통하며, 사람들이 신기술에 대해 갖는 거부감을 줄여나갔다. 이들의 사례는 나를 우리로 만듦으로써 청중으로부터 공감을 이끌어낼 수 있음을 증명한다.

사람들은 생각보다 남의 이야기에 쉽게 공감하지 않는다. 나에게 어떤 어려움이나 문제가 있지 않는 한, 그 문제와 해결책에 대해 관심을 갖지 않는 것이다. 하지만 말하는 사람의 이야기가 곧 나의 문제임을 깨닫는 순간 그 이야기에 집중하고 공감하게 될 것이다.

스타트업이 스토리를 갖는 것은 말만큼 쉬운 일은 아니다. 아마도 공감할 만한 스토리를 만들어 내는 것에 많은 어려움을 겪는 창업가들이 태반일 것이다.

그러나 이러한 스토리는 만들어내는 것이 아니라 발견하는 것이다. 먼저 지금까지 경험해온 다양한 일들을 되돌아보는 것부터 시작해보자.

내세울 만한 화려한 성공 사례를 찾으려 애쓰지 말자. 누구나 겪었을 법한 평범한 이야기들, 실패의 경험, 노력을 통한 실패의 극복 등이 더 큰 공감을 일으킬 만한 스토리가 될 수도 있다. '나'를 '우리'로 만드는 스토리로 연대하자.

AI기반 반려동물 영양 큐레이션

올핀

"고객의 어려움을 먼저 찾아라"
최상호 올핀 대표

반려동물과 반려주들이 건강하고 행복한 삶을 누리도록 돕겠다는 올핀의 최상호 대표. 커스터마이징이 대세가 된 4차 산업혁명 시대, 그리고 점점 커져가는 반려동물 시장, 이 두 요건을 갖춘 올핀의 비즈니스 스토리를 들어보았다. 반려동물 사업의 성장성과 인공지능 데이터 분석을 기반으로 한 올핀의 성과를 이야기하는 그의 목소리는 확신에 차 있었다.

Q. 올핀에 대해 소개한다면

올핀은 AI기반의 반려동물 맞춤형 푸드 큐레이션 서비스를 운영하고 있습니다. 그런데 푸드 큐레이션이 본질적인 목적은 아니고요, 본질은 데이터 커머스기업입니다.

원래 디바이스를 만드는 것과 영양 큐레이션, 이렇게 투 트랙으로 사업을 진행했어요. 디바이스는 데이터를 모으기 위해서 필요한 거고요. 초기에는 '하드웨어 보급 후 맞춤 푸드 서비스 런칭'이 기본 방향이었는데, 피봇팅을 통해서 '맞춤 푸드 공급 확대 후 하드웨어 서비스 런칭'으로 방향을 전환했습니다.

현재 마이크로 데이터를 모으는 것에 집중하고 있고요, 이렇게 쌓이는 데이터들은 제약 회사나 사료 회사들이 필요로 하죠.

올핀은 O2O를 기반으로 한 B2B로 운영하고 있습니다. 습식 웻 푸드(닥터 칼로리 밸런스), 슈퍼 프리미엄, 온라인 세일 쪽으로 포지셔닝하고 있는데, 모두 데이터를 기반으로 트렌드를 조사해 포지셔닝을 한 것입니다. 타겟 분석 결과 고소득 도심지의 여성 고객이 타겟으로 정해졌고, 상품은 고 부가가치로 해야겠다는 결론이 나왔어요.

이 분석이 실제로 효과가 있었습니다. 방배동에 위치한 플래그십 스토어 매출이 2017년 오픈 후 2018년에 270% 증가했거든요. 반복 방문이 높아진 효과였습니다. 플래그십 스토어는 올핀이 개발한 서비스를 실제로 구현하고 표준화하면서 향후 제휴 매장들에게 제공될 서비스를 완성하는 곳이라고 할 수 있습니다.

Q. 올핀 제품은 어떤 특장점을 가졌나

올핀은 B2B 업체들에게 가이드 컨설팅과 함께 상품을 중개합니다. 예를 들어 '펫시터', 병원, 호텔, 트레이닝 업체가 자신의 관리 고객들에게 맞춤 큐레이션을 해줄 수 있도록 제품(닥터 요거펫, 야채 품은 하루황태)을 중개해주는 거죠. 그리고 거래 데이터들이 저희에게 쌓이는 것입니다.

또 푸드뿐만 아니라 피모 진단키트도 공급하고 있습니다. 여러 가지 진단키트들이 나오면서 진단에 따른 처방이 필요해졌어요. 그 데이터를 활용해서 제약 · 바이오사와 제휴를 맺기도 하죠.

그런데 키트는 한 번 판매하는 것에서 끝나는 것이 아니라 이후로 계속 지속할 수 있느냐가 중요해요. 저희는 이러한 것들을 지속적으로 서비스할 수 있도록 설계해주고 연결해주는 역할을 합니다.

예를 들어 개별 고객이 장내 유산균 진단키트를 이용해서 집에서 편리하게 진단을 하면, 바이오 회사는 그 결과를 저희에게 제공합니다. 저희는 그 정보에 따라 해당 반려동물은 어떤 부분이 좋지 않으니 어떤 유산균을 먹으라고 제품을 추천해드리는 거죠. 저희에게 쌓이는 데이터로 서로 연결을 해주는 것입니다.

이러한 기술을 기반으로 700만 가지의 반려동물 유형에 대응한 큐레이션이 가능합니다. 몸무게, 연령, 활동량, 성별, 추가적인 개별 알러지 유형 등에 따라 세분화해서 분류를 했습니다.

보통은 이렇게 자세히 나눌 수가 없기 때문에 양산형 제품은 3X3으로 선택해야 해요. 크기에 따라 소형견, 중형견, 대형견으로 나뉘고, 연령에 따라 퍼피, 성견, 노견으로 나뉘죠. 이렇게 한정된 선택지 안에서만 선택할 수 있는데 올핀은 세분화된 분류에 따라 개별적으로 맞춰줄 수가 있는 것입니다.

Q. 경쟁사와 어떤 차별성을 가졌나

푸드를 만들어서 배송하는 회사는 많지만, 이 회사들의 비즈니스의 본질은 제조업인 거죠. 맞춤 푸드라고 하지만, 자신들이 제조하는 것을 맞춰서 주는 거예요.

반면에 저희가 하는 것은 여러 제조사의 푸드를 각각의 반려 동물에게 맞춰서 영양 조정 추천을 해주는 것이고요. 그렇기 때문에 더 다양한 영양 맞춤이 가능하죠. 제조 기반이냐 데이터 유통 기반이냐의 차이라고 볼 수 있을 것 같아요.

예를 들어 아마존은 자신들의 물건을 팔지는 않잖아요. 그들은 중개를 할 뿐이지요. 아마존이 중개서비스를 하면서 맞춤을 할 수 있는 이유는 본질적으로 데이터 기업이기 때문이에요. 그렇듯 푸드를 만들어서 제공하는 것의 본질은 제조업이고요. 저희는 데이터를 기반으로 해서 큐레이션을 하는 데이터 기업이라는 점에서 본질이 다르다고 할 수 있습니다.

먹는 것과 더불어 피부 진단과 케어도 가능하기 때문에 종합적인 관리가 될 수 있습니다. 앞서 말씀드린 피모 진단키트와 장 내 세균 검사 키트 등으로요. 실제로 올핀의 큐레이션을 통해서 반려동물이 건강해지는 사례도 많습니다.

Q. 국내뿐 아니라 해외시장도 겨냥한다고

처음부터 글로벌 시장을 겨냥했습니다. 국내 시장은 전 세계 시장의 1%에 불과하거든요. 제가 핀란드에서 MBA 학위를 취득했고, 영국에 체류한 경험도 있어서 해외 시장을 겨냥할 수 있었던 것 같아요.

핀란드는 인구가 매우 적기 때문에 내수만으로는 경제를 활성화시킬 수가 없어서 초등학생 때부터 글로벌하게 가르칩니다. 제 교수님도 마케팅이나 사업 설계를 글로벌하게 얘기하시더라고요.

기존에 핀란드에서 성공한 기업들이 어떻게 전략을 짰는지를 설명하시는데, 여기서 많이 배우고 깨달음을 얻었습니다.

유럽 최대 스타트업 콘퍼런스 'SLUSH'에 참가해 현지 기업과 상담하는 최상호 대표
(출처: 올핀)

대부분의 스타트업 비즈니스 모델은 국내에 국한되는 경우가 많습니다. 해외 라이프 스타일을 모르니 그렇게 되는 것 같아요. 국내 시장에서 먼저 해보고 해외 시장으로 나가겠다고 하지만, 저희 쪽은 모델 자체가 제한적이더라고요.

저희는 처음부터 글로벌 시장을 타겟으로 해서 꾸준히 해외의 전시회나 데모데이 피칭 등에 참여하고 있습니다. 해외 수출 판매뿐 아니라 현지의 50만 회원 커뮤니티와 계약을 체결하기도 했습니다.

Q. 스타트업 준비할 때 어려우셨던 점

제 분야가 아닌 것이 어려웠습니다. 예를 들어 마케팅 같은 부분이요. 그래서 마케팅 수업까지 들었는데, 결국은 마케팅을 잘하는 사람에게 맡겨야겠다는 생각이 들었어요. 제가 잘 모르는 분야는 계속 배우고 있고 지금도 또 다른 학위 과정을 하고 있지만, 분야별로 각자가 잘하는 분야에서 맡은 바를 잘하면 된다고 생각합니다.

현실적으로는 투자도 어려워요. 한국 시장이 작다고 말씀드렸잖아요. 그만큼 성과가 적을 수밖에 없는 거예요. VC분들도 펫시장이 한국에서 투자하는데 성과가 안 나온다고 하죠. 그래서 저희는 100명에게 100개를 파는 것보다 10,000명에게 100개를 팔 수 있는 방법을 선택했습니다.

Q. 스타트업에 뛰어들 후배들에게 조언한다면

고객의 어려움을 찾으라고 이야기하고 싶어요. 대개는 고객의 어려움을 찾기보다는 자신이 가진 기술에 집중하거든요. 내가 어떤 기술을 가지고 있으니, 이러한 것을 만들면 다 될 거라고 생각하죠. 그런데 이때 고객의 어려움이나 불편함은 타겟이나 비즈니스 모델에 따라 달라져요. B2B냐 B2C냐의 측면에서요.

대개 고객의 불편함을 생각하라고 하면, 사용하는 데 있어서 불편한 점을 생각하게 마련입니다. 왜냐면 B2B를 해본 적이 없기 때문이에요. B2C라면 말 그대로 불편한 것이 먼저인데요,

B2B라면 원가가 먼저입니다. 이 경우에는 원가를 절감해서 얼마나 수익을 내느냐가 중요합니다.

B2C는 마케팅 싸움이에요. 그런데 스타트업은 대개 자본력이 부족하죠. 그러면 B2C를 쉽게 할 수가 없거든요. 그래서 스타트업은 B2B를 해야 하고, B2B보다도 더 쉽게 할 수 있는 것은 B2G입니다. 정부에 납품하는 거죠. 왜냐하면 정부는 기본적으로 대기업 제품보다 중소,벤처기업 제품을 우선 구입하기 때문입니다. 이러한 원리를 잘 이해해야 해요.

저는 영국에서 거주한 경험도 있는데, 영국은 원래 40%가 관광 산업이 주를 이뤘어요. 그러나 지금은 관광 산업은 10% 정도이고 나머지는 문화 콘텐츠와 IT가 차지해요.

이런 산업이 성장하는 데는 정부 예산이 필요하거든요. 그래서 스타트업 때는 정부를 타겟으로 하는 방법도 좋습니다. 사업을 운영하는 측면에

서도 가장 클레임이 덜하고, 마케팅 비용이 필요하지 않는 상대라고 볼 수 있어요. 이러한 부분들을 다들 간과하더라고요. 내가 늘 소비자였기 때문에 가장 어려운 B2C부터 시작하는 것 같아요.

하지만 반대로 정부에서 민간 기업으로, 그리고 소비자로 확장해나가는 방향이 더 적합합니다. 결론은 고객이 누구냐에 따라 어려운 점, 불편한 점이 다르니 이러한 부분을 고려해야 한다는 것입니다.

Q. 대표님의 기업가 정신은 무엇인가

저는 'WITH US'를 강조합니다. 비즈니스라는 것이 나 혼자 잘해서 성공할 수 있는 것이 아니잖아요. 내가 잘하는 분야가 있고, 다른 사람이 잘하는 분야가 있어요. 결국에는 내가 잘하는 것과 남이 잘하는 것을 같이 묶으면 차별화에 성공하는 거죠.

아이들이 보는 애니메이션도 그렇죠. 각각의 로봇과 합체 로봇이요. 합체 로봇이 훨씬 힘이 세잖아요. 기업도 마찬가지로 자신들이 잘하는 분야가 있는데 혼자 어딘가 뛰어들면 경쟁이 힘들어요. 그래서 저희는 꾸준히 제휴를 맺어서 함께 나아가고 있습니다.

스타트업들이 가진 또 하나의 문제점은 혼자 하려고 한다는 것이에요. 뭔가 노출될 것 같다는 생각 때문이죠. 그런데 대기업들은 계열사가 많아서 각자 나눠서 분업화하죠. 각자 잘하는 것을 나눠서 시너지를 내는 것이죠.

저의 기업가 정신은 함께하는 것이라고 할 수 있겠네요. 각자의 역량에 맞는 것을 맡기고, 조직 내에서는 한 사람 한 사람이 중요하다고 여깁니다.

Q. 피칭에서 가장 어려운 점은

짧게 하는 것이 어려웠습니다. 시간이 줄면 줄어들수록 하나로 표현을 해야 하는데 그 부분이 어려웠어요.

방법은 슬로건이나 메시지에 맞춰서 줄이는 거예요. 대부분 사람들이 피칭을 할 때 기술적인 부분만 늘어놓다 끝나더라고요. 그런데 시간이 짧아질수록 그 회사의 본질에 가깝게 이야기를 해야 하거든요.

결론은 그 회사의 본질에 가까운 슬로건에 맞춰 내용을 줄이는 겁니다. 그런데 저는 이때 어휘적인 부분도 어렵더라고요. 문과의 언어와 이과의 언어의 차이랄까요.

어려운 점도 있지만 저는 고객에게 맞추는 것은 잘해요. 듣는 고객이 누구냐에 따라서 피칭이 달라져야 하잖아요. 심사를 보는 사람의 영역에 따라서 요구하는 바가 모두 다르니까요.

예를 들어 콘텐츠와 관련된 곳이면 콘텐츠 산업이 발전할 수 있는 것, 농촌진흥청이면 농업 생태계가 발전할 수 있는 것 등 각자의 핏이 있는 거죠. 대개 스타트업의 경우에 이런 부분을 간과하고 모두 똑같은 내용으로 발표하는데, 듣는 대상에 따라 발표에도 변화를 줘야 한다고 생각합니다.

앞으로의 세상은 데이터의 중요성이 점점 더 커질 것이다. 또한 그 데이터를 비즈니스에 어떻게, 얼마나 잘 활용하느냐가 관건일 것이다. 올핀은 차곡차곡 쌓이는 데이터로 꾸준한 성과를 내고 있다. 최 대표는 반려동물에 대한 데이터와 브랜드가 구축되면 휴먼 시장으로 확장할 계획이라고 포부를 밝혔다. 최근에는 비건을 위한 쌀요거트를 개발해서 출시 예정이라고 한다. 목표가 뚜렷한 최대표에게서는 확신에 찬 자신감이 고스란히 느껴졌다.

연말이면 각종 시상식이 끊이지 않는다. 매체에서는 스타들의 시상식 패션을 보고 베스트 드레서와 워스트 드레서를 꼽곤 한다. 이때 워스트 드레서의 가장 흔한 사례 중 하나가 바로 '투 머치'이다.

머리끝부터 발끝까지 화려하게 꾸며서 산만하고 그 무엇도 포인트가 되지 못해서 결국 정체성이 사라지는 스타일링이다. 옷을 잘 입기로 유명한 어느 모델은 스타일링 잘하는 법에 대해, 다 꾸민 후 외출 전에 거울을 보고 한 가지를 빼는 것이라고 이야기했다.

발표도 마찬가지이다. 윈스턴 처칠은 한 문장으로 표현할 수 없는 프레젠테이션은 설득 행위가 아니라고 했다. 또 이는 마치 한 편의 시와 같아야 한다고도 했다.

이는 프레젠테이션은 단순하고 명쾌해야 한다는 뜻이다. 발표의 내용을 단순하게 하는 것은 곧 발표의 목표를 명확하게 전하기 위한 핵심이다. 장황한 발표는 무슨 말인지 알 수가 없다.

학창시절 교장선생님의 훈화말씀을 들어본 적이 있는가.

전교생을 한데 모아놓고 이어지는 연설을 누구나 한 번쯤은 들어봤을 것이다. 그렇다면 그 연설 내용을 기억하는 이는 얼마나 될까. 아주 희박할 것이라 생각한다.

"마지막으로"가 무한히 반복되는 훈화 말씀은 언젠가 어느 코미디언의 개그 소재로도 사용된 적이 있었다. 우리가 그 연설 내용을 기억하지 못하는 이유는 너무 길고 내용이 많았기 때문이다. 이렇듯 모든 것을 이야기하는 것은, 아무것도 이야기하지 않는 것과 같다.

복잡한 발표는 청중이 생각할 겨를을 주지 않는다는 점에서도 좋지 않다. 발표를 통해서 청중을 설득하기 위해서는 내가 가진 정보를 마구 쏟아내는 것보다, 그들이 자발적으로 궁금해하도록 만드는 것이 효과적일 수 있다.

너무 많은, 여러 개의 주제는 청중을 피로하게 만든다. 그렇게 쏟아지는 정보 속에서는 호기심이 생길 수 없고, 이는 무관심으로 연결된다.

내 사업의 본질을 가장 먼저 파악하자. 그리고 어떤 메시지를 던질 것인지 한마디로 이해시킬 수 있도록 간결하게 정리해보자. 불필요한 내용은 과감히 생략하고, 한 번에 하나의 주제만 깊이 있게 전달하는 것이 쉬운 이해를 돕는다. 이해할 수 있어야 감동을 느끼고, 감동을 느껴야 비로소 움직일 수 있다.

투자받는 스타트업 IR피칭
스토리로 채우고 스피치로 승부하라

2020년 7월 15일 초판 1쇄 발행

지은이 · 드리머스피치 커뮤니케이션
펴낸이 · 조금현
펴낸곳 · 도서출판 산지
디자인 · 김찬미
주소 · 서울시 서초구 방배중앙로 83, 302
전화 · 02-6954-1272
팩스 · 0504-134-1294
이메일 · sanjibook@hanmail.net
등록번호 · 제018-000148호

ⓒ최현정, 2020
ISBN 979-11-964365-9-9

이 도서의 국립중앙도서관 출판예정도서목록(CIP)은 서지정보유통지원시스템 홈페이지(http://seoji.
nl.go.kr)와 국가자료종합목록 구축시스템(http://kolis-net.nl.go.kr)에서 이용하실 수 있습니다. (CIP제
어번호 : CIP2020027168))